国家"双一流"建设学科
辽宁大学应用经济学系列丛书
学术系列

总主编◎林木西

政府监管研究进展与热点前沿
（2021-2022）

Research Progress
and Hot Frontiers of Government Regulation(2021-2022)

和 军 谢 思 等著

中国财经出版传媒集团
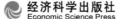
经济科学出版社
Economic Science Press
·北京·

图书在版编目（CIP）数据

政府监管研究进展与热点前沿. 2021 - 2022/和军等
著. -- 北京：经济科学出版社，2023.6
（辽宁大学应用经济学系列丛书. 学术系列）
ISBN 978 - 7 - 5218 - 4913 - 4

Ⅰ.①政…　Ⅱ.①和…　Ⅲ.①中国经济 - 政府管制 -
研究　Ⅳ.①F12

中国国家版本馆 CIP 数据核字（2023）第 122451 号

责任编辑：于　源　陈　晨
责任校对：郑淑艳
责任印制：范　艳

政府监管研究进展与热点前沿（2021 - 2022）
和　军　谢　思　等著
经济科学出版社出版、发行　新华书店经销
社址：北京市海淀区阜成路甲 28 号　邮编：100142
总编部电话：010 - 88191217　发行部电话：010 - 88191522
网址：www. esp. com. cn
电子邮箱：esp@ esp. com. cn
天猫网店：经济科学出版社旗舰店
网址：http：//jjkxcbs. tmall. com
北京季蜂印刷有限公司印装
710 × 1000　16 开　20.75 印张　300000 字
2023 年 6 月第 1 版　2023 年 6 月第 1 次印刷
ISBN 978 - 7 - 5218 - 4913 - 4　定价：85.00 元
（图书出现印装问题，本社负责调换。电话：010 - 88191545）
（版权所有　侵权必究　打击盗版　举报热线：010 - 88191661
QQ：2242791300　营销中心电话：010 - 88191537
电子邮箱：dbts@ esp. com. cn）

总　序

　　本丛书为国家"双一流"建设学科"辽宁大学应用经济学"系列丛书，也是我主编的第三套系列丛书。前两套系列丛书出版后，总体看效果还可以：第一套是《国民经济学系列丛书》（2005 年至今已出版13 部），2011 年被列入"十二五"国家重点出版物出版规划项目；第二套是《东北老工业基地全面振兴系列丛书》（共 10 部），在列入"十二五"国家重点出版物出版规划项目的同时，还被确定为 2011 年"十二五"国家重点出版规划 400 种精品项目（社会科学与人文科学 155种），围绕这两套系列丛书取得了一系列成果，获得了一些奖项。

　　主编系列丛书从某种意义上说是"打造概念"。比如说第一套系列丛书也是全国第一套国民经济学系列丛书，主要为辽宁大学国民经济学国家重点学科"树立形象"；第二套则是在辽宁大学连续主持国家社会科学基金"八五"至"十一五"重大（点）项目，围绕东北（辽宁）老工业基地调整改造及全面振兴进行系统研究和滚动研究的基础上持续进行探索的结果，为促进我校区域经济学学科建设、服务地方经济社会发展做出贡献。在这一过程中，既出成果也带队伍、建平台、组团队，使得我校应用经济学学科建设不断跃上新台阶。

　　主编这套系列丛书旨在使辽宁大学应用经济学学科建设有一个更大的发展。辽宁大学应用经济学学科的历史说长不长、说短不短。早在1958 年建校伊始，便设立了经济系、财税系、计统系等 9 个系，其中经济系由原东北财经学院的工业经济、农业经济、贸易经济三系合成，财税系和计统系即原东北财经学院的财信系、计统系。1959 年院系调整，将经济系留在沈阳的辽宁大学，将财税系、计统系迁到大连组建辽宁财经学院（即现东北财经大学前身），将工业经济、农业经济、贸易经济三个专业的学生培养到毕业为止。由此形成了辽宁大学重点发展理论经济学（主要是政治经济学）、辽宁财经学院重点发展应用经济学的大体格局。实际上，后来辽宁大学也发展了应用经济学，东北财经大学也发展了理论经济学，发展得都不错。1978 年，辽宁大学恢复招收工业经济本科生，1980 年受中国人民银行总行委托、经教育部批准开始招收国际金融本科生，1984 年辽宁大学在全国第一批成立了经济管理学院，增设计划统计、会计、保险、投资经济、国际贸易等本科专业。到 20 世纪 90 年代中期，辽宁大学已有外国经济思想史（后改为西方经济学）、国民经济计划与管理、企业管理、世界经济、金融学 5 个二级学科博士点，当时在全国同类院校似不多见。1998 年，建立国家重点教学基地"辽宁大学国家经济学基础人才培养基地"。2000 年，获批建设第二批教育部人文社会科学重点研究基地"辽宁大学比较经济体制研究中心"（2010 年经教育部社会科学司批准更名为"转型国家经济政治研究中心"）；同年，在理论经济学一级学科博士点评审中名列全国第一。2003 年，在应用经济学一级学科博士点评审中并列全国第一。2010 年，新增金融、应用统计、税务、国际商务、保险等全国首批应用经济学类专业学位硕士点；2011 年，获全国第一批统计学一级学科博士点，从而实现经济学、统计学一级学科博士点"大满贯"。

在二级学科重点学科建设方面，1984 年，外国经济思想史（即后来的西方经济学）和政治经济学被评为省级重点学科；1995 年，西方经济学被评为省级重点学科，国民经济管理被确定为省级重点扶持学科；1997 年，西方经济学、国际经济学、国民经济管理被评为省级重点学科和重点扶持学科；2002 年、2007 年国民经济学、世界经济连续两届被评为国家重点学科；2007 年，金融学被评为国家重点学科。

—— 在应用经济学一级学科重点学科建设方面，2017 年 9 月被教育部、财政部、国家发展和改革委员会确定为国家"双一流"建设学科，成为东北地区唯一一个经济学科国家"双一流"建设学科。这是我校继

1997 年成为"211"工程重点建设高校 20 年之后学科建设的又一次重大跨越，也是辽宁大学经济学科三代人共同努力的结果。2022 年 2 月继续入选第二轮国家"双一流"建设学科。此前，2008 年被评为第一批一级学科省级重点学科，2009 年被确定为辽宁省"提升高等学校核心竞争力特色学科建设工程"高水平重点学科，2014 年被确定为辽宁省一流特色学科第一层次学科，2016 年被辽宁省人民政府确定为省一流学科。

在"211"工程建设方面，"九五"立项的重点学科建设项目是"国民经济学与城市发展"和"世界经济与金融"，"十五"立项的重点学科建设项目是"辽宁城市经济"，"211"工程三期立项的重点学科建设项目是"东北老工业基地全面振兴"和"金融可持续协调发展理论与政策"，基本上是围绕国家重点学科和省级重点学科展开的。

经过多年的积淀与发展，辽宁大学应用经济学、理论经济学、统计学"三箭齐发"，国民经济学、世界经济、金融学国家重点学科"率先突破"，由"万人计划"领军人才、长江学者特聘教授领衔，中青年学术骨干梯次跟进，形成了一大批高水平学术成果，培养出一批又一批优秀人才，多次获得国家级教学和科研奖励，在服务东北老工业基地全面振兴等方面做出了积极贡献。

编写这套《辽宁大学应用经济学系列丛书》主要有三个目的：

一是促进应用经济学一流学科全面发展。以往辽宁大学应用经济学主要依托国民经济学和金融学国家重点学科和省级重点学科进行建设，取得了重要进展。这个"特色发展"的总体思路无疑是正确的。进入"十三五"时期，根据"双一流"建设需要，本学科确定了"区域经济学、产业经济学与东北振兴""世界经济、国际贸易学与东北亚合作""国民经济学与地方政府创新""金融学、财政学与区域发展""政治经济学与理论创新"五个学科方向。"十四五"时期，又进一步凝练为"中国国民经济学理论体系构建""区域经济高质量发展与东北振兴""国际贸易理论与东北亚经济合作"三个领域方向。因此，本套丛书旨在为实现这一目标提供更大的平台支持。

二是加快培养中青年骨干教师茁壮成长。目前，本学科已形成包括长江学者特聘教授，国家高层次人才特殊支持计划领军人才，全国先进工作者，"万人计划"教学名师，"万人计划"哲学社会科学领军人才，国务院学位委员会学科评议组成员，全国专业学位研究生教育指导委员会委员，文化名家暨"四个一批"人才，国家"百千万"人才工程入选者，国家级教学名师，全国模范教师，教育部新世纪优秀人才，教育部高等学校教学指导委员会主任委员、副主任委员、秘书长和委员，国家社会科学基金重大项目首席专家等在内的学科团队。本丛书设学术、青年学者、教材、智库四个子系列，重点出版中青年教师的学术著作，带动他们尽快脱颖而出，力争早日担纲学科建设。

三是在新时代东北全面振兴、全方位振兴中做出更大贡献。面对新形势、新任务、新考验，我们力争提供更多具有原创性的科研成果、具有较大影响的教学改革成果、具有更高决策咨询价值的智库成果。丛书的部分成果为中国智库索引来源智库"辽宁大学东北振兴研究中心"和省级重点新型智库研究成果，部分成果为国家社会科学基金项目、国家自然科学基金项目、教育部人文社会科学研究项目和其他省部级重点科研项目阶段研究成果，部分成果为财政部"十三五"规划教材，这些为东北振兴提供了有力的理论支撑和智力支持。

这套系列丛书的出版，得到了辽宁大学和中国财经出版传媒集团的大力支持。在丛书出版之际，谨向所有关心支持辽宁大学应用经济学建设与发展的各界朋友，向辛勤付出的学科团队成员表示衷心感谢！

林木西

2022 年 3 月

目　录

第二篇　政府监管热点前沿

引　言

一、相关词语释义

监管（regulation、regulatory）又称规制、管制、规管。由于中国历史上就有"管制"和"规制"的用词，因此英文 regulation 通常在学术研究中被译为"管制"或"规制"①。但在 1993 年之前的期刊文献中，则主要使用"监督管理"一词。例如，1993 年之前，期刊网可查的题目包含"监督管理"的文章总数为 537 篇，而题目包含其他 4 个词语的文章总数只有 296 篇。但就使用词语的时间早晚而言，"管制"一词出现相对较早，知网显示最早的中文文章是 1948 年 4 月杨櫄发表在《中国造船》上的《造船工程之生产计划与管制》一文。而最早具有政府监管含义的文章则是 1965 年 10 月宇天发表在《世界知识》上的《外汇管制与自由兑换》一文，在此之后至改革开放前，平均每年约有 1 篇文章发表。直到 1975 年，出现了第一篇名称包括"监督管理"的文章，1979 年出现了第一篇名称包括"监管"的文章，1989 年出现了第一篇名称包括"规制"的文章，"规管"一词，更是于 1993 年才开始出现在文章题目中。相关著作方面，最早可查的中文著作是 1961 年由刘振翻译、中国生产力中心出版的《品质管制学入门》一书；较早的还有

---

① 王俊豪等. 中国特色政府监管理论体系与应用研究 [M]. 北京：中国社会科学出版社，2022：1.

1985 年李铸国著、法律出版社出版的《经济合同的监督与管理》一书，以及 1992 年由施蒂格勒著、潘振民翻译、上海三联书店出版的《产业组织和政府管制》一书。总体而言，在 1993 年之前，相关中文文献主要运用的是"监督管理""管制"这两个词语，这与我国实行计划经济体制的具体国情有关，本领域文献也是该时期特征的客观反映。

1994 年开始，题目包含"监管"一词的文章由上一年的 30 篇猛增到 395 篇，超过其他四类词语的总和。究其原因，1993 年 11 月，党的十四届三中全会通过了《中共中央关于建立社会主义市场经济体制若干问题的决定》，其在建立现代企业制度方面提出：对国有资产实行国家统一所有、政府分级监管、企业自主经营的体制；有关部门对其分工监管的企业国有资产要负起监督职责，根据需要可派出监事会，对企业的国有资产保值增值实行监督。显然，"监管"文章的大量涌现与此密切相关。并且，这种状况也一直持续到今天，当然，这与"监管"一词更容易被大众理解与接受也有关系。也就是从这一年起，本领域相关论文数量呈现多年快速增长态势，由 1993 年的 177 篇增加到 2012 年峰值的 5380 篇。2013 年开始，发文数量趋于平稳，在 5000~5500 篇内小幅波动。

"规制"一词首次出现在论文题目中时间较晚，1989 年才出现两篇文章，但 1993 年之后数量增长迅速，目前每年论文总数已达到 1800 篇以上。一个特殊的情况是，目前尽管在全部期刊论文总数方面，题目为"规制"的论文只有"监管"论文数量的 1/3 左右，但是在 CSSCI 论文库中，2015 年"规制"论文数量超越"监管"论文数量，达到每年 500 篇左右。究其原因，1992 年由朱绍文等译校、中国发展出版社出版的日本经济学家植草益《微观规制经济学》一书，无疑起到了巨大的推动作用。相对而言，"规管"一词使用频率较低、范围较小，即使是峰值的 2006 年也只发表了 5 篇论文，全部文章只有 40 多篇。

就发文数量趋势看，还有一个值得关注的特殊现象：与"规制""监管""监督管理"3 个词语发文量总体上呈不断上升趋势不同，"管制"一词论文量在 2008 年达到峰值 572 篇之后，就一直呈现下降趋势。

　　综上所述，从论文数量发展趋势看，题目为"监管"的文章数量最多，尤其是在大众期刊、报纸或普通传媒中"监管"一词占据主导地位。而题目为"规制"的论文则逐渐变为学术研究的主流，在高端学术期刊中占据正统词汇地位。"监督管理""管制"这两个词语的使用量与"监管""规制"相比，早已由1993年之前处于绝对主导地位，下降为只有后者总数的1/8左右。这主要反映了金融监管特别是环境规制、安全规制等社会性规制研究在近年来的不断深入与拓展，而自然垄断的产业价格、进入等管制研究在总体研究中的比重相对降低。而"规管"一词尽管学术味道浓厚，但由于含义范围相对狭窄、专业性太强，因而使用量十分有限。

　　另外，这里也有必要从词语搭配及语义角度对上述词语做进一步分析。"规制"一词来源于日语翻译，强调政府依法对微观经济主体进行干预，学术味较浓。在词语搭配方面最特别的是"法律规制""环境规制"二词，基本成为固定搭配，较少出现如"法律监管""环境监管"等词语。而"监管"一词兼可用于大众传媒及学术研究，"上得厅堂下得厨房"，能够雅俗共赏，词语搭配方面多有"金融监管""银行监管"等。"监督管理"一词的学术味道最淡，含义常常与政府部门的日常工作相关，词语搭配方面多有"食品卫生监督管理""生产安全监督管理"等，文章也多见于职能部门工作刊物、报纸等。"管制"一词早在计划经济时期就多有使用，一方面反映了政府在经济中的强制性权威及政府对市场作用的替代，另一方面也反映了新经济之前的政府监管理论，主要聚焦于网络型垄断产业，基于价格、进入、竞争等需要而对政府"管制"经济的特殊需求。显然，随着市场经济体制不断完善、经济全球化深入进行、新经济如火如荼发展、公私合作（PPP）等新模式大力推广，"简政放权、创新监管、优化服务"成为时代潮流，需要"管制"的领域总体上呈一定缩减趋势。并且从全球范围的发展趋势看，放松经济性管制、强化社会性监管也已成为世界潮流。由此也就不难理解上述词语的演变趋势了。当然，自然垄断产业价格、进入等管制研究在总体研究中的比重相对降低，并非表示这方面的研究不再重要。

相反，随着垄断产业混合所有制改革、平台经济反垄断等实践发展，价格、费率、进入等管制研究具有较强现实需求，仍然需要进一步深入研究。

此外，根据监管主体的不同，学术界还存在政府管制（规制）与非政府管制（规制）、政府监管与非政府监管的讨论。在相关概念辨析方面，政府监管与宏观调控的间接、总量调控不同，表现为直接、个量的监管；与行政管理与督察主要针对政府部门内部或下级政府机构不同，主要作用于政府之外的微观市场主体；与市场监管不同，政府监管的范围更大。而关于政府管制，在中国政治经济体制下，在国土资源、出口与外汇、航空飞行、特殊药品等领域还存在管制，但不属于传统计划经济的"指令性管理"（王俊豪，2022）。

二、相关学科问题

政府监管理论研究主要涉及经济学、公共管理及法学三个学科。经济学方面，一般称为规制经济学或管制经济学，是产业经济学的一个重要分支。规制又可分为经济性规制与社会性规制，前者主要针对具有垄断性、信息不对称等经济特征的行业，重点探讨政府规制对于产品定价、企业进入与退出、产品质量、金融风险等方面的作用；而后者主要针对具有外部性、职业安全风险高、经济社会危害大等特征的行业，重点探讨政府以确保国民生命健康与工作安全、保护环境、防止灾害与公害、促进教育科学发展等为目的的规制作用。

规制经济学理论的演进，一般而言经历了实证理论的规范分析（也称规制的公共利益论）、规制的俘虏理论、规制的经济理论、激励性规制理论这四个阶段。其中，规制理论的前三个阶段一般被称为传统规制理论，而近年来最新发展起来的新规制经济学，主要是基于信息经济学方法、机制设计理论的应用。这是规制实践的丰富发展所推动的，也是理论不断完善的必然结果。同时，放松经济性规制、加强社会性规制也成为发展趋势。在规制方法方面注重引入市场机制，积极发挥市场对于实现规制目标的积极作用。

公共管理学科视角的政府监管研究，主要涉及监管政策分析、监管组织、监管工具研究、监管治理、监管效果评估、非营利与第三部门参与监管共治、全球监管治理与国际合作等内容。其理论基础包括福柯治理术理论、"自创生"（autopoiesis）理论、回应性监管理论等。研究方法主要包括假设检验、案例研究、比较分析、行政和政策过程分析、内容分析、历史研究、演绎论证等。一般认为，西方国家政府监管经历了19世纪中期以前的"前现代监管"阶段、19世纪后期到20世纪70年代以专业化政府监管机构为中心的"政府监管"阶段和20世纪80年后逐渐形成的政府与其他社会组织协同共治的"监管治理"共三个阶段。① 近年来，随着社会的信息化、网络化、全球化、智能化发展及数字经济、共享经济、网络经济等新经济形式不断涌现，传统公共管理理论范式和实践模式都发生了新的变化。在政府监管方面，以传统政府为中心的监管理论和模式已不适应时代发展，多中心治理思潮成为主流，全球治理也成为研究新的重要议题。

法学视角的政府监管研究，主要基于行政法学理论，重点探讨监管的法律依据、监管机构、监管范围、监管运行、监管责任及评估、监管监督问责等问题。如前所述，"法律规制"已经成为一个固定搭配的词语，目前题目包含"法律规制"的期刊论文有8000多篇。当前，包容性监管理念、协调性监管框架、穿透式监管方式，以及金融科技监管沙盒、共享经济、网络经济、人工智能、隐私信息监管创新等，都是法律规制研究的新领域。

三、相关研究进展

政府监管实践由来已久，我国西汉时期桑弘羊就倡导盐铁政府监

---

① 杨炳霖. 从"政府监管"到"监管治理"[J]. 中国政法大学学报，2018（2）：90 - 104.

管、推动盐铁国家垄断经营。英国在 19 世纪食品安全问题被揭露后，社会开始推动反掺假运动，政府也制定食品安全法令强化食品安全监管。① 西方主要国家在 20 世纪 30 年代大危机之后，基于金融市场信息不完备和信息不对称理论，广泛实施金融业监管。美国针对大量出现的所谓"野猫银行"和金融机构投机盛行的状况，出台《格拉斯—斯蒂格尔法》推动银行分业经营，制定了利率管制 Q 条例等众多监管条例。② 自然垄断产业监管方面，以 1938 年出台天然气法案为标志，美国联邦政府开始对跨州天然气管线和运价进行监管，1954～1978 年对天然气井口价实行管制，1978～1985 年逐渐放松井口价格管制，1985～1989 年实行天然气商品和管道运输业务的分离政策，1989 年最终取消天然气井口价格管制，最近几年开始探索和构建顾客选择计划。③ 由此可见，政府监管历史悠久，而垄断行业的监管则经历了一个由加强监管到放松监管的演变过程。具体而言，在 20 世纪 70 年代肇始于英国的国有垄断企业民营化浪潮，导致实践方面产生对政府监管的客观需求，出现所谓"监管国"的结果。但其后随着垄断行业技术经济属性发生变化、监管失灵及新自由主义思想影响，放松经济性监管逐渐成为趋势。但与此同时，社会性监管需求不断增加，特别是近年来随着互联网经济、共享经济、人工智能、区块链及大数据技术的发展，以及竞争中性等国际规则需求等，对政府监管提出了新的挑战。

理论研究与实践进展往往是如影随形的，"历史从哪里开始、逻辑就从哪里开始"。但就政府监管理论而言，正如伯格等所言，不是监管理论指导了监管实践的推进，而是监管实践的推进推动了监管理论研究的深入开展。④ 以网络型产业监管改革为例，监管实践促进了以下研

① 魏秀春. 英国学术界关于英国食品安全监管研究的历史概览 [J]. 世界历史，2011 (2)：110－119.

② 陈艳. 国外金融监管历史及现状对我国的几点启示 [J]. 商业研究，2001 (8)：127.

③ 牛琦彬. 美国政府对天然气市场监管的历史演变及启示 [J]. 中国石油大学学报（社会科学版），2017 (2)：1－5.

④ Berg, S. V. and Tschirhart, J. Natural Monopoly Regulation [M]. Cambridge University Press，1998.

究：一是产权、竞争、监管、公司治理与产业效率；二是行业可竞争性与有效监管问题；三是从命令控制型监管向激励型监管转变问题；四是市场准入问题，即以消除准入壁垒为基础，采用价格上限并制定高效且竞争中性的费率以进入现有厂商的固定网络；五是产业组织与结构性问题，如对以前的垂直或水平一体化垄断进行分拆；六是确保普遍服务等重要的非经济目标，能以更强竞争性取得社会成本最小化的可持续发展；七是如何合理设置监管机构和监管机制优化问题；① 八是金融监管；九是各具体行业的监管；十是监管影响与效果评价；十一是监管工具；十二是监管法律问题等。

社会性监管方面，文献统计显示，研究最多的当属环境规制和食品安全监管。环境规制涉及选题主要包括创新及转型升级、国际竞争力及贸易比较优势、全要素生产率及经济发展、区际产业转移及污染避难所、外商直接投资等。食品安全监管涉及选题主要包括：供应链及物联网，公众参与、行业自律、第三方平台与社会共治，监管组织、体系及体制创新，信息信号与信任，转基因食品，风险评估与法律，国际经验比较与借鉴等。此外，其他主要社会性监管研究还包括危险化学品及药品生产及质量安全，职业安全与健康规制，医疗与公共卫生，煤矿等生产安全，个人信用及隐私等内容。

监管研究的最新进展，是近年来新经济发展的直接结果。互联网经济、共享经济、金融创新、人工智能、物联网及大数据技术发展等现实，给监管创新带来前所未有的机遇与挑战，也为监管研究提供了最为丰富的案例素材与最真实迫切的问题导向，是相关研究大有作为的前沿阵地。尤其是我国正处于结构转换、体制转型和进一步开放发展的关键节点时期，理论研究作为回应现实迫切需要的直接成果，必须面对重大现实问题，在深入研究基础上作出回答。这对于推动我国监管创新，实现经济社会高质量发展，无疑具有极其重要的作用。

---

① 施本植，张荐华，蔡春林. 国外经济规制改革的实践及经验 [M]. 上海：上海财经大学出版社，2006：2.

|第一篇|

政府监管研究进展

第一章

2021～2022 年国内政府监管研究进展

第一节　国内政府监管研究总体情况与新进展

一、发文数量①

为把握国内政府监管研究的总体情况，本书将研究的文献来源类别选择全部期刊，文献分类目录选择全部学科。由于 1949 年以前，符合条件的国内政府监管领域论文并没有出现，因此检索的时间设置为 1949～2022 年。1979 年以前，我国政府监管领域共发文 30 篇，平均每年仅发文 1 篇。而 1979 年后，发文数量整体呈上升趋势（见图 1－1）。分阶段而言，1979～1993 年，发文数量缓慢增加；1994～2000 年，发文数量较快增加；2001～2016 年，发文数量飞速提升，至 2016 年达到

---

① 本章文献数据均来源于中国学术期刊网络出版总库（CNKI），选取篇名中含有"规制""管制""监管""规管""监督管理"的论文视为政府监管领域的文章，即本书的研究对象。

峰值；随后，发文数量呈现下跌趋势。当然，这一发文数量趋势也与国内期刊总体上单篇论文篇幅加大而刊文量下降相一致。并且，虽然近几年政府监管领域发文数量有所下降，但刊登在中文社会科学引文索引（CSSCI）来源期刊以及北大核心期刊的论文数量却是相对平稳。具体来看，2021～2022年，国内政府监管领域论文共15436篇，其中CSSCI来源期刊和北大核心期刊论文3557篇，约占23%。在2019～2020年的数据统计中，这一比例仅为20%，这说明政府监管领域发文的质量有所提升。

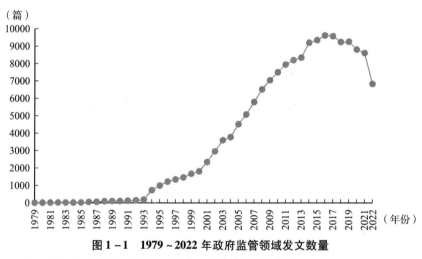

图1－1　1979～2022年政府监管领域发文数量

资料来源：笔者根据中国学术期刊网络出版总库统计计算所得。

若把2021～2022年国内政府监管领域论文进行较为具体的学科分类，则论文数量排名前十的学科分别为法学、国民经济、金融、环境、工业经济、工商管理、农业经济、商业经济、通信经济、公共管理。通过与1979～2022年统计数据相比①，可以发现近两年法学、国民经济、

———————

① 1979～2022年国内监管领域论文数量排名前十的学科分别为金融、法学、国民经济、工商管理、工业经济、商业经济、农业经济、安全、环境、公共卫生与预防医学。

环境、通信经济与公共管理等学科的发文数量排名显著提升。

二、发文期刊

从发文期刊检索结果看，将时间跨度选为"1949~2022 年"进行整体性分析，如表 1-1 所示。具体而言：按照期刊类别，北大核心期刊 35645 篇，中文社会科学引文索引（CSSCI）来源期刊 20837 篇，中国人文社会科学核心期刊（AMI）4294 篇，工程索引（EI）来源期刊 345 篇，科学引文索引（SCI）来源期刊 27 篇，其余论文为普通刊物；根据期刊主题，由于文献分类目录选为"全部"，检索期刊涵盖主题较为全面，涉及金融、法学、经济、管理等多门学科。其中，排名前 3 的期刊分别为《市场监督管理》《中国市场监管研究》《中国食品药品监管》，且研究主题侧重于市场监管、食品药品监管等；针对发文数量，排名前 20 的期刊总共发文 22518 篇，其中《财政监督》和《中国金融》两大核心类期刊发文量为 2509 篇，占比 11.14%。

表 1-1 　　　　　　1949~2022 年发文数量排名前 20 的期刊

排名	期刊名称	期刊类别	主办单位	发文数（篇）
1	市场监督管理	普通期刊	中国工商出版社；国家市场监督管理总局	2145
2	中国市场监管研究	普通期刊	中国市场监督管理学会	1866
3	中国食品药品监管	普通期刊	中国健康传媒集团有限公司	1863
4	法制与社会	普通期刊	云南省人民调解员协会	1765
5	法制博览	普通期刊	山西省青少年犯罪研究会；共青团山西省委	1475
6	食品安全导刊	普通期刊	商业科技质量中心	1405
7	中国价格监管与反垄断	普通期刊	中国价格协会	1392
8	财政监督	核心期刊	湖北省中央企业会计学会	1276

续表

排名	期刊名称	期刊类别	主办单位	发文数（篇）
9	中国金融	核心期刊	中国金融出版社	1233
10	中国质量监管	普通期刊	中国质量报社	1133
11	时代金融	普通期刊	中国《时代金融》杂志社	1045
12	首都食品与医药	普通期刊	《首都食品与医药》杂志社	851
13	中国药事	普通期刊	中国食品药品检定研究院	683
14	现代经济信息	普通期刊	黑龙江企业管理协会	674
15	现代商业	普通期刊	中华全国商业信息中心	666
16	福建市场监督管理	普通期刊	福建省标准化研究院	634
17	中国农村金融	普通期刊	中国银行保险监督管理委员会	630
18	中国外汇	普通期刊	中国外汇管理杂志社	615
19	商场现代化	普通期刊	中商科学技术信息研究所	587
20	劳动保护	普通期刊	中国安全生产科学研究院	580

注：《市场监督管理》曾用名《工商行政管理》；《中国市场监管研究》曾用名《中国工商管理研究》；《中国食品药品监管》曾用名《中国药品监督管理》；《法制与社会》曾用名《法制与社会》（理论版）；《法制博览》曾用名《法制博览》（中旬刊）；《中国价格监管与反垄断》曾用名《中国物价监督检查》《中国价格监督检查》；《财政监督》曾用名《财政监察》；《中国质量监管》曾用名《中国质量技术监督》《中国计量》《中国技术监督》；《时代金融》曾用名《云南金融》；《首都食品与医药》曾用名《首都医药》；《现代商业》曾用名《商业经理人》；《福建市场监督管理》曾用名《福建质量技术监督》；《中国农村金融》曾用名《中国农村信用合作》；《中国外汇》曾用名《中国外汇管理》，且下文相同期刊不再注释。

资料来源：笔者根据中国学术期刊网络出版总库统计计算所得。

进一步细分"来源类别"，具体选择"核心期刊"和"CSSCI 来源期刊"，并将时间跨度设定为"1992～2022 年"，重新检索分析。如表 1－2 所示，通过数据整理可知，排名前 20 的核心期刊、CSSCI 合计发文为 7329 篇，其中排名前五的期刊总发文量达 3134 篇，占比 42.76%，可见《中国金融》《上海金融》《南方金融》《价格理论与实践》《武汉金融》在经济性规制领域学术影响力较大，且参照之前年度进展统计成果，该五类期刊排名始终位居前位，尤其是《中国金融》发文数量占比高达 16.82%，可见该期刊相关研究成果十分丰富。

表 1-2 1992~2022 年发文数量排名前 20 的核心期刊、CSSCI 来源期刊

排名	期刊名称	期刊类别	主办单位	发文数（篇）
1	《中国金融》	核心期刊	中国金融出版社	1233
2	《上海金融》	核心期刊、CSSCI 来源期刊	上海市金融学会	490
2	《南方金融》	核心期刊	中国人民银行广州分行	490
4	《价格理论与实践》	核心期刊	中国价格协会	462
5	《武汉金融》	核心期刊	中国金融学会；《武汉金融》杂志社	459
6	《金融理论与实践》	核心期刊	河南省金融学会；中国人民银行郑州中心支行	413
7	《商业经济研究》	核心期刊	中国商业经济学会	396
8	《金融与经济》	核心期刊	江西省金融学会	325
9	《财会通讯》	核心期刊	湖北省会计学会	312
10	《财政监督》	核心期刊	湖北省中央企业会计学会	288
11	《证券市场导报》	核心期刊	深圳证券交易所	273
11	《银行家》	核心期刊	山西省经贸委；山西省财政厅；山西省供销社	273
13	《浙江金融》	核心期刊	浙江省金融学会	261
14	《特区经济》	核心期刊	深圳市经理进修学院	248
15	《中国行政管理》	核心期刊、CSSCI 来源期刊	中国行政管理学会	244
16	《金融发展研究》	核心期刊	山东省金融学会	239
17	《财会月刊》	核心期刊	武汉出版社	238
18	《河北法学》	核心期刊、CSSCI 来源期刊	河北政法职业学院；河北省法学会	232
19	《环境保护》	CSSCI 扩展版	中国环境出版集团有限公司	227
20	《保险研究》	核心期刊、CSSCI 来源期刊	中国保险学会	226

注：《上海金融》曾用名《上海金融研究》；《南方金融》曾用名《广东金融》；《武汉金融》曾用名《银行与企业》；《金融理论与实践》曾用名《河南金融研究》；《商业经济研究》曾用名《商业时代》；《金融与经济》曾用名《江西金融研究》；《财会通讯》曾用名《财会通讯》（综合版）；《银行家》曾用名《财金贸易》。

　　为着重考察近两年期刊发文情况，现将"时间跨度"调整为"2021～2022 年"，"来源类别"仍为"核心期刊"和"CSSCI 来源期刊"，再次检索。发文量排名前 20 的期刊进行列举，如表 1－3 所示。分析可知，近两年排名前 20 的核心、CSSCI 刊物总发文总量为 590 篇，其中排名前五的期刊有所调整，依次为《中国金融》《统计与决策》《生态经济》《财会通讯》《食品安全质量检测学报》，尤其是《统计与决策》和《食品安全质量检测学报》有关该领域的发文数量增加明显、学术成果较为突出。同时，随着国家碳达峰碳中和战略的不断推进，有关环境科学与资源利用方面的政府监管问题成为研究重点，如《中国人口·资源与环境》这一学术影响力较高的期刊也侧重于选取此类研究成果刊发。而且，现阶段我国数字经济发展迅速，其总量和增速均位居世界前列。此背景下，数字政府建设的推进显得尤为重要，即依托数字平台和数字技术，提高政府数字化监管服务效能，具体表现在《电子政务》期刊的发文量上升趋势明显。

表 1－3　2021～2022 年发文数量排名前 20 的核心期刊、CSSCI 来源期刊

排名	期刊名称	期刊类别	主办单位	发文数（篇）
1	《中国金融》	核心期刊	中国金融出版社	48
1	《统计与决策》	核心期刊、CSSCI 来源期刊	湖北长江报刊传媒（集团）有限公司	48
3	《生态经济》	核心期刊	云南教育出版社有限责任公司	47
4	《财会通讯》	核心期刊	湖北省会计学院	43
5	《食品安全质量检测学报》	核心期刊	北京市电子产品质量检测中心；北京方略信息科技有限公司	35
6	《中国人口·资源与环境》	核心期刊、CSSCI 来源期刊	中国可持续发展研究会；山东省可持续发展研究中心；中国 21 世纪议程管理中心；山东师范大学	27
6	《价格理论与实践》	核心期刊	中国价格协会	27

续表

排名	期刊名称	期刊类别	主办单位	发文数（篇）
8	《中国行政管理》	核心期刊、CSSCI 来源期刊	中国行政管理学会	25
9	《财会月刊》	核心期刊	武汉市出版社	24
9	《南方金融》	核心期刊	中国人民银行广州分行	24
9	《金融监管研究》	核心期刊、CSSCI 扩展版	中国银行保险监督管理委员会	24
9	《科技与法律（中英文）》	CSSCI 扩展版	中国科学技术法学会	24
13	《科技管理研究》	核心期刊、CSSCI 扩展版	广东省科学与科技管理研究会	23
14	《中国注册会计师》	核心期刊	中国注册会计师协会	22
14	《青年记者》	核心期刊	山东省新闻学会；大众日报	22
16	《环境保护》	CSSCI 扩展版	中国环境出版集团有限公司	22
17	《中国新药杂志》	核心期刊	中国医药科技出版社有限公司；中国医药集团有限公司；中国药学会	22
18	《电子政务》	核心期刊、CSSCI 来源期刊	中国科学院文献情报中心	22
19	《中国流通经济》	核心期刊、CSSCI 扩展版	北京物资学院	21
20	《运筹与管理》	核心期刊、CSSCI 扩展版	中国运筹学会	20
20	《华东经济管理》	核心期刊、CSSCI 扩展版	中共安徽省委党校	20

注：《食品安全质量检测学报》曾用名《食品安全质量检测技术》；《中国人口·资源与环境》曾用名《中国人口·资源与环境》；《科技与法律（中英文）》曾用名《科技与法律》《科技法学》；《中国注册会计师》曾用名《注册会计师通讯》；《中国流通经济》曾用名《中国物资》。

三、发文机构

发文机构类别有关检索结果，如表 1－4 所示。整体而言，1949～2022 年发文量排名前 20 的机构全为高校并无政府机构，即双一流高校 17 个（11 个一流大学、6 个一流学科高校）和非双一流高校 3 个，双非类包括 1 个财经类高校（东北财经大学）和 2 个政法类高校（华东政法大学和西南政法大学）。根据发文机构所处地域分析可知，华北地区 7 个，其中北京占有 6 个；华东地区 6 个（华东政法大学、厦门大学、复旦大学、南京大学、山东大学、上海财经大学）；东北地区（东北财经大学、吉林大学）、西南地区（西南政法大学、西南财经大学）、华中地区（武汉大学、中南财经政法大学）各 2 个；西北地区仅 1 个（西安交通大学）。同时，结合 1949～2020 年相关文献的统计成果，除清华大学为新上榜机构外，其余机构基本无变化。

表 1－4　　　　1949～2022 年发文数量排名前 20 的机构

排名	机构名称	类别	地域	发文数量（篇）
1	中国人民大学	一流大学 A 类	北京	1690
2	武汉大学	一流大学 A 类	湖北	1354
3	华东政法大学	政法类	上海	1284
4	北京大学	一流大学 A 类	北京	1246
5	中南财经政法大学	一流学科	湖北	1157
6	中央财经大学	一流学科	北京	1037
7	中国政法大学	一流学科	北京	1017
8	西南政法大学	政法类	重庆	993
9	西南财经大学	一流学科	四川	789
10	厦门大学	一流大学 A 类	福建	784

排名	机构名称	类别	地域	发文数量（篇）
11	复旦大学	一流大学 A 类	上海	780
12	南开大学	一流大学 A 类	天津	752
13	东北财经大学	财经类	辽宁	725
14	南京大学	一流大学 A 类	江苏	694
15	山东大学	一流大学 A 类	山东	655
16	对外经济贸易大学	一流学科	北京	626
17	清华大学	一流大学 A 类	北京	622
18	上海财经大学	一流学科	上海	614
19	吉林大学	一流大学 A 类	吉林	609
20	西安交通大学	一流大学 A 类	陕西	605

同样，现将时间区间设定为"1992~2022 年"，期刊来源勾选为"核心期刊"和"CSSCI 来源期刊"，重新检索研究发文机构概况，如表 1-5 所示。分析可知，排名前 20 的相关研究机构仍全部为各地高等院校，其双一流高校占 17 所，此外还包含西南政法大学、华东政法大学和东北财经大学 3 所非双一流高校。较以往而言，上榜期刊整体变动不大，尤其是排名前 5 的期刊次序无任何调整。其中，东北财经大学作为双非类财经院校，排名首次上升至前 20。东北财经大学产业组织与企业组织研究中心是教育部人文社会科学重点研究基地，并设有产业组织、规制经济、反垄断、能源经济和知识产权五个研究机构。同时，研究中心重点围绕"产业组织理论前沿""规制经济理论前沿""反垄断经济学前沿""战略性新兴产业发展"等主流研究方向创新发展，在产业组织学科领域的学术研究、人才培养、咨询服务、国际交流、信息资源等方面搭建特色明显的一流学术平台。可见，作为专业类双非高校，东北财经大学依托学科平台的高水平建设进一步提高政府监管领域研究成果的系统性和集成性。

表 1 - 5   1992 ~ 2022 年核心期刊和 CSSCI 来源期刊
发文数量排名前 20 的机构

排名	机构名称	类别	地域	发文数量（篇）
1	中国人民大学	一流大学 A 类	北京	994
2	武汉大学	一流大学 A 类	湖北	751
3	北京大学	一流大学 A 类	北京	711
4	西南政法大学	政法类	重庆	520
5	中南财经政法大学	一流学科	湖北	489
6	南开大学	一流大学 A 类	天津	453
7	厦门大学	一流大学 A 类	福建	452
8	华东政法大学	政法类	上海	446
9	上海财经大学	一流学科	上海	439
10	南京大学	一流大学 A 类	江苏	438
10	中国政法大学	一流学科	北京	438
12	中央财经大学	一流学科	北京	426
13	复旦大学	一流大学 A 类	上海	414
14	西安交通大学	一流大学 A 类	陕西	408
15	西南财经大学	一流学科	四川	406
16	清华大学	一流大学 A 类	北京	400
17	对外经济贸易大学	一流学科	北京	396
18	吉林大学	一流大学 A 类	吉林	376
19	山东大学	一流大学 A 类	山东	337
20	东北财经大学	财经类	辽宁	330

现将时间区间设定为"2021 ~ 2022 年"，且期刊来源依次选取为"全部期刊""核心期刊或 CSSCI 来源期刊"，重新检索分析，如表 1 - 6 和表 1 - 7 所示。针对全部期刊而言，检索排名前五的机构分别为华东政法大学、中国政法大学、中国人民大学、国家市场监督管理总局和武汉大学，较 2019 ~ 2020 年统计情况相比具体机构并未改变，仅次序有

所波动，发文总量共计821篇，占比40.14%，研究成果丰硕。其中，根据统计排名，近两年郑州大学、东南大学、山东大学、中国人民公安大学和北京师范大学五所高校对政府监管领域的关注度有所提高、科研成果不断输出，其均为新上榜机构。再者，针对核心、CSSCI来源期刊而言，排名靠前的发文机构整体相对稳定，而浙江财经大学、重庆大学、同济大学和东南大学，这4所高校排名较以往具有明显上升趋势，尤其是浙江财经大学，排名已跃至第14位。可见，浙江财经大学依托中国政府管制研究院的设立，不断推进政府管制理论与政策研究，培养高层次政府管制人才，努力打造中国政府管制领域的高层次智库，为政府管制实践提供系统的理论与政策支持，其有关研究成果涉及经济学、公共管理、法学、管理学、市政工程等领域。同时，近两年政府监管领域的有关机构仍主要分布于华北和华东两大地区。

表1-6　　　　　2021～2022年发文数量排名前20的机构

排名	机构名称	类别	地域	发文数量（篇）
1	华东政法大学	政法类	上海	196
2	中国政法大学	一流学科	北京	176
3	中国人民大学	一流大学A类	北京	174
4	国家市场监督管理总局	政府机构	北京	142
5	武汉大学	一流大学A类	湖北	133
6	西南政法大学	政法类	重庆	125
7	清华大学	一流大学A类	北京	107
8	北京大学	一流大学A类	北京	105
9	中南财经政法大学	一流学科	湖北	100
10	中央财经大学	一流学科	北京	94
11	安徽大学	一流学科	安徽	85
12	南开大学	一流大学A类	天津	76
13	复旦大学	一流大学A类	上海	75

续表

排名	机构名称	类别	地域	发文数量（篇）
14	南京大学	一流大学 A 类	江苏	70
15	对外经济贸易大学	一流学科	北京	66
15	郑州大学	一流大学 A 类	河南	66
15	东南大学	一流大学 A 类	江苏	66
18	山东大学	一流大学 A 类	山东	63
18	中国人民公安大学	一流学科	北京	63
18	北京师范大学	一流大学 A 类	北京	63

表1－7　　　2021～2022 年核心期刊和 CSSCI 来源期刊
发文数量排名前 20 的机构

排名	机构名称	类别	地域	发文数量（篇）
1	中国人民大学	一流大学 A 类	北京	109
2	中国政法大学	一流学科	北京	102
3	清华大学	一流大学 A 类	北京	82
4	西南政法大学	政法类	重庆	76
5	武汉大学	一流大学 A 类	湖北	73
6	华东政法大学	政法类	上海	70
7	北京大学	一流大学 A 类	北京	69
8	南京大学	一流大学 A 类	江苏	64
9	中南财经政法大学	一流学科	湖北	53
10	对外经济贸易大学	一流学科	北京	47
11	中央财经大学	一流学科	北京	44
12	复旦大学	一流大学 A 类	上海	43
12	南开大学	一流大学 A 类	天津	43
14	浙江财经大学	财经类	浙江	42
14	厦门大学	一流大学 A 类	福建	42
16	重庆大学	一流大学 A 类	重庆	39

续表

排名	机构名称	类别	地域	发文数量（篇）
17	上海交通大学	一流大学 A 类	上海	37
18	同济大学	一流大学 A 类	上海	36
19	东南大学	一流大学 A 类	江苏	35
20	山东大学	一流大学 A 类	山东	34

四、发文作者

发文作者情况相关检索结果如表 1－8 所示。1949～2022 年发文量排名前 20 的作者其研究主要涉及经济性规制、社会性规制，同时也涵盖其他学科领域，如核科学技术和航空航天科学与工程等监管。总体来看，作者重点对经济性规制尤其是金融监管问题进行探析，而社会性规制的研究则主要集中于食品药品监管和环境规制，尤其是食品药品监管。其中，金融监管领域巴曙松以 149 篇的发文量仍居首位，具有丰富的科研成果和较高的学术影响力；同时，王俊豪作为最早从事政府监管相关学术研究的学者，成果既涵盖自然垄断产业，又紧跟经济热点和社会发展问题，涉及领域十分广泛、论文被引用率较高，在该领域奠定了一定的学术基础。社会性规制方面，邵蓉、胡颖廉、周小梅、刘鹏、张红凤等学者成果突出。

表 1－8　　　　　　1949～2022 年发文数量排名前 20 的作者

排名	作者	主要研究方向	工作单位	发文数量（篇）
1	巴曙松	金融监管	国务院发展研究中心金融研究所	149
2	伍浩松	核科学技术监管	中核战略规划研究总院；中国核科技信息与经济研究院	88
3	王俊豪	自然垄断产业管制	浙江财经大学	66

续表

排名	作者	主要研究方向	工作单位	发文数量（篇）
4	邵蓉	药品监管	中国药科大学	63
5	王兆星	金融监管	中国银保监会	62
6	何霞	电信监管	中国信息通讯研究院	52
7	李长健	农业经济	华中农业大学	51
8	肖兴志	自然垄断产业规制	东北财经大学	48
8	胡颖廉	食品药品监管	国家行政学院；清华大学	48
10	尹振涛	金融监管	中国社会科学院金融研究所	46
11	王胜邦	金融监管	中国银保监会	44
12	周小梅	自然垄断产业监管、食品药品监管	浙江工商大学	40
12	刘鹏	食品药品监管	中国人民大学	40
14	张红凤	食品安全监管、环境规制	山东财经大学	36
14	李成	金融监管	西安交通大学	36
16	张兆宁	航空航天科学与工程	中国民航大学	35
17	陆岷峰	金融监管	南京财经大学	34
18	郝旭光	证券监管	对外经济贸易大学	33
19	靳慧斌	航空航天科学与工程	中国民航大学	31
19	边红彪	食品安全监管	中国标准化研究院	31
19	童文俊	金融监管	中国人民银行上海总部	31

注：由于统计过程中存在发文作者重名和文献署名单位不一致的问题，学者刘鹏和李成的检索结果与《政府监管研究进展与热点前沿（2019～2020）》相关统计数据略有偏差，本书已将相关结果进行修正。

为进一步了解相关学者近两年的研究动态，现分别对"全部期刊""核心期刊和CSSCI来源期刊"进行检索与统计，其发文量排名具体如表1－9和表1－10所示。分析而言：一方面针对全部期刊，2021～2022年发文量排名前三的作者分别为杨悦、吴群红和杨东。其中，杨悦的主要研究方向为药品监管，尤其涉及疫苗监管，并对美国药品监管法规进行研究，以便完善中国相关监管法规并制定切实可行的监管路径；而吴群红则主要对中国医疗保险基金的监管问题进行探析，重点基于现状与成效，提出并完善多元协同监管路径；杨东则主要针对与数字经济发展密切相关的平台监管问题进行深入探析，涉及数据、数字平台等方面的反垄断，并通过论证给出相关路径。另一方面考察核心期刊、CSSCI 来源期刊，其发文量排名前三的作者与"全部期刊"检索的人员相同，仅排名顺序有所调整。同时，部分学者也从其他视角出发对该领域进行深入探析。诸如，孙慧主要研究环境规制与经济高质量发展问题，并从中国式分权治理视角、政府补助视角、企业绿色技术创新等视角探析；王俊豪则讨论了中国特色政府监管理论体系与立法导向，同时还对互联网医疗健康监管和电商平台监管等热点问题进行研究；唐要家、曾雄重点涉及数字经济领域的监管问题，如数据、数字平台、人工智能等监管。

表 1-9　　　　　2021~2022 年发文数量排名前 20 的作者

排名	作者	主要研究方向	工作单位	发文数量（篇）
1	杨悦	药品监管	清华大学	16
2	吴群红	医疗保险基金监管	哈尔滨医科大学	15
3	杨东	数字平台监管	中国人民大学	13
3	孙慧	环境规制	新疆大学	13
5	阮静	财政监督	《财政监督》杂志社	11
5	马双成	食品药品监管	中国食品药品检定研究院	11
7	孙晋	监管改革、反垄断	武汉大学	10
8	邓建鹏	区块链监管	中央财经大学	9
9	孟楠	医保基金监管	哈尔滨医科大学	8
9	陈兵	经济法、数字经济监管	南开大学	8

续表

排名	作者	主要研究方向	工作单位	发文数量（篇）
9	王可欣	医保基金监管	哈尔滨医科大学	8
9	尹振涛	金融监管、互联网平台监管	中国社会科学院金融研究所	8
9	姜胜超	医保基金监管	哈尔滨医科大学	8
14	郭传凯	反垄断规制	山东大学	8
15	王俊豪	互联网医疗监管、电商平台信用监管	浙江财经大学	7
15	张鑫	医保基金监管	哈尔滨医科大学	7
15	伍浩松	核科学技术监管	中核战略规划研究总院；中国核科技信息与经济研究院	7
15	刘鹏	智慧监管、食品药品监管	中国人民大学	7
19	董会忠	环境规制	山东理工大学	6
19	贝文	互联网医疗监管	上海市卫生健康委员会	6
19	刘宪权	网络数据刑法规制	华东政法大学	6
19	张峥	环境规制、监管制度	上海理工大学	6
19	郭朋飞	医保监管	哈尔滨医科大学	6
19	唐要家	数字经济监管	浙江财经大学	6

表 1 - 10　　　2021 ~ 2022 年核心期刊、CSSCI 来源期刊发文数量排名前 20 的作者

排名	作者	研究方向	工作单位	发文数量（篇）
1	吴群红	医疗保险基金监管	哈尔滨医科大学	14
2	杨悦	药品监管	清华大学	13
3	杨东	数字平台监管	中国人民大学	10
4	孙慧	环境规制	新疆大学	11
5	孟楠	医保基金监管	哈尔滨医科大学	8
5	王可欣	医保基金监管	哈尔滨医科大学	8

续表

排名	作者	研究方向	工作单位	发文数量（篇）
5	姜胜超	医保基金监管	哈尔滨医科大学	8
8	王俊豪	互联网医疗监管、电商平台信用监管等	浙江财经大学	7
8	邓建鹏	金融监管	中央财经大学	7
8	张鑫	医保基金监管	哈尔滨医科大学	7
8	康正	医保基金监管	哈尔滨医科大学	7
12	唐要家	数字经济监管数据、数字平台、人工智能	浙江财经大学	6
13	董会忠	环境规制	山东理工大学	6
13	陈佩雯	医保基金监管	哈尔滨医科大学	6
13	程雪军	金融科技监管	同济大学	6
13	汪明月	环境规制	中国科学院科技战略咨询研究院	6
17	方军雄	金融监管	复旦大学	5
17	曾雄	平台经济反垄断监管	清华大学	5
17	郑晓舟	环境规制	西北大学	5
17	刘宪权	网络数据刑法规制	华东政法大学	5
17	卢山冰	环境规制	西北大学	5
17	刘宪权	网络数据刑法规制	华东政法大学	5
17	刘鹏	智慧监管、食品药品监管	中国人民大学	5
17	李颖明	环境规制	中国科学院科技战略咨询研究院	5

五、关键词

为突出政府监管研究的重点领域，对所有论文进行关键词分析，除去"监管""规制""对策"等共性关键词后结果如图1-2所示。1979~

2022 年政府监管论文排名前 15 的关键词中，"法律规制"与"金融监管"排名前两位，且论文数量远高于其他关键词，随后为"环境规制""食品安全""互联网金融"。为突出研究新进展，2021～2022 年政府监管领域关键词如图 1－3 所示。"环境规制""法律规制""金融监管"

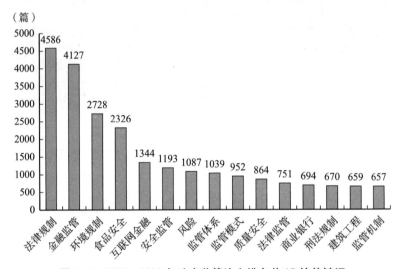

图1－2　1979～2022 年政府监管论文排名前 15 的关键词

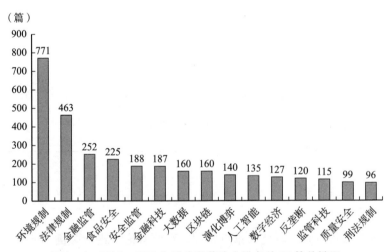

图1－3　2021～2022 年政府监管论文排名前 15 的关键词

"食品安全"等是政府监管领域经久不衰的主题，2019~2020年新出现的关键词"大数据""区块链""人工智能"等在2021~2022年依旧是研究的前沿热点，近两年首次出现的关键词有"演化博弈""数字经济""反垄断"。这说明，演化博弈模型是政府监管研究的热门研究方法，数字经济及其引发的反垄断研究是政府监管研究的热门主题。

第二节　国内政府监管研究——基于经管文献库的分析

国内政府监管研究虽涉及众多学科，但论文占比最多的为经济与管理科学，本节将本书的研究范围缩小，即文献分类目录选择经济与管理科学，进行更为详细、精准的分析。

一、发文数量

2021~2022年国内政府监管领域论文共8507篇，其中CSSCI来源期刊和北大核心期刊论文1897篇，约占22%，比2019~2020年的相关数据提高3个百分点，政府监管领域的论文质量近两年显著提升。短期趋势寓于长期趋势之中，为更好地把握国内政府监管研究近期变化情况，有必要分析研究演变的长期趋势，而这一领域研究主要是从改革开放以来逐渐发展起来的。改革开放以来，我国政府监管领域发文数量总体呈上升趋势（见图1-4）[①]，但从2013年开始，发文数量处于波动状态。这与我国政府监管所处的研究时期密切相关，从酝酿阶段、起步阶段、全面推进到改革创新阶段，虽然发文数量不再直线上升，甚至有所下降，但整体质量上有所改善。

---

① 由于知网平台对部分论文作出调整，因而图1-4相关数据与《政府监管研究进展与热点前沿（2019~2020）》一书相关数据具有细微不同。

图 1 – 4　1979～2022 年政府监管领域发文数量

二、发文期刊

经管类相关文献，期刊发文量的检索如表 1 – 11 所示。1949～2022 年政府监管领域的发文中，核心期刊 25290 篇，中文社会科学引文索引（CSSCI）来源期刊 12711 篇，工程索引（EI）来源期刊 158 篇，中国人文社会科学核心期刊（AMI）59 篇，科学引文索引（SCI）来源期刊 11 篇，其余论文来源于普通刊物。而且，排名前 3 的期刊与 1994～2020 年时间段检索结果相比，无任何变动。同时，排名前 20 的期刊中，根据主题分析，涉及经济性监管的有 16 本刊物，其中金融监管方面有《中国金融》等 7 本刊物，所占比例近 50%；涉及社会性监管的有《中国食品药品监管》等 4 本主要刊物；根据类别分析，核心期刊仅有《中国金融》和《金融发展研究》。总体而言，在榜期刊波动不大，仅有《福建市场监督管理》和《财经界》为新上榜期刊。

接下来，细分"来源类别"，具体选为"核心期刊"和"CSSCI 来源期刊"，且时间跨度调整为"1992～2022 年"，再次进行检索。现将发文量排名前 20 的期刊（见表 1 – 12），由数据统计结果可知，排名前 20 的核心期刊和 CSSCI 来源期刊总发文量为 6769 篇，其中前 5 的期刊总发文量达 2960 篇，占比 43.73%。可见，政府监管领域中《中国金融》《上海金融》《南方金融》《武汉金融》《价格理论与实践》这五大经济管理类期刊影响力较大。整体而言，期刊排名较以往年份统计结果调整不大。

表 1-11 　　　　1949~2022 年发文数量排名前 20 的期刊

排名	期刊名称	期刊类别	主办单位	发文数量（篇）
1	《市场监督管理》	普通期刊	中国工商出版社；国家市场监督管理总局	2037
2	《中国食品药品监管》	普通期刊	中国健康传媒集团有限公司	1713
3	《中国市场监管研究》	普通期刊	中国市场监督管理学会	1704
4	《食品安全导刊》	普通期刊	商业科技质量中心	1272
5	《中国价格监管与反垄断》	普通期刊	中国价格协会	1261
6	《财政监管》	普通期刊	湖北省中央企业会计学会	1238
7	《中国金融》	核心期刊	中国金融出版社	1207
8	《中国质量监管》	普通期刊	中国质量报社	1041
9	《时代金融》	普通期刊	中国《时代金融》杂志社	1002
10	《首都食品与医药》	普通期刊	《首都食品与医药》杂志社	710
11	《福建市场监督管理》	普通期刊	福建省标准化研究院	623
12	《中国农村金融》	普通期刊	中国银行保险监督管理委员会	620
13	《中国外汇》	普通期刊	中国外汇管理杂志社	608
14	《现代商业》	普通期刊	中华全国商业信息中心	607
15	《现代经济信息》	普通期刊	黑龙江企业管理协会	572
16	《金融发展研究》	核心期刊	山东省金融学会	538
17	《商场现代化》	普通期刊	中商科学技术信息研究所	489
18	《财经界》	普通期刊	国家信息中心	482
19	《金融经济》	普通期刊	湖南省金融学会	472
19	《黑龙江金融》	普通期刊	中国人民银行哈尔滨中心支行	472

　　注：《市场监督管理》曾用名《工商行政管理》；《福建市场监督管理》曾用名《福建质量技术监督》；《财经界》曾用名《经济信息》；《金融经济》曾用名《湖南省金融研究》；《黑龙江金融》曾用名《黑龙江金融研究》；《西部金融》曾用名《西安金融》《陕西金融》。

表1－12　1992～2022年发文数量排名前20的核心期刊、CSSCI来源期刊

排名	期刊名称	主办单位	发文数量（篇）
1	《中国金融》	中国金融出版社	1207
2	《上海金融》	上海市金融学会	456
3	《南方金融》	中国人民银行广州分行	454
4	《武汉金融》	中国金融学会；《武汉金融》杂志社	446
5	《价格理论与实践》	中国价格协会	397
6	《金融理论与实践》	河南省金融学会；中国人民银行郑州中心支行	390
7	《商业经济研究》	中国商业经济学会	312
8	《金融与经济》	江西省金融学会	308
9	《财会通讯》	湖北省会计学会	296
10	《财政监督》	湖北省中央企业会计学会	278
11	《银行家》	山西省经贸委；山西省财政厅；山西省供销社	263
12	《浙江金融》	浙江金融学会	248
13	《金融发展研究》	山东省金融学会	232
14	《财会月刊》	武汉出版社	231
15	《证券市场导报》	深圳证券交易所	230
16	《国际金融研究》	中国国际金融学会；中国银行股份有限公司	220
17	《保险研究》	中国保险学会	218
18	《金融研究》	中国金融学会	197
18	《商业研究》	哈尔滨商业大学	197
20	《特区经济》	深圳市经理进修学院	189

注：上述所列期刊中《上海金融》《证券市场导报》《国际金融研究》《保险研究》《金融研究》和《商业研究》为CSSCI期刊。

根据上述分析，明显看出涉及"金融监管"的期刊论文数量多、占比大。因此，为扩大所列期刊的研究领域、丰富统计对象，现剔除金融类期刊，重新检索分析，并将排名前20的核心期刊、CSSCI进行列举，如表1－13所示。整体分析，发文数量排名前20的期刊共包括

《商业研究》《统计与决策》《财经问题研究》等 CSSCI 期刊，这些期刊选题方向相比侧重于政府监管领域，其相关研究成果和学术观点具有重要参考价值，同时未来该领域学者发文也可重点关注以上刊物。

表 1-13　　　1992~2022 年发文数量排名前 20 的核心期刊、
CSSCI 来源期刊（剔除金融类期刊）

排名	期刊名称	主办单位	发文数量（篇）
1	《价格理论与实践》	中国价格协会	397
2	《商业经济研究》	中国商业经济学会	312
3	《金融与经济》	江西省金融学会	308
4	《财会通讯》	湖北省会计学会	296
5	《财政监督》	湖北省中央企业会计学会	278
6	《银行家》	山西省经贸委；山西省财政厅；山西省供销社	263
7	《财会月刊》	武汉出版社	231
8	《商业研究》	哈尔滨商业大学	197
9	《特区经济》	深圳市经理进修学院	189
10	《中国财政》	中国财政杂志社	186
11	《统计与决策》	湖北省统计局统计科学研究所	179
12	《财经问题研究》	东北财经大学	156
13	《经济研究参考》	经济科学出版社	154
14	《生产力研究》	山西社会科学报刊社	153
15	《企业经济》	江西省社会科学院	146
16	《当代财经》	江西财经大学	143
17	《财经科学》	西南财经大学	142
18	《生态经济》	云南教育出版社有限责任公司	138
19	《中国工业经济》	中国社会科学院工业经济研究所	133
20	《财经论丛》	浙江财经学院学报	130

注：上述所列期刊中《商业研究》《统计与决策》《财经问题研究》《当代财经》《财经科学》《中国工业经济》《财经论丛》为 CSSCI 期刊，且《经济研究参考》曾用名《经济研究参考资料》；《当代财经》曾用名《江西财经学院学报》；《企业经济》曾用名《赣江经济》；《中国工业经济》曾用名《中国工业经济研究》；《财经论丛》曾用名《浙江财经学院学报》。

同样，为分析近两年核心期刊发文量的变动，现将"时间跨度"
选为"2021~2022年"，"来源类别"选为"核心期刊""CSSCI 来源期
刊"进行检索。按照来源类别划分，政府监管领域共有 1897 篇论文，
现将发文量排名前 20 的期刊进行列举，如表 1 – 14 所示。分析而言，
近两年排名前 20 的核心期刊和 CSSCI 总发文数量为 539 篇，其中排名
前三的期刊分别为《中国金融》《统计与决策》《财会学刊》，发文总和
达 137 篇，占比为 25.42%。同时，诸如经济统计类期刊《统计与决
策》和环境科学与资源利用类期刊《中国人口·资源与环境》在该领
域发文量有所增加，排名上升明显。而且，所列期刊中，涉及社会性监
管的核心期刊与以往年份统计相比，数量有所增加。可见，近两年学者
对食品药品安全、环境保护、可持续发展等领域政府监管研究的关注程
度不断提高。

表 1 – 14　2021~2022 年发文数量排名前 20 的核心期刊、CSSCI 来源期刊

排名	期刊名称	期刊类别	主办单位	发文数量（篇）
1	《中国金融》	核心期刊	中国金融出版社	48
2	《统计与决策》	核心期刊、CSSCI 来源期刊	湖北省统计局统计科学研究所	46
3	《财会月刊》	核心期刊	武汉出版社	43
4	《生态经济》	核心期刊	云南教育出版社有限责任公司	42
5	《食品安全质量检测学报》	核心期刊	北京市电子产品质量检测中心；北京方略信息科技有限公司	26
6	《中国人口·资源与环境》	核心期刊、CSSCI 来源期刊	中国可持续发展研究会；山东省可持续发展研究中心；中国 21 世纪议程管理中心；山东师范大学	25
7	《价格理论与实践》	核心期刊	中国价格协会	23

排名	期刊名称	期刊类别	主办单位	发文数量（篇）
8	《财会月刊》	核心期刊	武汉出版社	23
9	《金融监管研究》	核心期刊、CSSCI 扩展版	中国银行保险监督管理委员会	22
10	《中国注册会计师》	核心期刊	中国注册会计师协会	22
11	《财务与会计》	核心期刊	中国财政杂志社	19
12	《金融发展研究》	核心期刊	山东省金融学会	19
13	《华东经济管理》	核心期刊、CSSCI 扩展版	中共安徽省委党校	19
14	《工业技术经济》	核心期刊	吉林省科技信息研究所；中国区域经济学会	19
15	《管理评论》	核心期刊、CSSCI 来源期刊	中国科学院大学	18
16	《南方金融》	核心期刊	中国人民银行广州分行	17
17	《科技管理研究》	核心期刊、CSSCI 扩展版	广东省科学与科技管理研究会	16
18	《技术经济与管理研究》	核心期刊	山西社会科学报刊社	16
19	《运筹与管理》	核心期刊、CSSCI 扩展版	中国运筹学会	16
20	《经济问题》	核心期刊、CSSCI 来源期刊	山西省社会科学院	15
21	《软科学》	核心期刊、CSSCI 来源期刊	四川省科技促进发展研究中心	15
22	《金融与经济》	核心期刊	江西省金融学会	15
23	《会计之友》	核心期刊	山西社会科学报刊社	15

注：《中国注册会计师》曾用名《注册会计师通讯》；《中国人口·资源与环境》曾用名《中国人口·资源环境》；《管理评论》曾用名《中外管理导报》。

三、发文机构

首先，选择全部期刊，按照发文机构类别进行统计，检索结果如表1－15所示。1949～2022 年发文量排名前 20 的机构中高校 18 个，即双一流高校 14 个（9 个一流大学、5 个一流学科高校）和非双一流高校 4 个，而双非类包括 3 个财经类高校（东北财经大学、江西财经大学、首都经济贸易大学）和 1 个政法类高校（华东政法大学）。同时，所列机构还包含中国银行保险监督管理委员会和中国财政部两大政府机构。相比时间跨度为 1949～2020 年的全部期刊统计结果，1949～2022 年排名前 20 的期刊仅次序有所轻微调整，其余无任何变化。根据发文机构所处地域分析可知，华北和华东地区占比甚多，其中华北地区 8 个，仅北京就占 7 个；华东地区 7 个，该区域高校众多、经济发达，平台资源和科研经费相比较为富裕，更有利于政府监管领域相关学术研究的开展。

表 1－15   1949～2022 年发文数量排名前 20 的机构

排名	机构名称	类别	地域	发文数量（篇）
1	中国人民大学	一流大学 A 类	北京	1064
2	中央财经大学	一流学科	北京	848
3	武汉大学	一流大学 A 类	湖北	742
4	北京大学	一流大学 A 类	北京	720
5	中南财经政法大学	一流学科	湖北	691
6	西南财经大学	一流学科	四川	680
7	东北财经大学	财经类	辽宁	604
8	厦门大学	一流大学 A 类	福建	565
9	南开大学	一流大学 A 类	天津	560
10	复旦大学	一流大学 A 类	上海	535
11	中国银行保险监督管理委员会	政府机构	北京	516

排名	机构名称	类别	地域	发文数量（篇）
12	上海财经大学	财经类、一流学科	上海	510
13	西安交通大学	一流大学A类	陕西	483
14	华东政法大学	政法类	上海	475
15	对外经济贸易大学	财经类、一流学科	北京	446
16	江西财经大学	财经类	江西	436
17	财政部	政府机构	北京	408
18	山东大学	一流大学A类	山东	388
19	首都经济贸易大学	财经类	北京	383
20	南京大学	一流大学A类	江苏	367

接下来，期刊来源设置为核心期刊和CSSCI来源期刊的基础上，调整时间跨度为1992～2022年，重新针对发文机构进行检索，结果如表1-16所示。分析可知，排名前20的机构中，包括19所各地高等院校，仅含有中国银行保险监督管理委员会这一政府机构。其中，19所高等院校中双一流高校占17所，仅包含东北财经大学和江西财经大学两所非双一流财经类高校。可见，除了综合科研实力雄厚的双一流高校外，依托专业的学科平台建设，即东北财经大学产业组织与企业组织研究中心和江西财经大学产业经济研究院，也进一步使得经济与管理类政府监管领域相关研究成果突出。总的来说，表中期刊与之前时间段为1994～2020年的检索结果相比无变化，仅排名上下有所波动而已。

表1-16 1992～2022年发核心期刊和CSSCI来源期刊数量排名前20的机构

排名	机构名称	类别	地域	发文数量（篇）
1	中国人民大学	一流大学A类	北京	610
2	武汉大学	一流大学A类	湖北	426
3	北京大学	一流大学A类	北京	422

续表

排名	机构名称	类别	地域	发文数量（篇）
4	上海财经大学	一流学科	上海	366
5	南开大学	一流大学 A 类	天津	358
6	中央财经大学	一流学科	北京	352
7	西南财经大学	一流学科	四川	345
8	西安交通大学	一流大学 A 类	陕西	342
9	厦门大学	一流大学 A 类	天津	320
10	中南财经政法大学	一流学科	湖北	309
11	复旦大学	一流大学 A 类	上海	305
12	东北财经大学	财经类	辽宁	291
13	对外经济贸易大学	一流学科	北京	269
14	江西财经大学	财经类	江西	258
15	中国银行保险监督管理委员会	政府机构	北京	243
15	南京大学	一流大学 A 类	天津	243
17	吉林大学	一流大学 A 类	天津	237
18	清华大学	一流大学 A 类	北京	230
19	暨南大学	一流学科	广东	229
20	山东大学	一流大学 A 类	山东	211

　　进一步地，将时间跨度调整为"2021~2022 年"，着重分析近两年各机构发文数量，如表 1－17 所示。其中，排名前 20 的机构共发文 1077 篇，且国家市场监督管理总局、中国人民大学和中央财经大学这三个机构总共发文 292 篇，占比达 27.11%，可见近两年三大机构其在政府监管领域学术研究成果丰富、影响力较高。同样，按照机构类别统计可知，2021~2022 年发文量排名前 20 的机构中高校 17 个，即双一流高校 13 个（7 个一流大学、7 个一流学科高校）、非双一流高校 4 个，包括 3 个财经类高校（首都经济贸易大学、浙江财经大学和南京审计大学）和 1 个政法类高校（华东政法大学），尤其是浙江财经大学和南京

审计大学发文量增加明显，排名跃居前 20。根据发文机构所处地域，华北地区 11 个，其中北京占有 9 个；华东地区 7 个；华中地区 2 个，可见近两年涉及政府监管领域的机构集中分布于华北和华东两大地区，尤其是北京占比近一半。

表 1－17　　　　　2021～2022 年发文数量排名前 20 的机构

排名	机构名称	类别	地域	发文数量（篇）
1	国家市场监督管理总局	政府机构	北京	129
2	中国人民大学	一流大学 A 类	北京	90
3	中央财经大学	一流学科	北京	73
4	武汉大学	一流大学 A 类	湖北	64
5	华东政法大学	政法类	上海	58
6	南开大学	一流大学 A 类	天津	54
7	复旦大学	一流大学 A 类	上海	53
8	福建市场监督管理局	政府机构	福建	49
9	北京大学	一流大学 A 类	北京	48
10	安徽大学	一流学科	安徽	47
10	清华大学	一流大学 A 类	北京	47
12	中国政法大学	一流学科	北京	46
13	首都经济贸易大学	财经类	北京	44
14	南京大学	一流大学 A 类	江苏	42
15	对外经济贸易大学	财经类、一流学科	北京	41
15	中南财经政法大学	一流学科	湖北	41
17	中国财政部	政府机构	北京	38
17	浙江财经大学	财经类	浙江	38
17	南京审计大学	财经类	江苏	38
20	中国科学院大学	一流大学 A 类	北京	37

再次细化研究，将期刊来源类别缩小为：核心期刊和 CSSCI 来源期刊，其他检索条件不变，其结果如表 1－18 所示。分析可知，排名前 20

的机构中，全部为高校类研究机构，包括一流大学 10 所、一流学科高校 7 所、非一流高校 3 所（财经类），尤其是浙江财经大学近两年学术成果突出，排名上升明显。而且，针对经济与管理类政府监管领域更加专业性和系统性的学术研究而言，高校目前仍然是其最主要的承载基地。同时，表 1－18 中包含的 9 所财经类、政法类高校，也表明政府监管的相关研究将重点涉及经济学、法学、制度经济学等学科，具有一定的交叉性和融合性。

表 1－18　　2019～2020 年发核心期刊和 CSSCI 来源期刊数量排名前 20 的机构

排名	机构名称	类别	地域	发文数量（篇）
1	中国人民大学	一流大学 A 类	北京	51
2	武汉大学	一流大学 A 类	湖北	37
2	南京大学	一流大学 A 类	江苏	37
2	中央财经大学	一流学科	北京	37
5	清华大学	一流大学 A 类	北京	36
6	北京大学	一流大学 A 类	北京	35
7	南开大学	一流大学 A 类	天津	33
8	复旦大学	一流大学 A 类	上海	31
9	浙江财经大学	财经类	浙江	30
10	首都经济贸易大学	财经类	北京	28
11	东北财经大学	财经类	辽宁	26
11	中南财经政法大学	一流学科	湖北	26
13	对外经济贸易大学	一流学科	北京	25
14	厦门大学	一流大学 A 类	福建	24
14	暨南大学	一流学科	广东	24
16	中国政法大学	一流学科	北京	21
16	吉林大学	一流大学 A 类	吉林	21
16	上海财经大学	一流学科	上海	21
16	湖南大学	一流大学 B 类	湖南	21
16	西南财经政法大学	一流学科	四川	21

四、发文作者

发文作者相关检索结果如表 1 - 19 所示。1949~2022 年发文量排名前 20 的作者其研究既涉及经济性规制，也包含了社会性规制，但总体而言对经济性规制相关问题探析的学者较多，尤其是针对金融监管的研究。其中，金融监管领域发文量排名前 3 的作者分别为巴曙松、王兆星和尹振涛，特别是学者巴曙松以 147 篇文献位居首位；自然垄断产业方面主要的研究学者有王俊豪、肖兴志、周小梅等；社会性规制方面有王志刚、李长健、胡颖廉等。同时，为使研究更加全面，又将"来源类别"选择"核心期刊"和"CSSCI 来源期刊"，时间调整为"1992~2022 年"，进一步检索。根据数据结果，并将排名前 20 的作者列举如表 1 - 20 所示，且所列作者的研究方向仍然是以金融监管为主。其中，总体发文量排名前 5 的作者依次为巴曙松、王俊豪、王兆星、肖兴志和周小梅，均为政府监管领域的专家型人才，其研究深入、涉及面广，为该领域的相关学术研究奠定基础、指明方向。同时，与时间跨度为1992~2020 年的检索结果相比，学者尹振涛、朱元倩和刘志洋为新进入前 20 的学者，可见其近两年研究成果增加相对明显，且三者研究方面均为金融监管。

表 1 - 19　　　　　　1949~2022 年发文数量排名前 20 的作者

排名	作者	主要研究方向	工作单位	发文数量（篇）
1	巴曙松	金融监管	国务院发展研究中心金融研究所	147
2	伍浩松	核监管	中核战略规划研究总院	72
3	王兆星	金融监管	中国银行保险监督管理委员会	62
4	王俊豪	自然垄断产业管制	浙江财经大学	56

排名	作者	主要研究方向	工作单位	发文数量（篇）
5	何霞	电信监管	中国信息通讯研究院	51
6	尹振涛	金融监管	中国社会科学院金融研究所	46
7	王胜邦	金融监管	中国银行保险监督管理委员会辽宁监管局	44
8	肖兴志	自然垄断产业规制	东北财经大学	42
9	李成	金融监管	西安交通大学	40
10	王志刚	食品安全监管、金融监管	中国财政科学研究院	37
11	李长健	食品安全、农产品质量安全监管	中南财经政法大学	37
12	胡颖廉	食品药品监管	国家行政学院	36
13	周小梅	自然垄断产业监管、食品药品监管	浙江工商大学	34
14	阮静	财政监督	《财政监督》杂志社	34
15	陆岷峰	金融监管	南京财经大学	34
16	郝旭光	证券监管	对外经济贸易大学	33
17	童文俊	金融监管	中国人民银行上海总部	31
18	邵蓉	药品监管	中国药科大学	31
19	张红凤	食品安全监管	山东财经大学	30
20	李东卫	金融监管	中国银行保险监督管理委员会山西省阳泉市监管分局	30

　　注：由于统计过程中存在发文作者重名和文献署名单位不一致的问题，学者何霞、邵蓉的检索结果与《政府监管研究进展与热点前沿（2019～2020）》统计数据略有差别，本书已将相关结果修正；同时，因知网平台对部分论文作出调整，学者伍浩松、肖兴志的相关统计数据与《政府监管研究进展与热点前沿（2019～2020）》具有细微不同。

表 1-20　　　　1992～2022 年核心期刊和 CSSCI 来源期刊
发文章数量排名前 20 的作者

排名	作者	主要研究方向	工作单位	发文数量（篇）
1	巴曙松	金融监管	国务院发展研究中心金融研究所	73
2	王俊豪	自然垄断产业监管	浙江财经大学	51
3	王兆星	金融监管	中国银保监会	49
4	肖兴志	自然垄断产业监管	东北财经大学	39
5	周小梅	自然垄断产业监管、食品药品监管	浙江工商大学	30
6	郝旭光	证券监管	对外经济贸易大学	29
7	王胜邦	金融监管	中国银保监会	29
8	李成	金融监管	西安交通大学	27
9	张强	金融监管	湖南大学	27
10	尹振涛	金融监管	中国社会科学院金融研究所	24
11	于良春	自然垄断产业监管	山东大学	22
12	王冀宁	食品安全监管	南京工业大学	22
13	任玉珑	电力监管、环境监管	重庆大学	22
14	张红凤	食品安全监管	山东财经大学	22
15	蒋海	金融监管	暨南大学	22
16	陈富良	自然垄断产业监管	江西财经大学	20
17	范合君	自然垄断产业监管	首都经济贸易大学	18
18	朱元倩	金融监管、监管科技	北大汇丰金融研究院	17
19	尹继志	金融监管	河北金融学院	16
20	刘志洋	宏观审慎监管、互联网金融监管	东北师范大学	16
21	沈庆劼	金融监管	北京交通大学	16

为重点梳理近两年政府监管领域相关学者的研究情况，现对 2021～

2022 年全部期刊进行检索，结果如表 1 - 21 所示。全部期刊发文量排名前 3 位的作者分别为阮静、孙慧和夏华锁，其研究主要关注点依次为财政监管、环境规制以及食品药品监管。同时，学者也立足其他视角展开政府监管领域相关研究。如董会忠主要关注环境规制、能源生态和技术创新之间的相关研究，汪明月和李颖明则合作探析环境规制、外资融入和绿色技术创新等有关问题，同时郑晓舟和卢山冰两人还针对环境规制与产业结构升级的相关联系进行研究；而随着平台经济的飞速发展，其潜在的垄断倾向不断显现，引起学术界和实务界的广泛关注，相关研究成果不断推进，尹振涛则聚焦平台经济相关市场认定、监管框架和反垄断措施，并在此基础上提出研究不足和政策建议，深入探析互联网平台监管。

表 1 - 21　　　　　2021 ~ 2022 年发文数量排名前 20 的作者

排名	作者	主要研究方向	工作单位	发文数量（篇）
1	阮静	财政监督	《财政监督》杂志社	11
2	孙慧	环境规制	新疆大学	10
3	夏华锁	市场监管、食品安全监管	—	10
4	夏志远	市场监管、食品安全监管	—	9
5	尹振涛	金融监管、互联网平台监管	中国社会科学院金融研究所	8
6	伍浩松	核科学技术监管	中核战略规划研究总院；中国核科技信息与经济研究院	7
7	吴群红	医疗保险基金监管	哈尔滨医科大学	6
8	张焰	核科学技术监管	中核战略规划研究总院	6
9	张峥	环境规制、监管制度	上海理工大学	6
10	汪明月	环境规制、市场规制	中国科学院科技战略咨询研究院	6
11	李颖明	环境规制、市场规制	中国科学院科技战略咨询研究院	6
12	邓建鹏	金融监管	中央财经大学	5
13	董会忠	环境规制	山东理工大学	5

续表

排名	作者	主要研究方向	工作单位	发文数量（篇）
14	夏雨	互联网金融监管	河南工业大学	5
15	陈旻	药品监管	广东省药品检验所	5
16	郑晓舟	环境规制	西北大学	5
17	卢山冰	环境规制	西北大学	5
18	刘志洋	宏观审慎监管、互联网金融监管	东北师范大学	5
19	赵文君	市场监管	新华通讯社	5
20	林钟高	信息披露监管模式	安徽工业大学	5

同时，针对该时间段内，期刊来源为核心期刊和 CSSCI 来源期刊进行检索。根据统计结果，可知除新疆大学的孙慧近两年在环境规制领域，如环境规制对企业绿色技术创新、经济高质量发展、全要素生产率等影响方面的发文数量为 10 篇以外，其余如董会忠、吴群会、汪明月、郑晓舟等排名前 20 的学者，研究成果大都集中在 5 篇左右，且排名并列者较多，故不再进行列表统计。

五、关键词

为突出政府监管研究的重点领域，除去"监管""规制""对策"等共性关键词，所得结果如图 1-5 所示。"环境规制"排名第一，且论文数量远高于其他关键词。环境问题一直是政府监管研究的重点，随着 2020 年 9 月我国提出"双碳"目标后，对环境的监管提出了更高的要求。"金融监管"与"食品安全"紧随其后，可见 2021~2022 年，经管类政府监管领域研究重点依旧为环境、金融与食品三大领域。与1979~2022 年不同之处在于，现阶段学者们的研究更多地基于新兴科技给监管带来的机遇与挑战（见图 1-6）。与 2019~2020 年的关键词

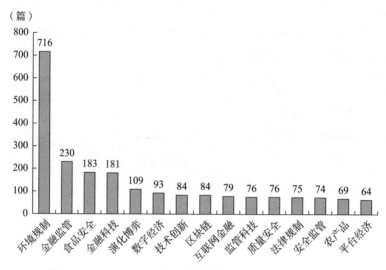

图 1 – 5　2021 ~ 2022 年政府监管论文排名前 15 的关键词

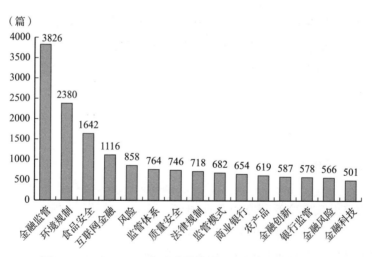

图 1 – 6　1979 ~ 2022 年政府监管论文排名前 15 的关键词

相比，"演化博弈""数字经济""法律规制""平台经济"凸显。实际上博弈模型较早就运用于政府监管领域，但第一次出现在第五关键词的位置，这说明现阶段学者们更注重模型的运用。"法律规制"出现在经管领域论文的关键词中，体现出近两年学科交叉融合的特点，也说明数字经济、平台经济的监管离不开法律的约束。

表 1 - 22 对 2022 年政府监管领域论文的研究主题进行归纳，以进一步突出研究前沿。在"双碳"目标的约束下，环境问题得到了学者们的广泛关注。此外，由于我国进入到高质量发展阶段，如何运用监管实现高质量发展成为研究热门。数字经济的不断发展引发了监管一系列问题，企业、政府与消费者的关系也发生变化，学者们纷纷研究在各种挑战下如何使监管效能提升。通过比较全部期刊与核心期刊论文的主题，可以发现核心论文的主题更加具体，对某一问题的研究更加深入，且运用了更多模型进行分析与验证。

表 1 - 22　　　　　　2022 年政府监管论文排名前 15 的主题

排名	全部期刊	北大核心期刊、CSSCI 来源期刊
1	环境规制	环境规制
2	金融监管	演化博弈
3	食品安全监管	金融监管
4	高质量发展	数字经济
5	金融科技	绿色技术创新
6	信用监管	法律规制
7	安全监管	平台经济
8	法律规制	金融科技
9	数字经济	绿色全要素生产率
10	演化博弈	问询函
11	监管模式	反垄断
12	消费者	准自然实验
13	平台经济	数字平台
14	反垄断	区块链
15	监管效能	系统性风险

第三节　国内政府监管研究——基于社会科学文献库的分析

一、发文数量

由于政府监管是应实践的需要而产生与发展的，其研究内容与现实社会紧密相连，涉及经济、政治、法律、行政管理等方面内容，是一门交叉性或边缘性学科①。为更加深入了解国内政府监管研究进展，本节将文献分类目录选择社会科学，其他检索条件不变，进行除"经济与管理科学"外的其他相关学科分析。尽管"社会科学"类目中也存在经管相关学科论文，但按照文献分类目录归属，本节将其归为"社会科学"类目。社会科学政府监管领域发文数量总体也呈上升趋势（见图 1 - 7），但在 2015 年后发文数量呈波动态势。具体来看，2021 ~

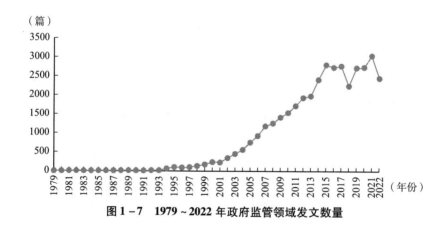

图 1 - 7　1979 ~ 2022 年政府监管领域发文数量

---

① 王俊豪. 管制经济学原理［M］. 北京：高等教育出版社，2014：12.

2022年国内政府监管领域论文共5499篇，其中1518篇发表在核心期刊和CSSCI来源期刊，占比约28%。与经管类论文相比，社会科学领域高质量论文占比更大，但这一比重的增速不及经管类学科。

若把1979~2022年国内社会科学政府监管领域论文进行较为具体的学科分类，则论文数量排名前10的学科为法学、公共管理、政治、国民经济、金融、教育、公安、社会、商业经济与工商管理。其中，排名第一的法学占比超过60%，是社会科学政府监管领域的主流学科（见图1-8）。

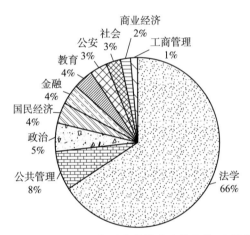

图1-8　1979~2022年政府监管论文排名前10的学科

二、发文期刊

现将文献分类目录选为社会科学，其他检索条件同第一节中该部分相同（下文有关发文机构、发文作者的统计方式，与此类似），进一步分类梳理政府监管领域相关研究。根据检索结果可知，1949~2022年社会科学政府监管类文献共有39454篇，包含核心期刊9550篇，中文社会科学引文索引（CSSCI）来源期刊7974篇，选取发文量排名前20的期刊进行列举分析，具体如表1-23所示。其中，根据期刊主题分析，主要涉及法学、公共管理、政治、国民经济和金融五大学科分类，同时也涵盖教育、公安、社会、商业经济、工商管理等学科，尤其是与法学相关的期刊有《法制与社会》《法制博览》《法制与经济》等 10 种，所占比例达到一半；根据期刊类别分析，核心期刊有《河北法学》《法学杂志》《法学》《中国行政管理》《政治与法律》共 5 本刊物，且除《河北法学》以外，其余为 CSSCI 来源期刊；根据期刊发文量分析，排名前 20 的期刊总共发文量为 6494 篇，其中 5 本核心期刊发文量为 729 篇，占比 10.98%。总体而言，与 1949～2020 年检索结果相比，《消防界（电子版）》《中国质量监管》《中国行政管理》和《食品安全导报》四大期刊为新增上榜期刊，尤其是权威期刊《中国行政管理》选题有所侧重，发文量增加明显。

表 1-23　　　　　1949～2022 年发文数量排名前 20 的期刊

排名	期刊名称	期刊类别	主办单位	发文数量（篇）
1	《法制与社会》	普通期刊	云南省人民调解员协会	1585
2	《法制博览》	普通期刊	山西省青少年犯罪研究会；共青团山西省委	1407
3	《法制与经济》	普通期刊	广西大学	394
4	《中国市场监管研究》	普通期刊	中国市场监督管理学会	279
5	《河北法学》	核心期刊、CSSCI 扩展版	河北政法职业学院；河北省法学会	244
6	《机构与行政》	普通期刊	大众报业集团	229
7	《中国价格监管与反垄断》	普通期刊	中国价格协会	215
8	《消防界（电子版）》	普通期刊	天津电子出版社有限公司	197
9	《中国质量监管》	普通期刊	中国质量报刊社	192
10	《行政与法》	普通期刊	吉林省行政学院	186
11	《法学杂志》	核心期刊、CSSCI 来源期刊	北京市法学会	178

续表

排名	期刊名称	期刊类别	主办单位	发文数量（篇）
12	《司法业务文选》	普通期刊	法律出版社	173
13	《市场监督管理》	普通期刊	中国工商出版社；国家市场监督管理总局	168
14	《法学》	核心期刊、CSSCI 来源期刊	华东政法大学	167
15	《人民司法》	普通期刊	最高人民法院	154
16	《经济研究导刊》	普通期刊	黑龙江省报刊出版中心	149
17	《中国行政管理》	核心期刊、CSSCI 来源期刊	中国行政管理学会	148
18	《食品安全导刊》	普通期刊	中国商业股份制企业经济联合会；北京肉类食品协会	146
19	《商场现代化》	普通期刊	中商科学技术信息研究所	146
20	《政治与法律》	核心期刊、CSSCI 来源期刊	上海社会科学院法学研究所	137

注：《中国质量监管》曾用名《中国质量技术监督》《中国计量》《中国技术监督》；《行政与法》曾用名《政法丛刊》；《司法业务文选》已停刊；《人民司法》曾用名《人民司法工作》。

三、发文机构

针对发文机构而言，检索结果如表 1 - 24 所示。其中，排名前 20 的机构共发文 6798 篇，且所列前 5 的期刊与 1994～2020 年统计结果相比，期刊名称与排名次序均无变化。可见，社会科学政府监管领域该五所机构研究成果突出且稳定，具有较高的学术影响力。其中，按照机构类别统计可得，1949～2022 年发文量排名前 20 的机构中双一流高校 17 所（13 所一流大学、4 所一流学科高校）、非双一流高校 3 所，均为政法类高校，即华东政法大学、西南政法大学、西北政法大学，前两所双非高校更是稳居发文数量排名第一和第二的位置，其政府监管领域的科研实力相当雄厚，且西北政法大学发文量与以往统计相比增加明显，已跃居前 20 的机构列表。根据发文机构所处地域可知，华北地区 7 所，仅北京就已占有 6 所；华东地区 6 所；华中地区 3 所（武汉大学、中南财经政法大学、郑州大学）；西南地区 2 所（西南政法大学、重庆大学）；西北地区（西北政法大学）和东北地区（吉林大学）都仅有一所。可见，针对社会科学政府监管领域的研究成果而言，相关发文高校主要集中分布于华北和华东两大地区，而西北和东北相比稍有逊色。总体而言，由于双一流高校和部分特色政法类高校具有较高的学术背景和相对优越的科研平台，其研究成果更具专业性和影响力，进一步丰富了政府监管领域学术成果。

表 1 – 24　　　　　　1949～2022 年发文数量排名前 20 的机构

排名	机构名称	类别	地域	发文数量（篇）
1	华东政法大学	政法	上海	955
2	西南政法大学	政法	重庆	794
3	中国政法大学	一流学科/政法	北京	781
4	中国人民大学	一流高校/综合	北京	654
5	武汉大学	一流高校/综合	湖北	575
6	中南财经政法大学	一流学科/财经政法类	湖北	487
7	北京大学	一流高校/综合	北京	446
8	安徽大学	一流学科/综合	安徽	308
9	南京大学	一流高校/综合	江苏	303
10	吉林大学	一流高校/综合	吉林	267
11	北京师范大学	一流高校/师范	北京	259
12	厦门大学	一流高校/综合	福建	254
13	中央财经大学	一流学科/财经	北京	252
14	郑州大学	一流高校/综合	河南	246
15	山东大学	一流高校/综合	山东	244
16	上海交通大学	一流高校/综合	上海	219

续表

排名	机构名称	类别	地域	发文数量（篇）
17	对外经济贸易大学	一流高校/财经	北京	214
18	西北政法大学	政法	陕西	213
19	重庆大学	一流高校/综合	重庆	208
20	南开大学	一流高校/综合	天津	205

四、发文作者

针对发文作者检索，统计分析结果如表 1 – 25 所示。1949～2022 年社会科学政府监管领域发文量排名前 20 的作者其研究方向主要涉及金融监管、反垄断规制、食品安全监管、药品监管改革等经济学与法学、管理学等交叉部分。进一步地，发文量排名前五的作者分别为冯辉、石东洋、杨东、黎四奇、陈兵。其中，学者冯辉和黎四奇研究聚焦于金融监管与相关法律规制；学者石东洋重点关注海外代购行为的刑法规制有关问题；而学者杨东和陈兵侧重于探析数字经济领域，如平台反垄断规制、数据要素规制、互联网金融监管等方面。接着考虑作者单位可知，发文量排名前 20 的作者中（包含并列人员共 22 人），高校或研究机构人员有 18 人，政府机构等其他部门人员 4 人。那么，社会科学政府监管领域高等学校和研究机构相关依托学科平台建设，仍是学术成果的主要输出基地。

表 1 – 25　　　　1949～2022 年发文数量排名前 20 的作者

排名	作者	主要关注领域及研究方向	工作单位	发文数量（篇）
1	冯辉	经济法；法理、法史；民商法（金融监管与法律规制）	对外经济贸易大学	27
2	石东洋	诉讼法与司法制度；民商法；刑法；行政法与地方法制（海外代购行为的刑法规制）	山东省阳谷县人民法院	24

续表

排名	作者	主要关注领域及研究方向	工作单位	发文数量（篇）
3	杨东	经济法；信息经济；金融（平台反垄断规制、数据要素规制、互联网金融监管）	中国人民大学	24
4	黎四奇	经济法；金融；国际法（金融监管与法律规制）	湖南大学	24
5	陈兵	经济法；法理、法史；信息经济（平台经济反垄断监管）	南开大学	23
6	李长健	农业经济；行政法与地方法制（农产品质量安全监管与法律规制）	中南财经政法大学	22
7	刘鹏	行政学及国家行政管理；行政法与地方法制（社会性监管、监管模式的国际比较与构建）	中国人民大学	21
8	刘宪权	刑法；法理、法史；诉讼法与司法制度（互联网金融的行政监管与刑法规制）	华东政法大学	19
9	宋华琳	行政法及地方法制；药学（药品监管改革与法治建设）	南开大学	19
10	刘文华	人才学与劳动科学；行政法与地方法制；法理、法史（社会保险与法理规制）	湖南省人力资源和社会保障厅	18
11	许多奇	经济法；金融；财政与税收（金融监管与法律规制）	复旦大学	18
12	高秦伟	行政学及地方法制；行政学及国家行政管理（食品安全监管、政府规制与责任政府构建）	中山大学	18
13	吴国平	民商法；行政法及地方法制（婚姻、代孕及信用市场等法律规制）	福建江夏学院	18

续表

排名	作者	主要关注领域及研究方向	工作单位	发文数量（篇）
14	姚荣	行政法及地方法制；教育理论与教育管理（高等教育治理与监管）	华东师范大学	17
15	陈禹衡	刑法；宪法（环境监管、人工智能生成物监管等与刑法规制）	山东大学	17
16	邓建鹏	法理、法史；经济法；金融（金融监管）	中央财经大学	17
17	何小勇	行政法及地方法制；人才学与劳动科学；经济法（劳动力市场相关法律规制）	江苏警官学院	17
18	刘旭霞	行政法及地方法制；法理、法史；农业基础科学（转基因生物、食品的监管与法律规制）	华中农业大学	16
19	李立娟	经济法；民商法；贸易经济（电商、网络食品、网约车等法律监管）	《法人》杂志社	15
20	祝小茗	食品安全；刑事立法；行政监管（国外食品安全刑法规则）	武警长白山公安边防支队训练基地	14
21	雷传平	刑法；民商法（海外代购行为的法律规制）	山东省阳谷县人民法院	14
22	戚建刚	行政法与地方法制；行政学及国家行政管理；法理、法史（食品安全风险监管与法律规制）	中南财经政法大学	14

注：因统计过程中发文作者重名的问题，本书将学者李长健的工作单位进行修正。

五、关键词

为突出社会科学政府监管研究的前沿，进行 2021～2022 年关键词检索，除去"监管""规制"等共性关键词，如图 1－9 所示。"法律规制"排名第一，且论文数量是其他关键词的几倍，体现出政府监管领域内，法学是除经济与管理科学外占比最多的学科。同时，"刑法规制""法律监管"等关键词也体现出法学的重要性。"人工智能""数字经济""平台经济""区块链""大数据"等关键词在不同学科均出现过，不同之处在于经济与管理科学范围内，学者们主要探索新兴技术应用于政府监管的优势、可操作性以及未来发展趋势等，抑或是新兴技术的出现与传统经管学科的理论适配度问题。而在法学范围内，学者们主要讨论这些新兴科技的运用对于法律的挑战以及未来法律的制定等。此外，"反垄断"也是学者们研究的热点之一。基于算法等技术，数字经济、平台经济所引发的不正当竞争，引发了学者们对于相关法律的再次讨论。同时，新兴技术所带来的个人信息问题也成了学者们关注的焦点。对比 2019～2020 年相关关键词发现，"大数据""区块链"等热点延续外，"网约车""共享经济"不再出现，取而代之的是内容涵盖更加宽泛的"数字经济"与"平台经济"。"消防监督"首次出现，体现出社会性监管的重要性再次提升。

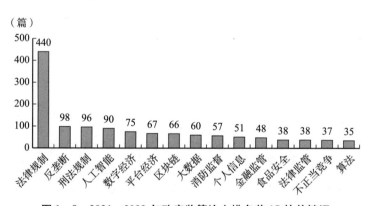

图 1 - 9　2021～2022 年政府监管论文排名前 15 的关键词

第二章

2021～2022 年国内政府
监管研究热点

第一节　人　工　智　能

一、总体情况

人工智能（artificial intelligence，AI）最早是 1956 年被提出的，其发展久远而坎坷。在我国云计算技术水平不断提高、核心算法得到大范围应用与大数据技术支撑，以及投资程度不断增加的背景下，人工智能快速发展并迎来新纪元。如今，我国持续在科技前沿作出重大贡献，人工智能不仅成为国际科技发展焦点，还成为国际竞争的核心要素。为了确保国家安全及增强国际竞争力，紧紧抓住人工智能发展和应用的战略机遇，从 2015 年开始，我国就已经持续颁布了《新一代人工智能发展规划》等政策方针，并从国家战略层面入手，创新并有效应用人工智能技术。总之要想从根本上发展人工智能，我们必须全面了解如今的发展状况，针对其未来发展前景进行准确评估，确保产业健康及可持续发展。本书研究数据和信息主要来源于中国知网（CNKI），通过合理应用

CitespaceV、SPSS 等文献分析软件，整合研究 2008～2022 年人工智能研究的期刊资料，采取专门的文献计量学方法作出数理计算，旨在深化公众认知，激发人工智能深入分析。

（一）发文数量

本节通过高级检索，将检索式定为"主题＝人工智能"（精准匹配），信息检索来源不仅有核心期刊、EI 来源期刊，还有 SCI 来源期刊、CSCD 来源期刊、CSSCI 来源期刊，检索对象时间范围为 2008 年 1 月 1 日～2022 年 12 月 31 日，最终检索出 171032 条。其中，2022 年 1 月 1 日～2022 年 12 月 31 日，检索出 23511 条；2021 年 1 月 1 日～2021 年 12 月 31 日，检索出 27890 条。2008～2022 年，国内发文数量如图 2－1 所示。总体上看，人工智能作为新兴技术，发展迅速。关于我国人工智能的论文数量呈上升趋势，分阶段来看，2008～2015 年，人工智能研究处于起步阶段，发文数量较少。2015 年后，发文数量呈现爆发式增长，人工智能研究全面推进，进入"井喷"时代。

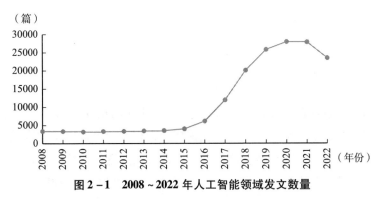

图 2－1　2008～2022 年人工智能领域发文数量

资料来源：根据中国学术期刊网络出版总库数据计算所得。

根据科技文献增长逻辑曲线可知，在 2008～2015 年这个时间范畴内，我国年均发文量波动范围为 3180～4034 篇，这表明我国这几年的人工智能分析相对稳定。从 2016 年开始，我国人工智能期刊论文数量增加明显，当年就增加到 6155 篇，到了 2017 年，增至 11963 篇。同时，基于拓展统计得出的 2022 年发文数量高至 23511 篇，表明了我国人工智能发文数量呈爆炸性增长状态。此外，如今我国人工智能分析文献数量呈现逻辑曲线快速增长的状态，且这方面的研究成果丰富，之后也会在本领域内继续快速发展。

（二）发文机构

将时间跨度选为 2008～2022 年，分析各机构人工智能主题下的发文数量，如表 2-1 所示。排名前 10 的机构共发文 10852 篇，从高到低依次为：吉林大学、清华大学、浙江大学、上海交通大学、电子科技大学、哈尔滨工业大学、华中科技大学、华东师范大学、北京邮电大学、华南理工大学。前三家机构吉林大学、清华大学、浙江大学发文已达 3757 篇，占比 34.6%。

表 2-1　　2008～2022 年"人工智能"这一主题发文数量排名前 10 的机构

排名	机构名称	地域	发文数量（篇）
1	吉林大学	吉林	1272
2	清华大学	北京	1264
3	浙江大学	浙江	1221
4	上海交通大学	上海	1135
5	电子科技大学	四川	1058
6	哈尔滨工业大学	黑龙江	1045
7	华中科技大学	湖北	999
8	华东师范大学	上海	959
9	北京邮电大学	北京	955
10	华南理工大学	广州	944

（三）关键词

在大多数学术论文中，作者都通过明示关键词来向读者传达内容，关键词在很大限度上可以表征论文核心研究内容，且某时间段某领域出现率较高的关键词往往被人们当作研究热点。为进一步突出人工智能研究的重点领域，我们将"时间跨度"选为"2008～2022"，归纳，如图2－2所示。"人工智能"排名第一，且论文数量远高于其他关键词，"机器人"与"人工智能技术"紧随其后，随后是人工智能时代、深度学习、大数据、计算机视觉等词语，这反映了研究最新发展趋势。

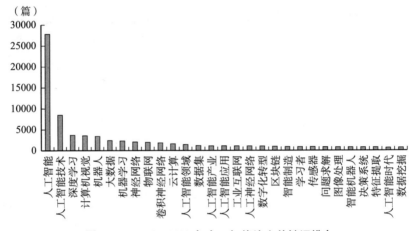

图2－2　2008～2022年人工智能论文关键词排名

　　人工智能是我国科技可持续发展的主要方向，且其发展应当融合其他多个领域。我们统计分析高频关键词之后，要基于两大维度研究人工智能发展，一是技术维度，二是产品维度。从技术维度来看，我国人工智能的研究核心是算法，对于硬件方面内容的研究不多；而从产品维度来看，我国人工智能的研究核心是终端产品和行业垂直发展，致力于终端产品生产和运营，我们要进一步探索人工智能和其他核心领域技术的融合发展，实现真正意义上的跨学科融合。虽然关键词共享网络可以让我们了解研究热点，但不是完全归于研究前沿。陈超美教授曾经表示，研究前沿是某阶段最常出现的突现词。人工智能发展有三大环节，第一是基础起步环节（2013年前），第二是稳定发展环节（2013～2016年），第三是热潮环节（2016年～2022年）。在第一大环节，人们进行人工智能研发基础研究，往往通过计算机学科成果展现。在该环节实现技术沉淀，可以为未来新兴产业的快速发展奠定基础。在第二大环节，人工智能发展离不开国家层面的支持和辅助，我国政府要及时出台和发布政策与法规，加快新一代科技发展。在该环节，发展核心主题有物联网、大数据等。同时，人工智能发展驱动任务从基础设施体系完善转为高科技信息发展，大数据作为一大新兴力量助力人工智能发展，人工智能主题性科研工作落实到位，具体化技术产生。在第三环节，外国学者David Silver 实现深度学习和强化学习的有效结合，研制出阿尔法围棋（AlphaGo）这一人工智能机器人，取代了人类围棋高手，人工智能发展进入全面推进时期。在这一环节，关键词共现网络比较复杂，虚拟现实等新技术是核心力量，相关产业发展迅速，在多个领域实现了"AI＋"融合创新，人工智能产业体系逐渐形成，新技术被投入实体经济领域，促进了落后动能淘汰。之后，人们对人工智能的了解更加深入和全面。此外，人们如今更加关注知识产权保护，人工智能研究朝着国际化的方向发展。

二、研究热点

（一）智能接口

1. 智能接口的定义和特征

智能接口（intelligent interface）的定义研究成果涉及三点：一是其属于最终用户、行业专家、知识工程师、情报知识源四者沟通和协作的媒介；二是其不仅包括计算机硬件，还包括计算机软件；三是其具备智能和现代化特性，可以充分发挥类似于中间人专家的优势作用。智能接口的定义研究表明，首要和核心问题是了解和分析专家和学者在情报问题解决上的认知功能，以及所需的理论知识和专业技能，最后才能创造出可以模拟相关功能的系统和软件。通常来说，智能接口的特点如下：

（1）具备智能性。接口可以基于人工智能技术模拟专家处理情报问题的认知功能，执行一系列认知活动，还可以基于用户模型和领域模型分析数据和推导信息，分析问题和作出回答，发挥出启发和指引用户的作用。

（2）具有多元知识。如专业和研究者知识、用户知识等。

（3）具有语言通信与图形显示的作用。

（4）友好用户。用户可以通过常见形式展示情报信息，表达个人需求，不仅不受语法方面的限制，还可以有效处理模糊性信息。

（5）具有较强的适应性。不仅可以适应于各种应用领域和行业，还可以适应于各种主系统。此外，还能适应于不同能力和素质用户的发展，特别是那些没有经验和基础的新用户。

（6）可以实现快速对话。

2. 友好用户的标准

友好用户的含义是系统能适应各类用户，能容易地与未经训练的或无经验的新用户进行交互。关于友好用户的标准，许多情报专家根据具体的系统和条件提出了若干不同的标准。例如，斯蒂比茨（Stibic）提出 25 条输入/出友好标准，肯尼迪（Kennedy）提出 12 条人机通信规则等。为了说明一般原理，这里的讨论适合于大多数情况的主要标准。

（1）以智能的方式帮助用户，能不同程度地模拟用户的思考过程，以主动方式辅助用户完成情报需求任务。这要求应用认知理论对用户特性（行为、心理、需求）进行研究。

（2）系统能主动引导交互，并将当前的处理情况告诉用户。

（3）交互语言简明，符合逻辑，有助于记忆。

（4）能辅助纠正用户的错误，系统给出的出错信息应当明确、详细、一致、有礼貌。

（5）产生灵活的、易理解的、符合要求的结果输出，并向用户做合适的、可理解的解释。

（6）容易使用，用户可在任何时候中断执行（包括正常中断和非正常中断），并有可恢复能力。用户还可进行基本方式的转换，进入与退出简便、直接。

（7）灵活，可对于不同类型的用户和要求，自动调整接口。

（8）可根据用户需要，提供有关学习环境。

3. 智能接口的主要任务

（1）问题描述：了解用户需求、问题等信息，作出相应的处理，生成直接需求模型。具体操作处理的时候，不仅要了解和理解问题，明晰用户个人需求，还要了解用户提出的微概念，深入解释、表述问题。

（2）系统回答的表达与分析：针对系统问题、用户问答、研究和推理结果等作出解释和表达，实现逆转换，以用户能够理解的模式，将信息传达给用户。

（3）会话管理：相关问题主要有两种：一是会话结构和体系控制问题，主要研究会话控制模式、实施方案，决定最后提出的问题是什么，谁可以回答问题等；二是确定会话语言。

（4）知识获取：基于用户之间的交互沟通，了解系统所需的理论知识，探索用户模型。

4. 智能接口的结构与设计

图 2-3 给出了智能接口的一般结构，并指示了主要任务的执行流程。一方面，接口通过自然语言交互，接受用户提供的已知事实数据及目标，经过分析与综合处理，转换为系统的内部表示，然后提交给主系统；另一方面，接口将主系统的运行结果进行逆转换并传递给用户。整个接口包括以下几部分。

（1）会话接口：记录用户输入的各种信息，并向用户提供系统回答结果及对问题的解释。

（2）分析器：应用知识库中的有关知识和独立于专业的语法、规则，分析输入信息，将句子分解为有意义的词组或子结构。它应能处理不完整、不精确的信息，以及首语重复、省略、代词等问题。分析器应设计为能接受语言理解系统的反馈信息，利用分析解释处理后的结果引导和改进它的执行。此外，它还控制与用户的交互。

（3）语义解释：应用专业领域知识和专家知识转换词组为等价的语义片段，然后组合这些片段，得到完整的解释。它与分析器一起反复分析、综合，使用语义引导分析，将用户输入信息转换为系统内部形式。此项工作，必须应用专业模型和附加于概念上的解释规则。

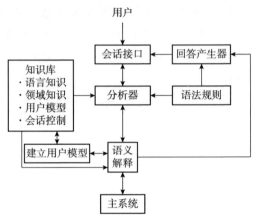

图 2 - 3 智能接口结构

（4）建立用户模型：从对话中获取用户信息，建立和修改用户模型。它也是情报系统中知识获取的一个子功能。在建立用户模型的同时，可利用用户的专业概念信息扩充专业知识库。

（5）回答产生器：它提供系统交互或引导会话的反馈策略，并利用语法规则产生系统回答。

虚线框内是接口连接的主系统，如数据库管理系统、专家系统或智能情报系统的主架。它不是智能接口的组成部分。

为了设计智能接口，必须考虑用户和系统双方的特征，如专家和用户的认知模式与认知要求、系统功能、接口部件的设置及其关系等。一般来说，设计者和用户对人机接口的看法不同。用户基于自己使用系统的经验，构成关于整个接口系统的概念模型。因此，在设计过程中，设计者应与用户密切合作，确定接口的实际功能和概念模型。这里仅描述概念级的接口设计，包括以下五个目标。

（1）识别和详细描述具体功能。识别人机交互和处理情报问题所需要的所有子功能，详细描述每个子功能执行的任务及其实现方法。

（2）识别和描述知识源。智能接口必须包含四类知识：语言知识（字典和语法规则）、应用领域知识（领域模型、专业词典）、专家处理情报问题的专门知识和技巧、用户知识（用户模型）。在设计接口时，应详细描述每种功能所需要的各种知识。

（3）描述功能之间的交互。这些功能互相交流信息。有必要识别哪种功能与哪种功能交互、怎样交互，详细地构造合适的通信和控制结构。

（4）描述会话管理。描述信息交互环境所需要的驱动方式和解释人—机会话的方法和技术。

（5）描述知识处理和推理中合适的问题解决方法。

在设计接口的软件模块时，应使之能适应于不同的应用领域或不同的主系统。应用领域与接口系统的运行应是互相分离的。因此，分析和语义解释可使用用户的概念机制来表达，当环境变化时，可使得主系统改变较小。接口的知识库所包含的领域知识应允许扩充和修改，当扩展系统的应用范围时，不需要修改软件。例如，若要将接口应用于一个新领域时，只要将新领域的知识（领域模型、专业词典和语义解释规则）加入知识库即可。设计中还应考虑特殊的用户特征，如用户的学习、用户任务的完成时间、用户的错误、用户对系统的适应性等，它们将组成人机接口的特殊设计特征。

（二）数据挖掘

数据挖掘是在数据库的基础上，综合利用统计学方法、模式识别技术、人工智能应用、神经网络技术、模糊数学、机器学习、专家系统和相关信息技术等，从海量的空间数据、过程数据、服务数据、管理数据等入手，通过对大数据的分级、分类、聚类、特征值提取、关联、降维、规则发现等方法，归纳为智慧城市各领域、各行业、各业务的元数据集、要素数据、目标数据等。通过机器深度学习，实现对数据训练的知识解释、评价和深度融合应用，以指导对某一事情、事态、事件作出决策或预测。数据挖掘技术是智慧城市大数据人工智能应用的基础知识和技术。

1. 数据挖掘概念

数据挖掘（data mining，DM）指的是从多元的、有噪声的、模糊和随机的信息中提取出内在的、人们事先不了解的、具备实践价值的理论知识和价值信息的过程。数据挖掘所提取到的知识表示形式可以是概念、规律、规则与模式等。数据挖掘能够对未来的趋势和行为进行预测，从而帮助决策者作出科学和合理的决定。数据挖掘基于多元技术和信息统计模式，对各种历史信息和数据作出整合研究、归纳和总结，是从海量数据中"挖掘"隐藏信息，如趋势、特征及相关的一种过程。商业智能（B）、数据分析、市场运营都可以做这个工作，之所以经常和机器学习合在一起，是因为现在很多数据挖掘的工作是通过机器学习提供的算法工具实现的。可以把数据挖掘理解为一种类型的工作，或工作中的某种成分，机器学习是帮助完成这个工作的方法。在数据挖掘技术应用领域，统计学、数据库和人工智能是核心，多种成熟、现代化的统计方法组合而成数据挖掘的主要内容。与数据挖掘相似的概念是知识发现（knowledge discovery in databases，KDD）。知识发现是指用数据库管理系统来存储数据，用机器学习的方法来分析数据、挖掘大量数据内涵的知识的过程。数据挖掘是整个知识发现流程中的一个具体步骤。我们在智慧城市大数据人工智能应用中强调的是数据挖掘、深度学习和神经网络等技术的集成与综合的应用，深度挖掘大数据知识发现过程中最重要的核心步骤。数据挖掘是一个交叉学科，涉及数据库技术、人工智能、数理统计、机器学习、模式识别、高性能计算、知识工程、数据网络、信息检索、信息与数据可视化等众多学科领域，其中机器学习、深度学习、人工智能、神经网络、数据库、统计学对数据挖掘的影响最大。对数据挖掘而言，数据库提供数据结构化体系的管理技术，机器学习和深度学习提供数据分析技术。数据挖掘所采用的算法，一部分是机器学习的理论和方法，如神经网络、决策树等；另一部分是基于统计学习理论，如聚类分析、向量机、分类回归和关联分析等。但传统的机器学习和统计学方法往往并不把海量数据作为处理对象，因此数据挖掘要把这两类用于海量数据中的知识发现进行结合，并对算法进行改造，使得技术性能和算法优势达到能够处理海量数据的能力。

我们的日常数据挖掘对象主要包括：①关系型、事务型、面向对象的数据库。②数据仓库以及多维行业数据库。③空间地理信息数据库。④工程过程数据库（如生产、商业、物流及系统集成）。⑤文本、影像和多媒体数据库。⑥与时间相关的历史数据库、共享交换数据库。⑦互联网 Web 数据库。⑧可视化集成平台数据集库、要素数据库、目标数据库（自定义数据库）。

2. 数据预处理

数据处理，一方面是为了提高数据的质量，另一方面是为了契合数据分析所用的软件和系统。通常情况下，数据预处理主要涉及四大环节，第一是数据清洗，第二是数据集成，第三是数据变换，第四是数据规约，每个大步骤又有一些小的细分点。这四个大步骤在做数据预处理时都要执行。

（1）数据清洗。数据清洗，顾名思义，"黑"的变成"白"的，"脏"的数据变成"干净"的。数据的"脏"不仅表现在形式上，还表现在具体内容上。从形式上来说，缺失值、附带特殊符号是"脏"的表现；从内容上来说，异常值是"脏"的主要表现。

缺失值：缺失值识别和处理很重要。在 R 语言中，缺失值的识别使用函数 is，na 判别，函数 complete. cases 用来识别样本数据是否完整。处理缺失值，我们可以采取三大方法：①删除法。站在删除的各个角度，区分删除观测样本和变量。如果我们删除观测样本，则要在 R 里使用 na. omit 函数，删除缺失值的所在行，通过减少样本量来保证信息和数据完整，但是如果变量缺失性明晰，且不会严重影响研究目标，则可考虑使用语句 mydata［ ，－p］来完成，mydata 表示所删数据集的名字，p 是该删除变量的列数，－表示删除。②替换法。这种方法是指针对缺失值作出替换处理，根据具体变量来采取相应的替换规则和方法。缺失值对应的变量属于数值型，可以使用这一变量下其他数的均值代替缺失值；如果变量属于非数值变量，我们可以这一变量下其他观测值的中位数或众数代替。③插补法。插补法分为回归插补和多重插补。回归插补指的是将插补的变量当作因变量 y，其他变量看作自变量，利用回归模型进行拟合，在 R 里使用 1m 回归函数对缺失值进行插补；多重插补是指从一个包含缺失值的数据集中生成一组完整的数据，多次进行，产生缺失值的一个随机样本，在 R 里使用 mice 包，可以进行多重插补。

异常值：与缺失值相似，也涉及异常值识别、分析，以及异常值处理。针对异常值识别，我们往往通过单变量散点图或箱形图制作来完成，在 R 里，dotchart 是绘制单变量散点图的函数，boxplot 函数用来绘制箱形图；在图形中，我们可以将远离正常范围的点当成异常值。处理异常值，我们可以删除包含异常值的观测（直接删除，当样本少时直接删除会造成样本量不足，改变变量的分布）、当作缺失值（利用现有的信息，对其缺失值填补）、平均值修正（以前后两个观测值的均值处理这一异常值），也可以不做处理。但是我们在处理异常值之前，必须明晰该数值的产生原因，最终决定是不是应该舍弃和删除这一异常值。

（2）数据集成。数据集成就是将多个数据源合并放到一个数据存储中，当然如果所分析的数据原本就在一个数据存储里，就不需要数据的集成了（多合一）。数据集成的实现是将两个数据框以关键字为依据，在 R 里用 merge 函数实现，语句为 merge（data framel，data frame2，by =“关键字”），默认按升序排列。在进行数据集成时可能会出现如下问题：①同名异义数据源 A 中某属性名字和数据源 B 中某属性名字相同，但所表示的实体不一样，不能作为关键字。②异名同义即两个数据源某个属性名字不一样，但所代表的实体一样，可作为关键字。数据集成通常会导致数据冗余，可能是一种属性反复出现，也可能是属性名称不统一，出现重复。针对那些重复性属性，我们要先进行专业检测和研究，如果存在，则作出删除处理。

（3）数据变换。数据变换是指进行数据转化，以合适的模式呈现，满足软件应用和理论分析的根本需求。

简单函数变换：用来将不具有正态分布的数据变成具有正态分布的数据，以平方、开方、取对数、差分等常见。

规范化：除掉变量量纲的相关影响，比如对比身高和体重的不同，单位的差异与取值范畴的差异，使得某事件无法被对比，具体包括这几种：①最小、最大规范化，也可以称为离差标准化，是指针对数据作出线性变换处理，使其范围控制在 ［0，1］；②零一均值规范化，我们也可以称为标准差标准化，处理完成后得到的数据均值是 0，标准差是 1；③小数定标规范化移动属性值的小数位数，将属性值控制为 ［-1，1］。

连续属性离散化：连续属性变量转化成分类属性，就是连续属性离散化，特别是某些分类算法要求数据是分类属性，如 D3 算法。常用的离散化方法有如下几种：①等宽法。将属性的值域分成具有相同宽度的区间，类似制作频率分布表；②等频法。将相同的记录放到每个区间；③维聚类。两个步骤，首先对连续属性的值使用聚类算法，然后将聚类得到的集合合并到一个连续性值并做统一标记。

（4）数据规约。通过数据规约，往往可以消除无效、错误数据和信息对建模产生的影响，不仅可以有效缩减时间，还可以有效控制存储数据的空间。

属性规约：确定最小的属性子集，确保子集概率分布接近最初数据的概率分布，主要包括：①合并属性，将多个旧属性融合成一大新属性；②不断向前，从一个空属性集开始，每次均在最初的属性集合挑选出一个最优属性，并融入新的子集中，直至不能再挑选最优化属性，或者可以满足一定约束；③循序渐进，先后选择从一个空属性集开始，每次都在最初的属性集中挑选出最差属性，并剔除于新子集中，直至不能再挑选最差属性，或者可以满足一定约束；④通过决策树归纳，从初始集合中删除未从该决策树上出现的属性，获取较优的属性子集；⑤通过主成分分析和研究，以较少的变量去分析最初数据中的大多数变量。

数值规约：减少数据量，包括有参数和无参数方法。有参数法如线性回归和多元回归，无参数法如直方图、抽样等。

3. 大数据环境下的数据挖掘

互联网、物联网、云计算的不断发展和智慧城市建设的遍地开花，丰富而复杂的数据出现爆炸式增长态势，意味着"大数据"时代已经到来。如今，大数据已经成为我国主要的战略资源，且其蕴藏的价值很大，推动社会和经济的进步和发展。但是，大数据在以多元资源储备和高水平计算机技术推动社会发展的同时，也导致了一些问题出现，一些不确定和动态化的数据会导致数据存储和计算受阻。基于以往陈旧的数据挖掘方法和技术，我们已经无法实现海量信息和数据获取和处理的目标，我们必须不断创新和应用现代化"大数据挖掘"技术，直面挑战。

（1）大数据环境下数据挖掘的特征。在大数据时代，数据获取和收集是前提，数据挖掘是核心工作。可以说数据挖掘是大数据相关工作中的关键技术，其具备下面几大特点。

应用性：数据挖掘可以说是算法和实践的有效结合。数据挖掘来源于人们的日常生活和产品生产，所挖掘的数据也属于实践产生的数据；同时，基于数据挖掘获取的知识也必须应用到实践操作当中，决定最终的决策结果。所以，数据挖掘源自实践操作，服务于实践操作，而且不断循环提升数据应用的质量和精准度。

工程性：数据挖掘是多个环节组合而成的工程化过程，其实践特征决定其不仅包括算法研究和实践应用，还包括数据准备与服务、数据转换、数据算法开发、数据校验等，另外还包括知识数据应用决策与预测。此外，在数据挖掘当中，数据交互和循环也是必不可少的。

集合性：数据挖掘其实是一种数据集合过程，这里的数据不仅包括算法，还包括模型等。数据挖掘实践案例涉及多种应用方法和措施。不同的应用措施和方法通常以不同的技术理论、技术应用和模型算法为基础。因此，选择数据挖掘的理论、知识、方法和应用至关重要。

综上所述，数据挖掘源于应用实践，以数据体系的系统化、结构化、标准化为基础，以大数据的预处理和数据整理为驱动，以数据算法、工具和平台为支撑，最终将发现的知识数据转化为实际应用的决策和预测信息。

（2）大数据环境下数据挖掘的过程。1999 年，欧盟创建了跨行业的数据挖掘标准流程（CRISP - DM），提供了数据挖掘全生命周期的完整描述，包括业务理解、数据理解、数据准备、数据建模、模型评估和模型部署六个阶段，如图 2 - 4 所示。

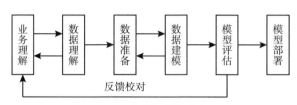

图 2 - 4　大数据挖掘流程图

①业务理解：其核心是全面理解和掌握业务需求，在其前提下确定数据挖掘核心目标，制定目标实现方案。②数据理解：通过收集、解释、识别、区分元数据，提供基础元数据的质量，将元数据对象归集为相互关联的"数据类"。③数据准备：从关联数据类中选择必要的属性（基础特征项），完成数据清洗，并按照关联关系集合为一个"数据集"。④数据建模：选择应用不同的数据挖掘技术，并确定模型的最佳参数。如采用卷积神经网络进行多层特征提取，建立卷积层、子采样层、全连接层的各层数据挖掘模型和优化算法。⑤模型评估：对数据挖掘的模型和算法进行优化评估。检查数据挖掘模型和算法的可行性和合理性，评估经数据挖掘后的数据质量和精准度。数据评估应具有循环和反馈评估的能力。⑥模型部署：对于经优化评估后的数据模型，制定将其运用于实际应用中的部署和具体实施的计划安排。

（3）大数据环境下数据挖掘的差异与技术策略。技术背景的差异与技术对策：传统数据挖掘技术经过长时间发展，已经从独立、纵向的挖掘数据，有效转变为整合、横向的数据挖掘。大数据挖掘在互联网、物联网、云计算、智慧城市等技术产生与发展的技术背景下，具备了解决海量大数据挖掘的技术环境。其技术对策本书中提出了智慧城市大数据人工智能应用和大数据可视化集成平台的概念、原理、知识、方法和应用；提出基于目前技术环境下，应用"信息栅格"技术，解决智慧城市海量大数据深度挖掘的实践和相关技术应用的问题。

处理对象的差异与技术对策：以往的数据挖掘来源是固定范畴内的业务、历史数据库的数据，还有一部分 Web 信息系统内浏览器页面的主动数据信息，这些数据信息出自实时数据库，以结构化数据为核心内容，半结构化或非结构化数据占比较小。而如今现代化的大数据挖掘技术应用更为广泛，种类更多，效果也更好。大数据采集具备较强的主动性，而以动态数据为主；采集的范围更为全面，处理的速度实时且快速。对于智慧城市海量数据、多种数据源及复杂多样的数据类型，通过人工智能卷积神经网络进行分级分类结构化处理和机器学习深度挖掘实践和技术应用。

数据挖掘程度的差异与技术对策：大数据挖掘与传统数据挖掘处理、数据分析的广度、深度也具备一定的差异性。在多元的大数据、架构体系、模型相互融合的背景下，大数据挖掘能彰显云平台、网络融合、数据资源共享的优势，通过集成多种计算模式与挖掘算法，乃至人工智能神经网络等技术应用，实现对海量大数据的实时处理与多维分析。其处理大数据的范围更广泛，挖掘分析数据的能力更强大。其技术对策是通过智慧城市大数据人工智能应用，通过卷积神经网络卷积层、子采样层、全连接层对海量大数据进行特征值或特征项的提取，并对各层数据特征权值进行非监督学习、监督学习和深度自学习，最终通过全连接层强化学习完成知识数据向决策与预测信息的映射。

综上所述，传统数据挖掘与大数据挖掘在结构、模型、算法等方面存在很大的差异，必须采用创新的技术路线和策略。其关键策略是构建大数据系统化、结构化、标准化的体系架构；采用人工智能神经网络进行数据挖掘和深度学习，并注重知识数据转化为实际应用的决策与预测信息的工作。

（三）主体及多主体系统

西蒙在 20 世纪 50 年代提出的有限理性与明斯基在 20 世纪 80 年代

提出的思维社会理论奠定了"多个体系统"的思想基础。西蒙的有限理性认为，每个社会成员具有某种技能，但知识与能力有限，社会组织可以弥补每个社会成员在知识与能力上的缺憾，社会的进步取决于对这些社会成员的分工与他们之间的协作。明斯基将这个思想引入人工智能的研究中，并认为尽管每个人工智能系统都具有解决某种问题的能力，但是，它们的能力受到计算资源与开发代价的限制，使得它们对问题的求解能力受到限制，如果它们组织成社会，将可以解决更为复杂的问题。1986 年，明斯基在计算机科学的意义下给出了"个体"与"多个体系统"的描述："个体"是具有某种特别技能的系统，当你试图说明完成一些任务的系统而无须了解它是如何工作，即将它处理为黑箱时，就称其为"个体"。"多个体系统"就是在解决某个复杂问题时，由一些经过挑选的"个体"有组织地构成的社会，它们为求解所面临的问题而协作。目前，这个思想已成为人工智能重要的理论基础之一。明斯基的考虑是对计算机科学的挑战，在传统的计算意义下的问题求解需要满足封闭性假设，一致性（无矛盾）是计算系统成立的必要条件，而"多个体系统"是建立在"社会"的基础上，这意味着，明斯基问题求解不是强调建立复杂的单一系统，而是设计相对独立且简单的系统和复杂的社会组织方法。由于"个体"之间在表示、目标等方面存在冲突，因此，如何组织社会，社会成员之间如何协作，将是"多个体系统"所要解决的关键问题。在"多个体系统"中，"个体"置身于一个特定环境之中，每个"个体"需要具有适应这个环境的能力。目前，一些对社会环境适应的理论与方法已被提出，例如，来源于经济学的计算市场模型，基于对策论的协商模型与复杂适应系统模型是最典型的理论与方法。在"多个体系统"中的"个体"有时也需要考虑对物理环境适应的问题。目前，"多个体系统"的研究已成为人工智能，甚至计算机科学研究的主流之一。由于 Internet 网络的普及，大大刺激了这个问题的研究进程。西蒙与明斯基的思想在计算机科学中普遍使用的时代已不很遥远。

三、法律法规

继《新一代人工智能发展规划》后，我国陆续发布了《新一代人工智能发展白皮书（2017 年）》《人工智能标准化白皮书（2018 版）》《高等学校人工智能创新行动计划》《国家新一代人工智能创新发展试验区建设工作指引》《新一代人工智能治理原则——发展负责任的人工智能》等文件。可以说，这几年国家对于人工智能的产业的扶持与投资是肉眼可见的，也直接促成了该产业的蓬勃发展。为把握这轮重大发展机遇，未雨绸缪，为人工智能产业的发展及时提供强有力的法治保障变得更为迫切。

深圳作为经济特区，近年来，依托电子信息产业优势，以大力突破核心关键技术为路径，加快了人工智能产业布局，形成了深圳湾科技生态园、金地威新软件科技园、南山智园、宝能科技园、龙岗天安云谷产业园等多个人工智能产业聚集区。在智能硬件、计算机视觉、自动驾驶、智慧金融、智慧医疗等领域的"AI＋应用"发展全国领先；深圳创新创业氛围浓厚，拥有华为、腾讯、优必选等人工智能知名企业，制造业和服务业发达，让人工智能有更好的产业依托，且人工智能企业发展快速，数量位居全国第二，而第一名是北京市；深圳在人工智能产业链上涵盖基础层、技术层和应用层三个环节，构成梯次接续的企业生态体系。

2022 年 7 月 14 日，深圳市人大常委会办公厅发布关于《深圳经济特区人工智能产业促进条例（草案）》公开征求意见。9 月，《深圳经济特区人工智能产业促进条例》（下简称《条例》）正式公布，并于 2022 年 11 月 1 日着手实施。

《条例》基于技术角度分析，针对人工智能的定义作出规定，即基于计算机网络技术及其控制设备应用，采取感知环境、完善知识体系、推导演绎等措施，在实现人类智能模拟的基础上作出延伸和发展。同时，明晰人工智能产业发展特点和边界，将软硬件产品分析、开发、创新、生产、运营、集成管理和服务，以及民生管理、社会发展服务、经济可持续发展等融合在一起，优化人工智能产业规模和体系。

《条例》在明确指出人工智能含义、特征及其外延内容之后，还制定并实施了统计与监测制度，确保人工智能产业发展有充足的数据和政策支撑。《条例》指出政府必须建立和不断完善人工智能产业公共数据资源体系，设立公共数据和信息共享目录、规则，确保公共数据精准分类、规范分级。与此同时，创建可以直面产业发展的算力算法开放平台，激励高校、科研部门和企业建立人工智能算力基础设施体系，确保算力资源开放性，有效控制企业开发费用和成本，合理设置开发周期，形成开源治理的良好生态化局面。

人工智能的应用无处不有、无处不在，离开了社会应用，人工智能产业犹如无源之水、无本之木，断然不能发展起来。《条例》提出一些政策和方针，要求通过应用场景赋能人工智能产业发展，打造"最后一公里"平台。一是发挥应用示范作用；二是着力引导开放；三是创新产品准入。《条例》提出要建设专门的人工智能治理和服务机构，市政府也要设立人工智能伦理委员会，及时发布和应用人工智能伦理安全规范，致力于人工智能技术伦理、风险管控等工作的探索，形成全面、明确、有序、统一的人工智能伦理治理规则。所有的立法目的都是促进发展，新一代的人工智能规划基本的指导原则明确，创新和治理是两个轮子，都是为了更好地发展。

深圳的探索反映了人工智能的一个特点，即人工智能领域出现新的场景应用的问题、监管的问题，实际上是随着技术和产业不断发展而涌现的，在人工智能产业较发达的地区，对于立法的需求就更为迫切。《条例》作为一种地方的先行先试，具有积极意义，对于未来国家立法也具有极大的促进作用。未来立法人工智能的重点发展工作：创建和不断完善严密围绕立法目标实现的立法工作制度体系，该体系不仅包括立法计划、法律法规起草，还包括法律法规审议、实施、后期评估等内容，形成动态运行过程。我国未来必须始终明晰这一立法工作体系的内容和要求，开发和创新"智慧大脑知识体系"（见图 2－5）。

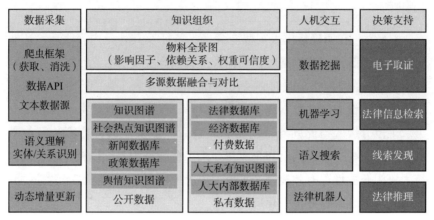

图 2－5　智慧大脑知识体系

四、监管理念与监管机构

（一）监管理念

根据我国"十四五"的整体、全面部署工作，我们必须精准了解经济发展规律，明晰市场监管难点和发展趋势，不仅要立足当前，还要高瞻远瞩，为未来发展统筹谋划，规范推进相关工作，以强有力的市场监管推动社会改革发展，确保市场经济高效、平稳运行，人工智能行业监管也应如此。无论是创新人工智能知识体系，还是强化人工智能技术实践，都可能会导致社会关系和结构体系产生变化，导致各种风险因素出现。因此，我们政府和相关部门必须强化人工智能监管，及时发现人工智能技术研发和应用中的风险要素，从各方面采取有效的预防和管控措施。与此同时，要结合实际情况制定人工智能安全产品及技术应用标准，促进创新型产品研发，做好针对人工智能类金融产品及服务的安全监管工作，并落实好安全检测工作。此外，要及时处理好那些存有安全风险的智能化产品，找到风险源头，拿起法律武器依法追究相关部门和人员的职责，并合理运用人工智能技术更新安全监管执法理念，采取现代化执法手段，保障安全监管工作效率。具体来说，人工智能监管理念主要体现为以下几点。

1. 切实增加监管工作透明度

对于那些不能了解内在工作原理的技术系统，人们称作黑箱系统（black box system），而要想了解人工智能决策是否带来过失，必须掌握人工智能决策。所以，增强透明度是人工智能监管的首要理念和原则，不但可以促进相关法律规范问题的解决，还可以作为一项监管工作，有效应用于人工智能领域，起到防范作用。这里的透明度要求解释人工智能技术选项，并选出最佳选项，切实解决好责任分担问题。人工智能系统对于一部分人来说属于黑箱，但对于一部分人则不是。基于机器学习的技术开发者可以解释技术作出决策的途径，但是用户不了解这一技术决策机制和方法。用户只知道人工智能系统属于一个黑箱，其功能只有选择遵循或者拒绝该决策。人工智能技术开发者则处于不一样的位置。实际监管时，监管者必须和技术开发人员及时沟通，了解技术应用原理，以及测试和评估的全过程。若技术还没有合理的决定，还需要询问相关人员事故出现后的新线索。监管者在监管中应用算法系统开发手段的时候，必须确保审计程序完整性和可解释性。若无法科学解释人工智能技术作出决策的方法和机制，该技术将无法正常实施。例如，当自动驾驶汽车出现碰撞事故时，必须解释自动驾驶技术作出的决策和选择。站在法律的角度来说，透明度代表着特定目标人群能够被理解与解释，这里的目标人群不仅包括技术用户、法官和监管者，也涉及一些普通人群。若用于决策的数据被记录，则要二次输入数据，使得该技术作出决策。监管部门要作出某人工智能技术用于特定用途的决定，这需要依赖于生产者方的技术数据和信息，且要求生产者明确解释数据用途及其对技术的价值，这就是所谓的"可解释性"。在透明度要求下，满足这种可解释性要求也是人工智能监管的一项方法和措施。

2. 有效落实隐私性数据保护工作

在人工智能技术数据监管过程中，我们要切实保护公民和用户的隐私权，这一点需要通过立法来实现。我们无论是采集人工智能数据，还是使用和转移人工智能数据，都必须注意保护好那些个人可识别的数据和信息，采取匿名化保护对策，形成基于信米非司酮私保护的制度体系框架。同时，我们要制定出对个人数据有限使用、授权使用信息的原则，在多环节做到告知消费者隐私风险和可能出现的安全问题，取得消费者个人信息使用同意。如今很多国家都已经成立了专门保护个人信息和数据的行政执法机构，这种机构能够落实人工智能数据存储、传输、交易等各个环节的有效监管工作，全面提升信息保护水平，为数据侵权申诉成功奠定基础。我国也要制定专门的个人数据保护法律制度，成立专门负责人工智能数据保护的行政执法部门。如果个人数据受到侵害，通常的保护条例无法保护受害人和惩罚侵害人，我国就必须推进立法进程，以专门的个人信息保护机构提供给受害人安全保护和服务。

3. 加强高风险人工智能技术应用监管

欧盟于 2021 年 4 月就通过了《人工智能条例》，为各个国家人工智能规则法律体系的构建和不断完善提供了理论性参考。《人工智能条例》针对人工智能作出了分类，主要包括高风险人工智能、有限风险人工智能、最小风险人工智能等，并针对各个风险等级的人工智能工作作出针对性管理。《人工智能条例》强调高风险人工智能监管，要求欧盟企业在将高风险人工智能系统应用于欧盟市场并得以实践之前，一定要作出合格与代表性评估，证明该系统能够满足可信人工智能的发展需求。若这一高风险人工智能系统自身出现根本性修改，则必须对其作出二次评估。作为高风险人工智能系统供应商，需要落实好质量检测和风险管控工作，满足人工智能技术应用新要求，切实管控好用户和相关人员的安全风险。同时，还要结合人工智能产品生产和应用风险作出分类评估，为后期风险人工智能产品有效监管奠定坚实的基础，消除人工智能产品缺陷带来的不良影响。如今很多国家都针对核心人工智能技术风险监管作出了规定。随着我国人工智能行业的创新性发展，我国监管部门必须做好科技赋能工作，增强民众的科技监管和安全应用意识，并在合理运用大数据、云计算、区块链等新兴技术的基础上强化数字监管能力体系建设，增强企业和民众的科技应用能力和素养。此外，面对高风险人工智能产品，我国还可以基于现代化监管科技，创建出监管方、监管科技企业和被监管者三位一体的服务平台，彰显人工智能科技优势，有力监管人工智能市场发展。

（二）监管机构

人工智能行业根据中国证监会颁布的《上市公司行业分类指引》（2012 年修订）和国家统计局《国民经济行业分类》（GB/T 4754—2017）隶属于"软件和信息技术服务业"（行业代码为 I65）。根据《战略性新兴产业分类（2018）》隶属于"新一代信息技术产业"中的"人工智能"行业。行业主管部门为工信部，自律组织为中国软件行业协会、中国人工智能产业发展联盟、中国人工智能学会。行业主管部门与自律组织的主要职能如表 2－2 所示。

表 2－2　　　　　　　行业主管部门与自律组织的主要职能

主管部门/自律组织	与本行业相关的主要职责
工业和信息化部	制定信息产业规划、政策和标准，投入实践、有序实施，激励行业技术创新和发展，制订国家科技重大专项计划并规范落实，确保科研成果产业化，促进信息服务业和新兴产业持续发展
中国软件行业协会	与政府部门携手并进，制定和不断更新国家标准、行业标准及其他推荐性标准，保障标准贯彻落实；深入调查和研究软件和信息服务行业发展情况，提出中、长期发展规划意见；根据软件行业发展需要，组织行业人才培训、人才交流等
中国人工智能产业发展联盟	聚集产业生态各方力量，联合开展人工智能技术、标准和产业研究，共同探索人工智能的新模式和新机制，推进技术、产业与应用研发，开展试点示范，广泛开展国际合作等
中国人工智能学会	组织和领导会员参与人工智能科技创新研究活动，促进人工智能科技发展；开展国内、国际学术交流活动，提高会员的学术水平；开展人工智能科学与技术的咨询与培训；组织开展对人工智能领域科学技术和产业发展战略的研究，向政府部门提出咨询建议等

第二节 信 息 安 全

一、总体情况

（一）发文数量

本节将文献分类目录选择全部学科，文献类别选择全部期刊，并将主题设定为信息安全。2021～2022年，信息安全监管领域论文共3185篇，其中CSSCI来源期刊和北大中文核心刊物论文163篇，约占5.12%。1987～2022年，信息安全监管领域论文共39032篇，国内发文数量如图2－6所示。总体上看，信息安全作为最新研究热点和经济社会发展重点领域，发展迅速，相关论文数量呈上升趋势。分阶段来看，1987～1998年，信息安全监管研究处于萌芽阶段，发文数量较少。1998年后，发文数量呈现山体型增长，在2018年，信息安全监管发文数量达到1276篇，2018年以后，信息安全监管发文数量开始下降。

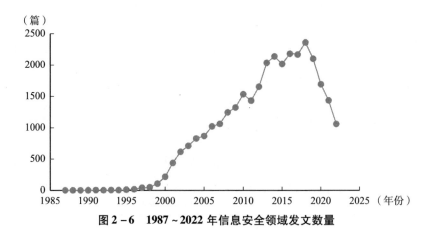

图2－6 1987～2022年信息安全领域发文数量

（二）发文期刊

整体分析而言，1987～2022 年信息安全领域 39032 篇论文中，核心期刊 2020 篇，中文科学引文索引（CSSCI）来源期刊 711 篇，其余论文来源于普通刊物。现将发文量排名前十的期刊列举如表 2－3 所示。其中，"核心期刊"和"CSSCI 来源期刊"论文共计 2731 篇，发文量较多的期刊排名依次为《情报杂志》《兰台世界》《信息网络安全》《现代情报》等（表中略去）。

表 2－3　　1987～2020 年信息安全监管领域发文数量排名前 10 的期刊

排名	期刊名称	期刊类别	主办单位	发文量（篇）
1	《信息安全与通信保密》	普通期刊	中国电子科技集团公司第三十研究所	1159
2	《中国信息安全》	普通期刊	中国信息安全测评中心	1099
3	《网络安全技术与应用》	普通期刊	北京大学出版社	1056
4	《信息网络安全》	北大核心、CSCD 扩展版	公安部第三研究所；中国计算机学会	838
5	《信息与电脑（理论版）》	普通期刊	北京方略信息科技有限公司	634
6	《电子技术与软件工程》	普通期刊	中国电子学会；中电新一代（北京）信息技术研究院	617
7	《电脑知识与技术》	普通期刊	时代出版传媒股份有限公司；中国计算机函授学院	517
8	《中国新通信》	普通期刊	电子工业出版社有限公司	494
9	《计算机安全》	普通期刊	信息产业部基础产品发展研究中心	431
10	《网络空间安全》	地方级报纸	中国电子信息产业发展研究院；赛迪工业和信息化研究院（集团）有限公司	342

2021～2022 年，信息安全领域共 3185 篇，发文量排名前 10 的期刊如表 2－4 所示。其中"核心期刊"和"CSSCI 来源期刊"论文共计 163 篇，发文量较多的期刊排名依次为《信息网络安全》《计算机仿真》《舰船科学技术》《中国安全科学学报》等（表中略去）。

表 2－4　　2021～2022 年信息安全监管领域发文数量排名前 10 的期刊

排名	期刊名称	期刊类别	主办单位	发文量（篇）
1	《网络安全技术与应用》	普通期刊	北京大学出版社	185
2	《中国新通信》	普通期刊	电子工业出版社有限公司	71
3	《信息记录材料》	普通期刊	全国磁性记录材料信息站	69
4	《无线互联科技》	普通期刊	江苏省科学技术情报研究所	61
5	《电脑知识与技术》	普通期刊	时代出版传媒股份有限公司；中国计算机函授学院	59
6	《中国信息安全》	普通期刊	中国信息安全测评中心	56
7	《数字通信世界》	普通期刊	电子工业出版社有限公司	51
8	《电子技术与软件工程》	普通期刊	中国电子学会；中电新一代（北京）信息技术研究院	47
9	《信息与电脑（理论版）》	普通期刊	北京方略信息科技有限公司	46

（三）发文机构

将时间跨度选为 2021～2022 年，分析各机构发文数量，如表 2－5 所示。排名前 10 的机构共发文 108 篇。前三家机构中国信息安全测评中心、中国人民公安大学、国家计算机和网络安全管理中心共发文已达 53 篇，占比约 49%。其中，"核心期刊"和 CSSCI 来源期刊论文发文量较多的机构依次为电子科技大学、浙江大学、中国科学院大学、湘潭大学、湖北大学、山东大学、天津大学、哈尔滨工业大学、华东政法大学、北京航空航天大学、吉林大学、南京师范大学、国防科学技术大学等。

表 2－5　　　　　　2021～2022 年发文数量排名前 10 的机构

排名	机构名称	类别	地域	发文量（篇）
1	电子科技大学	政法类高校	成都	4
2	浙江大学	一流学科建设高校	杭州	4
3	中国科学院大学	一流学科建设高校	北京	4
4	湘潭大学	一流学科建设高校	湘潭	3
5	湖北大学	省属重点大学	武汉	3
6	山东大学	一流大学 A 类高校	济南	3
7	天津大学	一流学科建设高校	天津	3
8	哈尔滨工业大学	一流大学 A 类高校	哈尔滨	3
9	华东政法大学	政法类高校	上海	3
10	北京航空航天大学	一流大学 A 类高校	北京	3

（四）关键词

为进一步突出信息安全研究的重点领域，我们将"时间跨度"选为"1987～2022 年"，除去"监管""规制""对策"等共性关键词，如图 2－7 所示。"信息安全"排名第一，且论文数量远高于其他关键词，

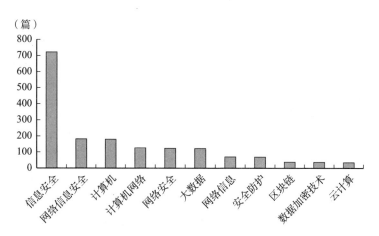

图 2－7　1987～2022 年信息安全论文排名前 10 的关键词

"网络信息安全"与"计算机"紧随其后,随后为"计算机网络""网络安全""大数据""安全""网络信息""风险评估"与"对策"。当我们把剑跨度选为"2021~2022 年",如图 2 - 8 所示。"信息安全"排名仍为第一,"大数据"与"网络信息安全"紧随其后,随后为"计算机网络""计算机""网络安全"。

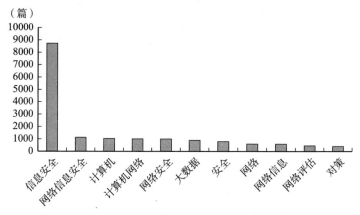

图 2 - 8　2021 ~ 2022 年信息安全论文排名前 10 的关键词

二、信息安全基本概念

(一) 信息安全的含义

信息安全的定义是:为数据处理系统建立和采取的技术及管理保护,保护计算机硬件、软件、数据不因偶然及恶意的原因而遭到破坏、更改和泄露。

信息安全既是传统通信保密的延续和发展,又是网络互联时代出现的新概念。信息安全概念是随着信息技术的发展而不断拓展、不断深化的。信息安全概念的外延不断扩大、内涵不断丰富,由单一的通信保密发展到计算机安全、信息系统安全,又扩展到对信息基础设施、应用服务和信息内容实施全面保护的信息安全保障;由单一地对通信信息的保密,扩展到对信息完整性、真实性的保护,再深化到对信息的保密性、完整性、真实性、可控性，以及信息基础设施的可用性和交互行为的不可否认性的全面保护。

信息安全是一个包括信息安全行为主体、保护对象、防护手段、任务目的等内容的综合性概念。各国国情和信息化水平不同，信息安全概念的表述也不尽相同。我国信息安全的概念可表述为：信息安全是指在政府主导和社会参与下，综合运用技术、法律、管理、教育等手段，在信息空间积极应对敌对势力攻击、网络犯罪和意外事故等多种威胁，有效保护信息基础设施、信息系统、信息应用服务和信息内容的安全，为经济发展、社会稳定、国家安全和公众权益提供安全保障的活动。

（二）信息安全属性

保密性：是指确保敏感信息只能被授权的用户访问和使用。保密性的技术手段包括数据加密、访问控制和身份验证等。

完整性：是指确保数据在传输、存储和处理过程中不会被意外或恶意篡改。完整性的技术手段包括数据加密、数字签名和完整性校验等。

可用性：是指信息在需要时可用，且不受意外的破坏或意外事件的影响。可用性的技术手段包括备份和恢复、容错和容灾等。

身份验证：是指确认用户的身份以授权其访问敏感信息。身份验证的技术手段包括密码、双因素认证和生物特征识别等。

授权：是指确保只有经过授权的用户才能访问受保护的系统、网络和数据。授权的技术手段包括访问控制、角色管理和权限管理等。

不可抵赖性：是指用户不能否认其在系统上的行动，以及系统不能否认已发生的事件。不可抵赖性的技术手段包括数字签名和审计跟踪等。

安全性：是指保护系统、网络和数据不受恶意攻击、病毒、蠕虫、木马、间谍软件、恶意软件或其他威胁的影响。安全性的技术手段包括防火墙、入侵检测和防病毒软件等。

加密：是将数据转换为密文以确保保密性和完整性。加密的技术手段包括对称加密和非对称加密等。

防火墙：是一种控制访问网络的安全设备，可保护计算机免受外部攻击。防火墙的技术手段包括包过滤、状态检查和应用层网关等。

恶意软件防护：对病毒、蠕虫、木马程序以及介于病毒和正规软件之间的有害软件进行防护。

三、信息安全环境及现状

信息安全威胁是指某些因素（人、物、事件、方法等）对信息系统的安全使用可能构成的危害。信息安全威胁来自方方面面，无处不在。

信息安全的威胁（攻击）类型如下所示。

信息泄露：是指信息被泄露给未授权的实体，泄露的形式主要包括窃听、截收、侧信道攻击和人员疏忽等。其中，截收一般是指窃取保密通信的电波、网络信息等；侧信道攻击是指攻击者虽然不能直接取得保密数据，但是可以获得这些保密数据的相关信息篡改。

篡改：是指攻击者擅自更改原有信息的内容，但信息的使用者并没有意识到信息已经被更改的事实。在传统环境下，篡改者对纸质文件的篡改可以通过一些鉴定技术识别出来；但是在数字环境下，对电子内容的篡改不会留下明显的痕迹。

重放：是指攻击者可能截获合法的通信信息，此后出于非法的目的重新发送已截获的信息，而接收者可能仍然按照正常的通信信息受理，从而被攻击者所欺骗。

假冒：是指某用户冒充其他的用户登录信息系统，但是信息系统可能并不能识别出冒充者，这就使冒充者获得本不该得到的权限。

否认：是指参与某次数据通信或数据处理的一方事后拒绝承认本次数据通信或数据处理曾经发生过，这会导致这类数据通信或数据处理的参与者逃避应承担的责任。

非授权使用：是指信息资源被某些未授权的人或系统使用，当然也包括被越权使用的情形。

网络与系统攻击：是指由于网络和主机系统在设计或实现上往往存

在一些漏洞，攻击者可能利用这些漏洞来攻击主机系统；此外攻击者仅通过对某一信息服务资源进行长期占用，使系统不能够正常运转，这种攻击一般被称为拒绝服务攻击。

恶意代码：是指恶意破坏计算机系统、窃取机密信息或秘密地接受远程操控的程序。恶意代码由居心叵测的用户编写和传播，隐藏在受害方的计算机系统中，这些代码也可以进行自我复制和传播。恶意代码主要包括木马程序、计算机病毒、后门程序、蠕虫病毒及僵尸网络等。

四、信息安全风险评估

随着大数据量的日益剧增，信息安全风险的评估变得日益迫切，关于信息安全风险评估越来越受到国内众多学者的研究关注。目前研究的网络信息安全风险评估系统评估时间过长，导致评估风险过高，风险评估效率低，为解决上述问题，众多学者提出不同的解决方案，一种基于模糊理论的网络信息安全风险评估系统（马怡璇，2023）。在系统的硬件区域设计了数据处理器、微处理器、电源模块、信号调制器以及存储器五大核心器件，共同构成网络信息安全风险评估系统的基本运行架构，从而实现网络信息安全风险评估。以信息风险评估三要素：资产识别、脆弱性识别以及威胁识别为切入点，才东阳提出一种基于 K－means 聚类的计算机网络信息安全风险评估方法，以此构建安全风险评估模型（才东阳，2022）。基于 AHP 层次分析和模糊综合评价方法对城商行网络安全风险评估，研究发现采用 AHP 层次分模糊综合评价的方法（潘宇，2022），大力提升网络评估结果的安全性与准确性。王鹏通过多态系统事件树（王鹏，2022），反映不同威胁风险因素可能导致的不同状态，在此基础上构建贝叶斯网络，实现对系统的风险评估，以检验由这些威胁引起的网络安全问题处理机制，达到识别威胁、区分风险优先级的目的，有助于在不同威胁风险下安全策略的制定。构建信息熵分析信息安全风险方法（陈路，2021），结果显示，信息系统的结构安全性、操作安全性和应急有效性对信息安全风险的影响最大，在考虑信息系统的安全风险时应重点关注，这一结论将为管理者实施决策提供一定的依据。许硕使用 D－AHP 方法求解各指标的影响权重（许硕，2019），以解决评估信息不确定性问题。

五、信息安全监管

信息安全监管是对信息系统和网络进行监管和管理，以保护信息系统和网络的安全、完整和保密性，防止未经授权的访问、修改、破坏、泄露等信息安全事件的发生。具体来说，信息安全监管包括以下几个方面：

法律法规制定与执行：政府需要制定信息安全相关的法律法规和政策，并落实到具体实践中，加强对信息安全领域的监管和执法，确保信息安全的合法性和有效性。我国网络安全治理内容更加复杂，技术法规不够完善，协同治理经验不足，数据安全风险加大。苗玲玲认为我国应从培养安全技术人才、提升安全意识，以及技术、制度等层面构建协同治理机制和应急预警体系，不断创新科技，切实提高网络安全治理能力（苗玲玲，2023）。研究发现信息的透明化和公开化也会增加个人信息、商业秘密和政府秘密的泄露风险，各种违法犯罪活动随之产生（沈学雨，2022）。基于大数据应用的负面效应，需要利用法律手段对大数据进行严格界定和规范，进一步保护个人信息安全，促进市场健康竞争，确保经济社会和谐发展。在大数据时代加强对公民个人信息的保护，必须制定和完善个人信息保护法律法规（杜悦莹，2022）。

组织机构和人员的建设：企业需要建立信息安全管理体系，并派遣专业人员负责信息安全的监管、管理、风险评估、安全审计等工作（宗微，2023）。此外，也需要通过培训和宣传等方式，提高员工对信息安全的意识和知识水平，降低员工造成信息安全漏洞的风险（袁良，2023）。

安全技术与工具的应用：企业需要采用安全技术手段（袁姗姗，2022），如防火墙、入侵检测、反病毒软件、加密技术等，以确保信息系统和网络的安全。同时，也需要定期更新安全技术，加强对安全工具的管理，以应对新型安全威胁和漏洞（邵明法，2023）。

安全事件的预警与应对：企业需要建立安全事件应急预案，对突发的安全事件进行快速响应和处置，防止安全事件的扩散和影响（梁超强，2022）。也需要通过演练等方式提高应急响应的能力和效率（高美玲，2022）。

安全风险的评估与管理：企业需要通过风险评估，分析和评估信息安全的风险，制定针对性的安全措施，以应对各种安全威胁（邵林，2023）。此外，还需要定期对信息系统和网络进行安全审计，发现和修复安全漏洞，以保证信息系统和网络的安全和稳定（田华锋，2022）。

信息安全文化的建设：信息安全文化的建设是信息安全监管的重要内容。认为企业需要加强信息安全教育和培训，提高员工对信息安全的重视和理解，增强企业信息安全文化的氛围，以确保信息安全监管的有效性和可持续性（赵磊，2022）。

第三节 平台经济与反垄断

一、总体情况

（一）发文数量

本节将文献分类目录选择全部学科，文献类别选择全部期刊，并将主题设定为平台反垄断。2021~2022年，国内平台经济反垄断监管领域论文共981篇，其中CSSCI来源期刊和北大核心刊物论文270篇，约占27.5%。2001~2022年，国内发文数量如图2-9所示。总体上看，平台经济作为新型经济形态，发展迅速。关于我国平台经济监管的论文数量呈上升趋势，分阶段来看：2001～2017 年，平台经济与反垄断监管研究处于起步阶段，发文数量较少且增长缓慢；2017 年后，发文数量呈现直线式增长；在 2021 年平台经济反垄断监管发文数量达到 1276篇；2022～2023 年，平台经济反垄断监管发文数量虽有所下降，但相比早期，仍处于快速发展期，平台经济反垄断研究仍为关注热点与研究重点。

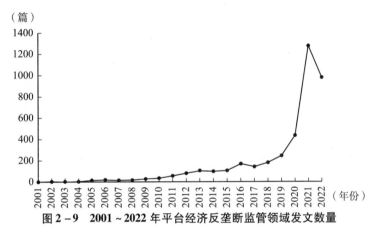

图 2 – 9 2001～2022 年平台经济反垄断监管领域发文数量

资料来源：根据中国学术期刊网络出版总库数据计算所得。

（二）发文期刊

整体分析而言，2001～2022 年平台经济反垄断 2232 篇论文中，核心期刊 749 篇，中文科学引文索引（CSSCI）来源期刊 770 篇，中国社会（AMI）来源期刊 489 篇，其余论文来源于普通刊物以及地方级报纸，现将发文量排名前十的期刊列举如表 2 – 6 所示。其中，"核心期刊"和"CSSCI 来源期刊"论文共计 749 篇，发文量较多的期刊排名依次为《价格理论与实践》《改革》《探索与争鸣》《法学评论》等。

表 2 - 6　　2001~2020 年农产品监管领域发文数量排名前 10 的期刊

排名	期刊名称	期刊类别	主办单位	发文量（篇）
1	《中国价格监管与反垄断》	普通期刊	中国物价监督检查、中国价格监督检查	145
2	《竞争政策研究》	AMI 新刊物	国家工业信息安全发展研究中心	82
3	《中国市场监管研究》	AMI 新刊物	中国市场监督管理学会	49
4	《价格理论与实践》	北大核心期刊、AMI 核心	中国价格协会	39
5	《中国物价》	AMI 扩展	国家发展和改革委员会市场与价格研究所	27
6	《电子知识产权》	普通期刊	国家工业信息安全发展研究中心	26
7	《21 世纪经济报道》	地方级报纸	南方财经全媒体集团	24
8	《检察风云》	普通期刊	上海市人民检察院	23
9	《竞争法律与政策评论》	普通期刊	上海交通大学竞争法律与政策研究中心	23
10	《第一财经日报》	地方级报纸	上海文广新闻传媒集团、北京青年报社、广州日报报业集团	21

2021~2022 年，平台经济与反垄断领域共计 981 篇论文，发文量排名前 10 的期刊如表 2 - 7 所示。其中"核心期刊"和"CSSCI 来源期刊"论文共计 263 篇，发文量较多的期刊排名依次为《价格理论与实践》《中国流通经济》《管理学刊》《改革》等。

表 2 - 7　　2021~2022 年农产品监管领域发文数量排名前 10 的期刊

排名	期刊名称	期刊类别	主办单位	发文量（篇）
1	《中国价格监管与反垄断》	普通期刊	中国物价监督检查、中国价格监督检查	43

续表

排名	期刊名称	期刊类别	主办单位	发文量（篇）
2	《中国市场监管研究》	AMI 新刊物	中国市场监督管理学会	25
3	《检察风云》	普通期刊	上海市人民检察院	20
4	《商学院》	普通期刊	中国经营报社	16
5	《第一财经日报》	地方级报纸	上海文广新闻传媒集团、北京青年报社、广州日报报业集团	14
6	《竞争政策研究》	AMI 新刊物	国家工业信息安全发展中心	14
7	《价格理论与实践》	北大核心期刊、AMI 核心期刊	中国价格协会	13
8	《21 世纪经济报道》	地方级报纸	南方财经全媒体集团	13
9	《中国流通经济》	北大核心期刊、AMI 核心期刊	北京物资学院	12
10	《管理学刊》	北大核心期刊、CSSCI 来源期刊、AMI 扩展	新乡学院、中国社会主义经济规律系统研究会	12
11	《竞争法律与政策评论》	辑刊	上海交通大学竞争法律与政策研究中心	12

（三）发文机构

将时间跨度选为 2021～2022 年，分析各机构发文数量，如表 2－8 所示。排名前 10 的机构共发文 527 篇。前三家机构华东政法大学、中国政法大学、中国人民大学，共发文 232 篇，占比约 44%。其中，核心期刊和 CSSCI 来源期刊论文发文量较多的机构依次为中国政法大学、中国人民大学、上海交通大学、武汉大学、南开大学、西南政法大学、清华大学、北京大学、华东政法大学、对外经济贸易大学等。

表 2 - 8   2019～2020 年发文数量排名前 10 的机构

排名	机构名称	类别	地域	发文量（篇）
1	华东政法大学	政法类高校	上海	84
2	中国政法大学	一流学科建设高校	北京	78
3	中国人民大学	一流大学 A 类高校	北京	70
4	西南政法大学	政法类高校	重庆	56
5	上海交通大学	一流大学 A 类高校	上海	55
6	南开大学	一流大学 A 类高校	天津	42
7	安徽大学	一流学科建设高校	安徽	41
8	武汉大学	一流大学 A 类高校	湖北	37
9	浙江理工大学	省属重点大学	浙江	32
10	中国社会科学院大学	研究型大学	北京	32

（四）关键词

为进一步突出平台经济与反垄断研究的重点领域，我们将时间跨度选为"2001～2022 年"，除去反垄断、反垄断规制等共性关键词，如图 2 - 10 所示。"反垄断法"排名第一，且论文数量远高于其他关键词，"平台经济"与"反垄断法规制"紧随其后。当我们把时间跨度选为"2021～2022 年"，如图 2 - 11 所示。将其与 2001～2020 年关键词进行对比，发现"平台经济"这一关键词排名第一，随后是反垄断法、互联网平台、反垄断法规制等词语，这反映了研究最新发展趋势。

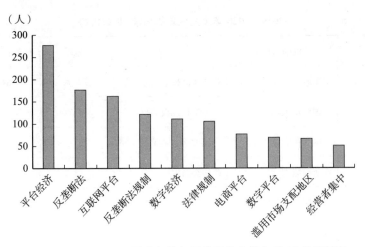

图 2 – 10　2001～2020 平台经济与反垄断论文排名前 10 的关键词

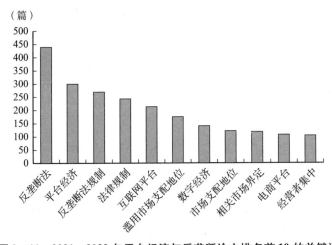

图 2 – 11　2021～2022 年平台经济与反垄断论文排名前 10 的关键词

二、平台经济反垄断相关理论

我国平台经济反垄断监管实践中，通常是遵循"三阶段理论"基本逻辑，即先界定相关市场，判断平台企业的行为是否具有垄断性质，如果平台企业不具有垄断性质则采取宽松的管制政策；如果平台企业的行为具有垄断性质，还需考虑是否产生市场支配地位。在互联网行业中，市场支配地位的判断可以从垄断势力着手，最后则是对滥用市场支配地位的考察。

（一）相关市场界定

相关市场界定是平台经济反垄断规制的前置工作（孙世超和赵伟，2021），其实质内容是确定企业竞争领域的范围。相关市场的界定范围影响着反垄断规制效率，若平台企业的相关市场范围界定过大，平台企业在市场中所占有的份额就越小，相应的市场支配能力就越弱。《中华人民共和国反垄断法》（以下简称《反垄断法》）规定，所谓相关市场是指经营者在一定时期内就特定商品或者服务进行竞争的商品范围和地域范围。互联网发展下平台经济领域界定相关市场的难题在于需要同时确定多个相关市场。双边市场特征在平台企业中表现明显。平台经济领域的双边市场包括交易所、基于广告的媒体、交易工具和软件平台四种类型①。我国早期相关市场界定方法是明晰相关商品市场和地域市场，从需求替代和供给替代的角度，采用"假定垄断者测试法（SSNIP）"进行分析②。需求替代角度可从产品或服务的线上线下需求、产品功能划分（吴太轩和彭艳玲，2022）；供给替代分析可以从用户锁定效应、产品转移成本、市场进入壁垒等因素考虑（纪正坦，2022）。目前学界针对 SSNIP 测试法以价格为基础的局限性提出了 SSNDQ 法。然而由于平台企业涉及多个领域，市场边界模糊，且网络发展更新迭代较快，呈现动态竞争态势，传统的相关市场界定方法难以适用于平台企业。《国务院反垄断委员会关于平台经济领域的反垄断指南》对平台企业的相关市场界定作出了明确规定，指出要结合平台自身的特性，基于平台应用场景、用户群体、多边市场等特点，由需求替代分析转向供

---

①　戴维·埃文斯，理查德·施默兰．双边平台市场［M］//时建中，张艳华．互联网产业的反垄断法与经济学．北京：法律出版社，2018：31．

②　国务院反垄断委员会关于相关市场界定的指南［EB/OL］．（2009 - 07 - 07）［2023 - 02 - 03］．https：//www.gov.cn/zwhd/2009 - 07/07/content_1355288.htm.

给需求并重的替代性分析。整体来看，我国针对行业反垄断行为，采取的是"个案分析"的原则，从相关商品市场以及相关地域市场角度界定相关市场。

（二）市场支配地位

市场支配地位是指在一定时间内企业具有控制和改变价格使其高于市场竞争价格的能力。一般而言，认定企业是否具有市场支配地位需要在明晰相关市场的基础上，通过企业在市场内的市场份额或勒纳指数判断。鉴于在低转移成本的市场中，平台企业的调价行为致使消费者易转移其他市场，削弱了平台企业的市场份额优势，因此拥有高市场份额的企业不一定拥有市场支配地位，对于平台企业而言，还需比较高市场份额平台与其他竞争者的份额差距以及进入壁垒等推断是否具有市场支配地位。除此，具有优势地位的平台企业进入市场，在短期内不一定有条件实施垄断行为，通常认为持有高市场份额超过五年的企业可认定拥有市场支配地位。在数字经济时代下，数据通过网络效应、锁定效应强化了市场控制力。2020 年，中共中央、国务院首次将"数据"列为新型生产要素形态，国务院反垄断委员会《关于平台经济领域的反垄断指南》（以下简称《指南》）中指出可以考虑将数据要素作为认定经营者具有市场支配地位的因素。平台企业市场支配地位的认定需要对以上要素展开分析，具体流程如下：首先判断平台企业的市场份额占比，以市场份额占比 50% 为准，当平台企业份额低于 50%，可直接认定不具有市场支配地位，若超过 50%，要考虑是否与其他竞争的市场份额存在明显优势；其次，在市场份额优势的基础上，要进一步考察市场进入壁垒，具体包括技术与资本壁垒。

（三）滥用市场支配地位

滥用市场支配地位是指具有市场支配地位的市场主体采用不正当的方式妨碍和排斥其他竞争对手以达到巩固市场地位的目的（郭俊，2021）。其中，滥用行为又分为剥削性滥用和排他性滥用，剥削性滥用是指具有强大市场支配力量的企业为剥夺消费者利益，制定过高的垄断价格或提高限制产品的生产数量改变市场价格；排他性滥用是指平台企业利用技术优势或资本优势阻止其他竞争者进入市场，影响市场的竞争秩序（吴蕾，2022）。平台企业不同于传统企业，更易对消费者实施垄断。首先是不公平价格，平台企业普遍采取"零定价"战略，或进行高补贴营销策略，此种行为对其他平台企业造成利益损害，再者，随着超级平台的逐渐涌现，掌握巨大流量以及消费群体的企业为了巩固自身地位，往往会阻碍新平台进驻市场，由此市场产生大平台封禁小平台链接的情况（陈兵和徐文，2021）。

在具体的反垄断实践过程中，执法机构也面临执法困境。平台具有独特的网络效应、多边市场特性和自由经济模式，且针对数据滥用的反垄断需要挖掘数据，这与用户隐私密切相关。种种新生现象为各国的反垄断执法带来了新的挑战。上述分析中，平台相关市场的定义存在不足，形成了反垄断执法的障碍。互联网平台的服务和产品具有极其复杂的特性，SSNIP 测试具有一定的局限性（李国海和唐翔宇，2022），用 SSNIP 方法界定互联网平台的相关市场范围很难界定其业务领域。以阿里巴巴为例提出了自己的见解：定义平台相关市场应将定性分析和定量分析相结合，利用 SSNIC 分析方法在替代分析的基础上作出合理的判断（Zhang Yue，2022）。当平台相关市场实在难以界定时，平台经济领域的反垄断调查或可根据某个平台发生垄断争议的具体某一个相关领域市场进行（王春英，2021）。

三、平台经济垄断行为

2019 年以来，我国加速了针对数字平台反垄断的改革步伐，学术界也加快了对平台经济反垄断的研究。目前平台经济反垄断研究处于成熟发展阶段，关注的热点集中在"二选一""平台扼杀式并购"以及"数据杀熟"反垄断分析。

（一）平台"二选一"行为反垄断分析

由于数字平台具有双边市场倾斜定价的特性，传统的通过计算市场份额来判断互联网平台是否占据主导市场地位的判断方式在"免费定价"的用户市场中难以适用，为此，欧盟在对滥用市场支配地位行为的界定中，主要考察是否存在掠夺消费者的行为、是否存在消除竞争关系的行为、是否存在限制消费者选择权的行为。如随着互联网发展迅猛，平台之间的竞争日趋白热化，企业根据自身利益最大化考虑，会倾向在参与市场化竞争的过程中实施"二选一"交易模式。平台"二选一"行为最早追溯到 2010 年，腾讯与奇虎 360 强迫用户在二者之间选择，运行 QQ 软件时必须卸载 360 软件或者在装有 360 软件的电脑上停止运行 QQ 软件；2015 年，"美团"和"饿了么"的"二选一"之争，以及阿里巴巴与京东出现的"二选一"纠纷。电商平台"二选一"行为，极易对社会以及经济系统产生诸多消极影响。一方面，平台经营者强迫商户"二选一"损害商户以及用户的合法权益，另一方面也扰乱了市场公平竞争秩序（王晓晔，2020）。因此如何有效规制互联网平台的"二选一"行为，就成为社会公众及反垄断执法机构关注的热点领域。

平台"二选一"问题需在滥用市场支配地位规制框架下，对相关市场界定、市场支配地位认定、反竞争效果评估进行分析（曾雄，2021）。实际上，"二选一"是传统市场竞争中经营者经常用到的普遍竞争手段，在界定清楚相关产品市场基础上，如果电商平台具有市场支配地位，实施"二选一"可能会对整个平台带来损害，对于如何界定平台企业具有市场支配地位，主流反垄断观点认为，最重要的认定因素是企业在相关市场的份额。反竞争效果评估是要围绕损害事实，如是否制造更多的进入壁垒以及妨碍创新等方面进行分析。正当理由的判断标准是限制竞争行为能够促进经济效率或者非经济性的社会公共利益以及消费者利益。

与此同时，政府机构以及学者等相关研究人员针对规制平台"二选一"行为,也提出了中肯的建议。首先,应完善"二选一"事前规制措施,如设立"二选一"安全港标准以及引入预防式反垄断原则等制度;其次,鉴于我国互联网平台市场发展迅速,且平台经济反垄断规制是一项长期的监管工作,并非一时兴起的"监管运动",因此对互联网平台的监管应坚持全过程监管原则(路文成和魏建,2021);平台经济的反垄断规制还是回归初心,即通过保护竞争机制来保障消费者福利以及促进企业更好地发展,因此,我们在对平台经济领域的规制,要坚持创新与守正,开展更加全面的竞争分析,实现平台监管与发展的平衡。

(二)平台"扼杀式并购企业"反垄断分析

近年来,随着技术不断发展,网络平台为了巩固自身市场地位,一旦发现有潜在企业竞争市场份额就会毫不犹豫展开并购,以达到"消灭"竞争者的目的。据媒体报道,截至 2020 年 9 月,我国电商领域以及社交领域最大的平台企业(阿里巴巴和腾讯)参与对外投资公司分别有 531 家和 756 家[①]。腾讯与阿里巴巴收购的企业遍布生活服务、社交通信、线上教育等领域。腾讯已成为虎牙直播、猿辅导、京东等公司的大股东,阿里巴巴取得了饿了么、酷盘、豌豆荚等公司的控制权[②]。这些平台大企业对小型初创企业的并购在早期不会显著地改变市场结构与损害市场竞争。因而通常会被忽视,也很少受到行政执法追究。然而,除部分初创企业主动加入主导平台企业以获得更好的企业发展外,垄断企业还实施"复制、收购与扼杀"的并购策略。在市场集中度较高的环境中,平台为了加快初创企业的并购进程,会采取在企业谈判收购的同时又开发相似产品与之竞争。诚然,这种"扼杀式并购"初创企业会损害市场的可竞争性,降低产品研发的效率,损害消费者的利益。2020 年,中央经济工作会议明确将防止资本无序扩张列为重点任

---

① 企业布局生态圈,阿里向左,腾讯向右 [EB/OL]. (2020 - 09 - 18) [2023 - 01 - 02]. https://view. inews. qq. com/k/20200918A02RS100? web_channel = wap&openApp = false.

② 收割者. 腾讯阿里的 20 万亿生态圈 [EB/OL]. [2023 - 01 - 02]. http://www. xcf. cn/ article/5f929c8a254b11ebbf3cd4c9efcfdeca. html.

务。因此，探寻合理的平台"扼杀式"并购反垄断规制路径，就显得尤为紧迫且必要。

规制平台"扼杀式并购"行为可从三个阶段进行：事前预判与防范"扼杀式"并购，做到早发现、早制止。事中要仔细调研"扼杀式并购"对市场竞争的影响，不能"一棍子都打死"企业并购行为①。事后要严厉执法"扼杀式并购"，切实维护市场秩序。而目前在对平台扼杀式并购的反垄断规制还存在着困境。其一是事前预判存在局限，多数平台企业以未达到营业额标准为由逃避申报审查，这使得平台企业游离在反垄断监管之外；其二是事中鉴定存在困难，我国现行的举证责任分配失衡导致评估难以定论；其三是事后监管存在缺陷，现有的"扼杀式并购"行为罚款制度威慑力不足，执法效果存在失灵状态（冯鑫煜，2022）。结合目前存在的困境，学者们对完善平台扼杀式并购反垄断规制作出了指导性建议，例如补正并购申报标准、完善竞争损害评估以及强化事后监督等。如此，才能有效遏制平台资本的无序扩张，为初创企业营造一个不受主导平台扼杀式并购威胁的现代化营商环境（王伟，2022，承上，2021）。

（三）平台"大数据杀熟"行为反垄断分析

如今，线上消费以及娱乐正在潜移默化地影响着居民的生活。但随着各种线上平台密集涌现，居民在享受平台带来便利的同时，个人信息（浏览信息的种类、消费偏好、支付意愿以及价格）也极易被平台获取。大数据技术能够保存以及更新关于消费者个人特征的信息数据。部门商家利用大数据算法推算出平台客户的消费倾向并差别定价，对于在平台经常消费的老客户，因为暴露出的信息量多以及对平台的依赖程度高，常常被索取更高的价格，这种行为叫作大数据杀熟。在平台

---

① 治理资本无序扩张：防止掐尖式并购被划重点，其如何阻碍了创新［EB/OL］.（2022－01－31）［2023－01－02］. https：//view. inews. qq. com/k/20220131A094NP00? web_channel = wap&openApp = false.

购物、打车、订房等领域中均有相关报道,如美团、携程等平台均被指杀熟①。追本溯源,"大数据杀熟行为"近似于理论上的价格歧视行为。因此,实施"大数据"行为需具备两个要求:一是商家要掌握每个消费者的消费信息;二是要针对新老客户制定不同的价格。平台企业制定"杀熟"策略一定会给企业带来利润吗?崔等(Choe et al.,2018)认为,自由市场中企业制定的"因人定价"会削弱企业的利润。但现实世界中,平台企业往往会倾向选择"量身定价"策略,甄艺凯(2020)构建三阶段动态博弈分析企业"杀熟"行为的动机,研究发现,当转移成本相对较大时,至少会有一家企业存在"杀熟"动机,这时的转移成本是消费者更换平台消费所产生的成本。"大数据杀熟"已成为平台经济时代一个典型问题,这不仅损害消费者的利益(社会剩余直接从消费者手中转移到生产者),还可能损害市场竞争秩序,削弱平台企业的技术创新水平(时奇和唐丁祥,2016)。因此有必要规制经营者基于消费者个人数据的"杀熟行为。"

规制"大数据杀熟"行为,首先需要结合平台经济的特点实施。一方面,政府部门要及时出台相关的法律法规,加速推进大数据安全和保护的立法进程,对于平台企业的"大数据杀熟",要做到有法必依、执法必严、违法必究;另一方面,平台企业应以负责任创新的态度研发大数据技术,在提升技术的同时要充分考虑产品的社会可接受性,承担相应的社会责任(李飞翔,2020)。其次,政府部门在鉴定企业"大数据杀熟"行为时,要逐案分析,从消费者福利、竞争效果的影响、企业创新等多层次分析。再次,"大数据杀熟行为"容易发生在信息完备且可获取的环境下,因此针对消费者的数据信息不应该由一家企业独有,应该国家与企业共享。最后,在"大数据杀熟"的反垄断规制中,消费者也应增强数据保护意识,实现对平台的全面监督(梁正和曾雄,2021)。当然,随着"大数据杀熟"的实践演进,还需进一步思考健全

---

① 美团被指会员被杀熟,互联网"杀熟"为何屡禁不止 [EB/OL]. [2023-01-03]. https://m.gmw.cn/baijia/2020-12/20/1301958665.html.

对平台"大数据杀熟"的反垄断规制。

四、法律法规

《反垄断法》自 2008 年开始实施，是市场经济中预防和制止垄断行为、维护市场公平竞争的基础法律规范。但由于反垄断立法早于平台经济的兴起，《反垄断法》文本中条款或相关规定还不能适用于这一新经济形态的垄断问题。

为弥补上述空白，我国陆续出台关于平台经济反垄断的法律法规。2018 年全国人大常委会通过了《中华人民共和国电子商务法》（以下简称《电子商务法》），该法扩大了市场支配地位的界定范围，将技术优势以及其他经营者对该电子商务经营者在交易上的依赖程度纳入市场支配地位的考量因素。

2019 年，我国颁布了《横向垄断协议案件宽大制度适用指南》，明确了经营者应当如何申请宽大以及如何配合执法机构调查。随后我国又出台了《垄断案件经营者承诺指南》，对承诺制度、中止调查条件、恢复调查的情形以及执法机构作出终止调查决定的条件均作出了细致规定。但由于平台经济新业态、新模式层出不穷，亟须在现行法律法规基础上，有针对性为平台经济领域经营者依法合规经营提供更明确的指引，在此背景下，国家市场监督管理总局适时出台了《关于平台经济领域的反垄断指南》，该《指南》从平台、数据、算法等三维竞争结构的角度出发，对相关市场界定、滥用市场支配地位的认定以及封禁 API 等前沿问题作出积极回应。近几年我国平台经济迎来了反垄断"强监管"时代，有关平台经济反垄断的法律法规不断涌现。我国反垄断法律规范体系逐步得到完善，具体的相关法律法规如表 2－9 所示。

其规制平台经济反垄断行为的相关意见与规定主要有：《禁止垄断协议暂行规定》《禁止滥用市场支配地位行为暂行规定》《制止滥用行政权力排除、限制竞争行为暂行规定》《关于推动平台经济规范健康持续发展的若干意见》《关于禁止滥用知识产权排除、限制竞争行为的规定》《经营者集中审查暂行规定》《禁止垄断协议暂行规定》《禁止滥用市场支配地位行为规定》等。

表 2 –9   平台经济反垄断的立法实践

颁布或修订时间	发布机构	名称
2007 年 8 月颁布	全国人大常委会	《中华人民共和国反垄断法》
2018 年 8 月颁布	全国人大常委会	《中华人民共和国电子商务法》
2020 年 9 月印发	国务院反垄断委员会	《经营者反垄断合规指南》
2019 年 1 月印发	国务院反垄断委员会	《横向垄断协议案件宽大制度适用指南》
2021 年 2 月颁布	国务院反垄断委员会	《关于平台经济领域的反垄断指南》
2021 年 8 月颁布	全国人大常委会	《中华人民共和国个人信息保护法》
2019 年 4 月颁布	国务院反垄断委员会	《垄断案件经营者承诺指南》
1997 年 12 月颁布	全国人大常委会	《中华人民共和国价格法》
2019 年 4 月修订	全国人大常委会	《中华人民共和国反不正当竞争法》

五、监管机构与监管模式

(一) 监管理念

全球各主要经济体都处于不断强化平台经济反垄断的进程中。当前,欧盟主要采取强监管模式,美国采取审慎监管模式,而我国平台经济领域正在经历从行业审慎监管到反垄断强监管的转变。但反垄断执法愈严的同时仍需要秉持包容审慎、底线监管的理念 (曾雄,2022),秉持规范与发展并重的原则,给予新兴事物自主发展的空间 (曾雄,2022)。2015 年,我国为鼓励互联网行业的发展出台了《国务院关于积极推进"互联网 +"行动的指导意见》,对平台经济的监管采取最大限度减少事前准入限制,集中在事中以及事后监管模式。2016 年,国务院出台《"十三五"国家战略性新兴产业发展规划》,对待以新业态新模式为特征的行业监管是区别于传统行业的监管。2019 年 10 月,"包容审慎监管"原则被写入行政法规《优化营商环境条例》。可以看出，我国对平台经济发展持鼓励和支持的态度，但秉持"包容审慎"原则并不意味着政府对平台监管是"睁一只闭一只眼"的，还需要有底线思维。我国在一系列文件中都明显指出①，要坚持底线思维，即设置好平台经济的"红绿灯"，平衡好发展和规范的关系。

（二）监管机构

早期，我国反垄断法执行机构分别是商务部、国家工商行政管理总局、国家发改委。具体的各个部门职责如下：商务部被赋予反垄断审查权，一旦发现外资对国内企业的并购行为加剧了市场集中度则有权利进行审查；国家市场监督管理总局执法内容包括滥用市场支配地位问题、不涉及价格问题的垄断协议；国家发改委的执法活动集中在卡特尔以及与价格相关的垄断协议。2018 年，在深化和改革国家机构的背景下，我国成立了国家市场监督管理总局，负责反垄断统一执法，既对经营者集中行为、滥用市场支配地位、垄断协议等反垄断执法工作。此外，根据各个平台企业的特点，我国地方各级人民政府及其有关部门在反垄断执法机构的授权下也会参与平台经济反垄断执法过程。我国交通运输部联合发展改革委规制网约车平台公布运价结构、计价加价等。我国工业和信息化部则负责监管通信软件运营的合规标准。国家互联网信息办公室对平台算法安全以及平台用户数据进行监督。另外，中国人民银行、银保监会、证监会以及外汇局部门对互联网平台的金融业务负责监督与整改。

（三）监管模式

近年来，全球各国反垄断立法宗旨不甚一致且个别国家反垄断目标

---

① 如《国务院办公厅关于创新管理优化服务培育壮大经济发展新动能加快新旧动能接续转换的意见》《关于促进分享经济发展的指导性意见》《国务院办公厅关于促进平台经济规范健康发展的指导意见》《国务院关于加强和规范事中事后监管的指导意见》《关于支持新业态新模式健康发展激活消费市场带动扩大就业的意见》等。

摇摆，总体而言，全球范围内平台经济领域的反垄断规则逐步完善（韩伟，2022），反垄断呈现出监管常态化与执法严厉化的趋势（王先林和方翔，2021）。平台垄断虽为信息化时代的新型垄断行为但依旧处于现行反垄断法的制度体系中（金善明，2022）。我国现行的《反垄断法》明确了反垄断规制的经济效率目标却未制定清晰的福利标准，而当前对平台企业的高强度反垄断执法更多是追求非经济效率目标（李剑，2022），我国还需与时俱进地完善平台经济反垄断领域的法律法规。未来的立法需要吸收不同学科的智慧，市场监管部门在保持高压态势下要转变思维，改变监管路径依赖，探索多元化的监管方式（武西锋和杜宴林，2021）。基于我国平台经济反垄断实践，平台经济反垄断分析框架尚未完全反映多边市场特征，平台经济反垄断仍大量依赖静态分析指标，且平台经济反垄断执法存在短视倾向（李三希等，2021）。此外，我国平台经济反垄断监管面临监管滞后、分析工具失灵、救济效果不佳等挑战（曾雄，2022）。基于我国监管机构执法模式层面，过去十几年监管机构并未对国内平台启动过反垄断调查，回应性规制模式下柔性敦促平台整改的方式使反垄断监管的社会效果大打折扣。并且，我国现行的以事后规制为主的反垄断模式增加了反垄断法的执行成本（王先林，2021）。事后执法的关键在于扭转执法机构信息不对称的局面，事前规制则宜鼓励平台主动进行敏感算法释明并规范平台的数据获取与应用（王先林，2021）。西蒙（Simon，2022）讨论了Amazon、Microsoft、Apple、Facebook和Google案件，认为对平台科技公司的未来监管问题在于是事前监管还是事后监管，指出，欧盟参照《数字市场法》和《数字服务法》的路线对监管立法进行修订的行为是有效的事前监管措施，而鉴于仍有滥用市场势力的情况，也应该加大执法力度，采取必要的事后监管手段。平台规模扩大所带来的经济效益不仅来源于平台自身，脱离垄断定价的垄断平台企业仍然可以通过部门间价值转移和企业自身剩余劳动获取垄断利润，平台经济反垄断的重点应是限制垄断企业的网络外部性，鼓励构建小型平台企业，以及加强对互联网平台在线营销、差别待遇和研发创新等行为的监管。

第四节 双碳监管

本节主要介绍中国学术界对双碳监管的研究状况，近两年中国政府颁布的双碳监管的政策及其主要内容，以及中国政府在双碳监管方面所采取的具体行动，在此基础上分析了中国政府双碳监管研究五大热点：碳排放统计核算的挑战、碳排放数据质量的管理、碳排放权交易市场运行与管理、碳定价的确定和政府与市场关系处理。

一、2021～2022 年国内双碳监管研究情况

将关键词设定为"双碳 + 监管""碳达峰 + 监管"和"碳中和 + 监管"，文献来源类型选择全部期刊，文献分类目录选择全部学科。检索结果显示，2020 年相关论文仅 1 篇，2021 年相关论文 50 篇，2022 年相关论文 110 篇（见图 2 - 12）。自 2020 年 9 月，习近平在第七十五届联合国大会一般性辩论上指出，中国将提高国家自主贡献力度，采取更有力的政策和措施，二氧化碳排放力争于 2030 年前达到峰值，努力争取2060 年实现碳中和。[①] 国内学术界关于开展"双碳监管"的研究文章逐渐增多，具体来看，2020～2022 年双碳监管论文共发表 161 篇，其中，CSSCI 来源期刊和北大核心期刊论文 48 篇，约占发文总量的 30%，说明无论是论文发表的增速，还是论文发表的质量都在逐年提升。

为了进一步突出学术界对双碳监管领域的研究重点，在除去"双碳""碳中和"和"碳达峰"等共性关键词，得到了双碳监管论文的主要关键词（见图 2 - 13）。从主要关键词可以看出，以绿色金融、绿色债券以及碳金融为主的碳减排工具是双碳监管的主要研究内容。其次是循环利用、

---

① 习近平在第七十五届联合国大会一般性辩论上发表重要讲话 [N]. 人民日报，2020 - 9 - 23.

碳排放以及低碳转型为主的碳减排路径是双碳监管的研究主要内容。最后
是以监管能力为核心的能力建设也是双碳监管的研究主要内容。

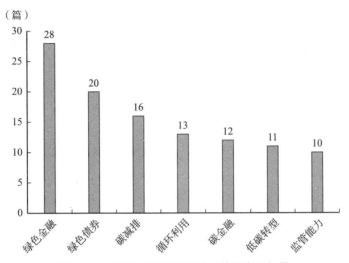

图 2－12　2020~2022 年双碳监管的发文数量

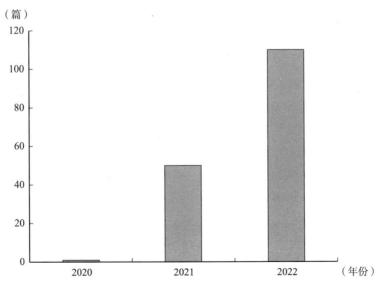

图 2－13　2020~2022 年双碳监管论文的主要关键词

二、政府双碳监管政策与措施

2020 年，中国明确提出"30/60"双碳目标后，碳达峰、碳中和被正式写入了 2021 年的政府工作报告，报告指出"有序推进碳达峰碳中和工作，落实碳达峰行动方案"，标志着我国的碳达峰碳中和工作已经由前期谋划阶段步入了实质性推进阶段。中国政府出台一系列政策措施，并开展相关的政策活动，促进双碳目标的实现。

（一）政策方面

（1）2021 年 1 月，生态环境部发布《关于统筹和加强应对气候变化与生态环境保护相关工作的指导意见》。指出"十四五"期间，应对气候变化与生态环境保护相关工作统筹融合的格局总体形成，协同优化高效的工作体系基本建立，在统一政策规划标准制定、统一监测评估、统一监督执法、统一督察问责等方面取得关键进展，气候治理能力明显提升。到 2030 年前，应对气候变化与生态环境保护相关工作整体合力充分发挥，生态环境治理体系和治理能力稳步提升，为实现二氧化碳排放达峰目标与碳中和愿景提供支撑，助力美丽中国建设。

（2）2021 年 2 月，国务院发布《关于加快建立健全绿色低碳循环发展经济低碳体系的指导意见》指出，到 2025 年碳排放强度明显降低，生态环境持续改善。到 2035 年碳排放达峰后稳中有降，生态环境根本好转。强调坚定不移贯彻新发展理念，全方位全过程推行绿色规划、绿色设计、绿色投资、绿色建设、绿色生产、绿色流通、绿色生活、绿色消费，使发展建立在高效利用资源、严格保护生态环境、有效控制温室气体排放的基础上，统筹推进高质量发展和高水平保护，建立健全绿色低碳循环发展的经济体系，确保实现碳达峰、碳中和目标，推动我国绿色发展迈上新台阶。

（3）2021 年 3 月，十三届全国人大四次会议发布《中华人民共和国国民经济和社会发展第十四个五年规划和 2035 远景目标纲要》，指出，落实 2030 年应对气候变化国家自主贡献目标，制订 2030 年前碳排放达峰行动方案。完善能源消费总量和强度双控制度，终点控制化石能源消费。实施以碳强度控制为主、碳排放总量控制为辅的制度，支持有条件的地方和重点行业、重点企业率先达到碳排放峰值。推动能源清洁低碳安全高效利用，深入推进工业、建筑、交通等领域低碳转型。加大甲烷、氢氟碳化物、全氟化碳等其他温室气体控制力度。提升生态系统碳汇能力，锚定努力争取 2060 年前实现碳中和，采取更加有力的政策和措施。加强全球气候变暖对我国承受力脆弱地区影响的观测和评估，提升城乡建设、农业生产、基础设施适应气候变化能力。坚持公平、共同但有区别的责任及各自能力原则，建设性参与和引领应对气候变化国际合作，推动落实联合国气候变化框架公约及其巴黎协定，积极开展气候变化南南合作。

（4）2021 年 5 月，生态环境部发布《关于加强高耗能、高排放建设项目生态环境源头防控的指导意见》，提出推进"两高"行业减污降碳协同控制，将碳排放影响评价纳入环境影响评价体系。各级生态环境部门和行政审批部门应积极推进"两高"项目环评开展试点工作，衔接落实有关区域和行业碳达峰行动方案、清洁能源替代、清洁运输、煤炭消费总量控制等政策要求。在环评工作中，统筹开展污染物和碳排放的源项识别、源强核算、减污降碳措施可行性论证及方案比选，提出协同控制最优方案。鼓励有条件的地区、企业探索实施减污降碳协同治理和碳捕集、封存、综合利用工程试点、示范。

（5）2021 年 9 月，中共中央办公厅、国务院办公厅印发《关于深化生态环保补偿制度改革的意见》指出，在合理科学控制总量的前提下，建立用水权、排污权、碳排放权初始分配制度。加快建设全国用能权、碳排放权交易市场，健全以国家温室气体自愿减排交易机制为基础的碳排放权抵消机制，将林业、可再生能源、甲烷利用等领域温室气体自愿减排项目纳入全国碳排放权交易市场等内容。

（6）2021 年 10 月，中共中央、国务院印发《关于完整准确全面贯彻新发展理念做好碳达峰碳中和工作的意见》指出，到 2025 年，绿色低碳循环发展的经济体系初步形成，重点行业能源利用效率大幅提升。单位国内生产总值能耗比 2020 年下降 13.5%；单位国内生产总值二氧化碳排放比 2020 年下降 18%；非化石能源消费比重达到 20% 左右；森林覆盖率达到 24.1%，森林蓄积量达到 180 亿立方米，为实现碳达峰、碳中和奠定坚实基础。到 2030 年，经济社会发展全面绿色转型取得显著成效，重点耗能行业能源利用效率达到国际先进水平。单位国内生产总值能耗大幅下降；单位国内生产总值二氧化碳排放比 2005 年下降 65% 以上；非化石能源消费比重达到 25% 左右，风电、太阳能发电总装机容量达到 12 亿千瓦以上；森林覆盖率达到 25% 左右，森林蓄积量达到 190 亿立方米，二氧化碳排放量达到峰值并实现稳中有降。到 2060 年，绿色低碳循环发展的经济体系和清洁低碳安全高效的能源体系全面建立，能源利用效率达到国际先进水平，非化石能源消费比重达到 80% 以上，碳中和目标顺利实现，生态文明建设取得丰硕成果，开创人与自然和谐共生新境界。

（7）2021 年 10 月，国务院关于印发《2030 年前碳达峰行动方案的通知》指出重点实施能源绿色低碳转型行动、节能降碳增效行动、工业领域碳达峰行动、城乡建设碳达峰行动、交通运输绿色低碳行动、循环经济助力降碳行动、绿色低碳科技创新行动、碳汇能力巩固提升行动、绿色低碳全民行动、各地区梯次有序碳达峰行动等"碳达峰十大行动"。

（8）2021 年 10 月，发改委、工信部、生态环境部、市场监管总局、能源局联合发布《石化化工行业重点行业严格能效约束推动节能降碳行动方案（2021～2025 年）》《冶金、建材重点行业严格能效约束推动节能降碳行动方案（2021～2025 年)》，提出到 2025 年，通过实施节能降碳行动，钢铁、电解铝、水泥、平板玻璃、炼油、乙烯、合成氨、电石等重点行业和数据中心达到标杆水平的产能比例超过 30%，行业整体能效水平明显提升，碳排放强度明显下降，绿色低碳发展能力显著增强。到 2030 年，重点行业能效基准水平和标杆水平进一步提高，达到标杆水平企业比例大幅提升，行业整体能效水平和碳排放强度达到国际先进水平，为如期实现碳达峰目标提供有力支撑。

（9）2021年11月，中共中央、国务院发布《关于深入打好污染防治攻坚战的意见》，提出深入推进碳达峰行动。处理好减污降碳和能源安全、产业链供应链安全、粮食安全、群众正常生活的关系，落实2030年应对气候变化国家自主贡献目标，以能源、工业、城乡建设、交通运输等领域以钢铁、有色金属、建材、石化化工等行业为重点，深入开展碳达峰行动。在国家统一规划的前提下，支持有条件的地方和重点行业、重点企业率先达峰。统筹建立二氧化碳排放总量控制制度。建设完善全国碳排放权交易市场，有序扩大覆盖范围，丰富交易品种和交易方式，并纳入全国统一公共资源交易平台。加强甲烷等非二氧化碳温室气体排放管控。制定国家适应气候变化战略2035。大力推进低碳和适应气候变化试点工作。健全排放源统计调查、核算核查、监管制度，将温室气体管控纳入环评管理。

（10）2022年2月，中共中央、国务院发布《关于做好2022年全面推进乡村振兴重点工作的意见》。提出推进农业农村绿色发展，扎实开展重点领域农村基础设施建设，主要包括研发应用减碳增汇型农业技术，探索建立碳汇产品价值实现机制以及推进农村光伏、生物质能等清洁能源建设等内容。

（11）2022年3月，中共中央、国务院发布《关于加快建设全国统一大市场的意见》。从打造统一的要素和资源市场等六方面提出建设全国统一的能源市场、培育发展全国统一的生态环境市场等23项要求，其中包括建设全国统一的碳排放权交易市场；推进排污权、用能权市场化交易；推动绿色产品认证与标识体系建设，促进绿色生产和绿色消费等内容。

（12）2022年10月，党的二十大报告指出，积极稳妥推进碳达峰碳中和。实现碳达峰碳中和是一场广泛而深刻的经济社会系统性变革。立足我国能源资源禀赋，坚持先立后破，有计划分步骤实施碳达峰行动。完善能源消耗总量和强度调控，终点控制化石能源消费，逐步转向碳排放总量和强度"双控"制度。推动能源清洁低碳高效利用，推进工业、建筑、交通等领域清洁低碳转型。深入推进能源革命，加强煤炭清洁高效利用，加大油气资源勘探开发和增储上产力度，加快规划建设新型能源体系，统筹水电开发和生态保护，积极安全有序发展核电，加强能源产供储销体系建设，确保能源安全。完善碳排放统计核算制度，健全碳排放权市场交易制度。提升生态系统碳汇能力。积极参与应对气候变化全球治理。

（二）具体措施

（1）2020 年 12 月，生态环境部发布《碳排放权交易管理办法（试行）》。生态环境部按照国家有关规定，组织建立全国碳排放权注册登记机构和全国碳排放权交易机构，组织建设全国碳排放权注册登记系统和全国碳排放权交易系统。全国碳排放权交易机构负责组织开展全国碳排放权集中统一交易。属于全国碳排放权交易市场覆盖行业和年度温室气体排放量达到 2.6 万吨二氧化碳当量应当列入温室气体重点排放单位名录。碳排放配额分配以免费分配为主，可以根据国家有关要求适时引入有偿分配。生态环境部根据国家温室气体排放控制要求，综合考虑经济增长、产业结构调整、能源结构优化、大气污染物排放协同控制等因素，制定碳排放配额总量确定与分配方案等内容。

（2）2021 年 7 月，我国全国碳排放权交易市场正式开市，标志着我国碳交易迈入一个新时代。全国碳市场的碳排放权注册登记系统由湖北省牵头建设、运行和维护，交易系统由上海市牵头建设、运行和维护，数据报送系统依托全国排污许可证管理信息平台建成。发电行业是我国首个纳入碳交易市场的行业，市场配额以免费分配为主，政府设定一定期限（履约期）内碳排放总量控制目标，以此确定企业的碳排放配额量。由于减排能力与减排需求不同，企业可以通过碳交易市场进行碳排放配额的买卖，最终使地区碳排放总量得到有效控制。目前，纳入发电行业重点排放单位 2162 家，覆盖约 45 亿吨二氧化碳排放量，是全球规模最大的碳市场。

三、政府双碳监管研究热点

（一）碳排放统计核算的挑战

国家碳排放核算是准确掌握我国碳排放变化趋势、有效开展各项碳减排工作、促进经济绿色转型的基本前提，是积极参与应对气候变化国际谈判的重要支撑。目前，联合国政府间气候变化专门委员会（IPCC）发布的一系列《国家温室气体清单指南》（以下简称《清单指南》）及相关配套文件，对温室气体排放概念及核算方法进行了权威说明。温室气体主要包括二氧化碳、甲烷、氧化亚氮和含氟气体等。世界气象组织2018 年发布的《温室气体公报》显示，1990 年以来全球"辐射强迫"效应增量中，二氧化碳排放的贡献占比达 82%，无疑是最主要的温室气体。围绕二氧化碳排放量（以下简称"碳排放"）的核算工作也因此成为温室气体排放核算的重中之重。碳排放主要来自能源利用及部分工业生产过程，这两个来源的碳排放核算方法如下：

（1）核算能源利用碳排放的主流做法包括部门法和参考法两种。部门法主要是以各个经济部门活动为核算对象，以一定时间段（如 1年）内的分品种燃料消耗，与燃料的低位热值、单位热值的碳含量及氧化率三个参数相乘（这三个参数相乘，即可看作是能源碳排放因子），得到各部门碳排放量，然后再加总得到经济活动中能源利用产生的碳排放总量。相比部门法，参考法以化石能源（煤、油、气）的表观消费量为基础数据，再分别乘上平均碳排放因子得到总的碳排放量。参考法相对粗略，在当前编制国家碳排放清单过程中主要用于从宏观趋势上校验部门法的计算结果。不过基于参考法的核算工作比较方便快捷，在掌握各品种能源碳排放因子变化规律的前提下，可根据能源统计的宏观结果方便地开展碳排放年度核算工作。

（2）核算工业生产过程产生碳排放，参照国际主流做法，主要包括水泥、玻璃、合成氨、纯碱、铁合金及铝、镁和铅锌冶炼过程中的碳排放。主要做法是将行业活动水平的代表性指标与实测的单位活动水平的排放因子相乘得到。国际碳排放核算现状及对我国碳排放高估的情况。IPCC 早期组织的《清单指南》编撰工作主要由发达国家的研究机构及专家参与完成，尽管近年来发展中国家参与度逐步提升，如《IPCC 清单指南 2019》的编制工作中，来自发展中国家的专家占比已经达到 42%，显著高于《IPCC 清单指南 2006》编制工作时的 24%，但因 2019 年版的《清单指南》是对原有指南的补充和完善，总体而言发展中国家的影响力仍很有限。随着应对气候变化在全球治理体系中的重要性不断提升，我国在国际气候谈判和国内碳减排工作上都将面临越来越大的压力，同时碳排放核算的国际规则还在不断更新完善，我国现有核算体系已经越来越难以适应新的形势、支撑相关科学决策，亟须加快调整完善[1]。

（二）碳排放数据质量的管理

实现"碳达峰""碳中和"，是党中央统筹国内国际两个大局作出的重大战略决策，是推动我国高质量发展的内在要求。做好碳排放数据质量管理工作，不但是保障全国碳排放交易市场平稳有序运行的一项重要举措，更关系到相关战略的有力有效落实。2022 年，全国碳市场完成第一个履约周期，暴露出了较为突出的数据质量管理问题，碳排放数据失真频频发生，碳排放数据失真将会严重影响市场信用，严重影响碳市场功能的发挥，触碰国家政策公信力的底线和生命线。碳排放数据的真实性、准确性，直接关系到政府决策。准确可靠的数据是科学决策的前提。我国从 2011 年开始就在 7 个省份开展了碳市场试点。通过多年试点，在碳排放核算、配额分配、核查、履约清缴这些制度方面积累了宝贵经验。这些成绩都基于真实准确的碳排放数据。碳排放数据的真实性、准确性，直接关系碳市场健康发展。市场要进行交易，最基本的就

---

① 李继峰，郭焦锋，高世楫，顾阿伦. 国家碳排放核算工作的现状、问题及挑战 [J]. 发展研究，2020（6）：9－14.

是要确保碳排放数据的真实准确。数据虚报、瞒报、弄虚作假等违法违规行为严重影响碳市场的公平性，不利于碳市场的健康发展。我国碳市场建设是一项重大的制度创新，虽然有多年的试点基础，但对于全社会来说还是一个新鲜事物，存在很多需要进一步完善的地方。在推进过程中，确保碳排放数据质量至关重要，这是我国碳排放管理以及碳市场健康发展的重要基础，也是我国碳市场建设工作的重中之重。

（三）碳排放权交易市场运行与管理

碳排放权交易市场是利用市场机制控制和减少温室气体排放，推动绿色低碳发展的一项制度创新，也是落实我国二氧化碳排放力争于2030年前达到峰值、努力争取2060年前实现碳中和的国家自主贡献目标的重要核心政策工具。国内外实践表明，碳市场是以较低成本实现特定减排目标的政策工具，与传统行政管理手段相比，既能够将温室气体控排责任压实到企业，又能够为碳减排提供相应的经济激励机制，降低全社会的减排成本，并且带动绿色技术创新和产业投资，为处理好经济发展和碳减排的关系提供了有效的工具。我国自2013年起在七个试点省市探索碳交易机制，预计于2021年中启动全国碳交易市场（限于火电行业），石化、化工、建材、钢铁、有色、造纸、航空等重点行业将陆续纳入碳交易体系之中。根据试点市场多年现货交易数据，碳市场呈现交易量过低、市场不活跃、碳价格的市场化属性体现不明显等问题。

（四）碳定价的确定

碳定价政策是解决气候变化经济影响负外部性、纠正市场失灵的一种手段，改变将排放空间视为公共物品的传统认知，赋予二氧化碳排放量以市场属性，刺激技术创新和市场创新，给经济增长注入新的低碳动力，被认为是应对气候变化最主要的市场化政策工具。合理碳定价对各方形成激励和约束，调动社会资源配置向低碳领域倾斜，使得企业自觉地采取行动，不断迈向碳中和目标。因为在碳价水平确定后，碳排放较高的企业就不得不通过减少旧产能或增加对于减少碳排放技术和替代技术路径研发投资的方式来降低碳排放。有了这样的碳价，金融机构就可以进行压力测试，可以预判不同企业在预期减少碳排放路径的要求下，其成本的增减情况，从而判定企业所面临的财务状况的改变和违约风险的大小。这些判断会引导金融机构自觉去平衡风险与收益，引导金融资源主动向低碳项目进行配置。碳定价在执行层面主要有碳税和碳交易机制两种形式，前者是政府通过税收直接确定碳价格，以弥补碳的市场价格缺失；后者是创造一个交易市场，在政策设定的排放总量限制下由参与市场的交易主体形成价格。作为纠正碳排放负外部性的工具，两者各具优势和劣势，都有其价值，两者之间也不排斥，如果政策设计得当，都可以发挥有效作用，因此，碳定价是影响碳市场作用发挥的重要因素。

（五）政府与市场关系处理

实现"碳达峰""碳中和"目标是我国对国际社会的庄严承诺，也是推动高质量发展的内在要求。推进"双碳"目标应坚持系统观念，推动有效市场和有为政府有机结合。首先，充分发挥市场配置资源的决定性作用，引导各类资源、要素向低碳发展集聚，用好碳交易、绿色金融等市场机制，激发各类市场主体低碳转型的内生动力和创新活力。全国碳排放权交易市场自 2021 年 7 月启动，总体上看，碳市场运行健康有序，交易价格稳中有升，促进企业减排温室气体和加快低碳转型的作用初步显现。其次，切实发挥政府作用，加快建章立制，做好预期引导和基础工作，有序推动经济社会发展全面低碳转型。要加快建立促进低碳发展的制度体系和政策体系，打好包括法律、规划、规则、标准、宣教在内的组合拳，强化统筹协调和督察考核，做好任务分解与落实情况的督察考核。注意发挥好经济政策的"杠杆"作用。比如，在落实新能源和清洁能源车船税收优惠时，通过税收调节抑制不合理需求，研究以碳税方式约束高排放行为。以及政府加大低碳产品采购力度，鼓励地方开展绿色智能家电下乡和以旧换新，促进绿色低碳消费等。与此同时，要深化能源和相关领域改革，敢于打破利益藩篱，大力破除制约低碳发展的体制机制障碍。最后，政府和市场各有分工、各有擅长，要协调配合、协同发力，通过"两手并用"发挥出最大效能。根据国内外主流机构的测算，"碳达峰""碳中和"需要的大规模资金投入。为满足巨量资金需求，必须进行市场运作，发动社会力量广泛参与。应充分发挥政府投资引导作用，积极发展绿色金融，构建与"碳达峰""碳中和"相适应的投融资体系①。

---

① 黄少中，尹明系.实现碳达峰碳中和目标需有为政府与有效市场组合发力［N］.中国能源报，2022.

第三章

2021～2022 年国外政府监管
研究进展与热点分析

第一节 国外政府监管研究的总体情况与演进历程

为确保文献质量与权威性，本研究选取的文献源于科技文献数据库（Web of Science，WOS）核心合集数据库，引文索引限定为社会科学引文索引（Social Sciences Citation Index，SSCI），检索时间跨度为 1990～2022 年，检索主题为"regulation""regulatory""supervision"，文献类型为期刊文献，WOS 研究分类为经济类，通过除重、筛除无关文献与图书章节、撤销稿件、会议论文等操作进行数据清洗，最终得到 20256篇样本文献。进一步，以样本文献为基础，借助文献计量软件 Citespace6.1.6 梳理国外政府监管研究的整体情况与演进历程。

一、国外政府监管研究的总体情况

（一）发文数量

1990～2022 年国外政府监管研究的文献数量整体呈递增的趋势，

具体情况如图3-1所示①。历经30余年，国外政府监管研究不断深化发展，从20世纪90年代初期年发文数量仅有百余篇起步，至今年发文数量已经突破千余篇，该领域成果逐渐丰富、影响力持续提高。从整体趋势的变动特征来看，国外政府监管研究大致历经三个重要阶段：

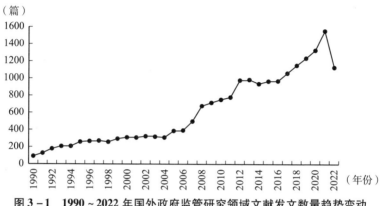

图3-1　1990～2022年国外政府监管研究领域文献发文数量趋势变动

第一阶段为起步发展阶段（1990～2004年）：在这一阶段中，国外政府监管研究领域的成果较少，年平均发文数量仅有155篇左右且成果逐年变动幅度较小，为20篇左右，这一时期的研究尚处于起步探索并稳步发展的阶段。

第二阶段为突破发展阶段（2005～2016年）：在这一阶段中，国外政府监管研究发文数量呈现"平稳—跳跃—平稳"的趋势，分别在2009年与2012年发生两次重大突破。产生这一特点的原因主要在于，上一阶段的持续探索积累了充足的研究成果，为后续研究发展奠定了扎实的基础，更为重要的是，重大历史事件的发生成为该领域研究突破发展的助推器。具体而言，2007年美国次贷危机已经初现端倪，监管缺位致使2008年爆发了全球金融危机，金融系统缺陷引发关注，如何降低系统性风险，保持金融市场稳定成为重要议题。在此背景之下，关于

---

① 本章数据如无特殊说明均来自WOS数据库。

金融与银行业监管问题的研究突发增长，2009 年国外政府监管研究发文数量达到 718 篇，是 2005 年（上一阶段末年）发文数量的 1.86 倍，成为这一阶段第一个重大突破时点。之后，欧洲债务危机持续蔓延，到 2011 年欧元区第三大经济体意大利经济几近崩溃，经济环境不容乐观。不仅如此，这一时期自然灾害和环境污染问题频发，如 2010 年美国墨西哥湾原油泄漏，创美国历史之最，2011 年日本东北海岸发生灾难性海啸和地震，引发福岛核电站危机，2012 年世界卫生组织甚至预计在全球范围内将有 1260 万人因大气、水、土壤污染等环境污染问题死亡。信贷危机、金融风险、环境污染、能源安全等诸多问题持续发酵，继续引发对弥补市场失灵、实现可持续发展的思考与探索，推进政府监管相关研究迫在眉睫。由此，2012 年政府监管研究文献数量达到 979 篇，较上一年度增长了 25%，成为这一阶段第二个重大突破时点。

第三阶段为高速发展阶段（2017 年至今）：在这一阶段中，国外政府监管研究发文数量显著增加，年度平均发文数量高达 1244 篇，且 2016～2021 年实现稳步快速增长，逐年增长发文数量约 117 篇。值得说明的是，该阶段出现峰值，即 2021 年发文 1556 篇，但 2022 年发文数量明显下降，发文数量为 1129 篇。产生这一变动的可能原因如下：一是 WOS 数据库文献更新具有滞后性，截至本书数据统计时间，2022 年发文数量低于实际值。二是 2019 年底暴发新冠肺炎疫情，由此引发诸多亟须解决的新型监管问题，推动该领域中疫情相关研究快速发展，导致研究成果短期激增。三是国外政府监管研究领域即将进入下一个发展阶段，由于该领域研究日趋成熟，可能从高速发展向高质量发展转变，因此发文数量有所回落，2022 年成为阶段转变节点。综上所述，2022 年是否成为拐点需要持续追踪后续变动情况，但是就目前整体趋势而言，这一阶段该领域发文数量的整体势头仍然强劲，处于快速发展时期。

（二）发文期刊

1990～2022 年国外政府监管研究领域发文数量排名前十的 SSCI 期

刊具体信息如表 3 - 1 所示。发文量居前 10 的外文期刊共发表文献 4811 篇,占 WOS 数据库样本总量的 23.48%,是该领域研究成果发表的核心阵地。发文量排名第一位的刊物《能源政策》(*Energy Policy*)共计发文 1565 篇,占排名前十外文期刊总发文量的 1/3,是推动国外政府监管研究最重要的刊物,尤其是在环境规制与能源监管问题上发挥了举足轻重的作用。

表 3 - 1　　　　　1990～2022 年国外政府监管研究领域
发文数量排名前 10 的期刊信息汇总

期刊名称	出版地区	发文数量（篇）	影响因子	
			2017 年	2021 年
《能源政策》(*Energy Policy*)	英国	1565	4.039	7.576
《银行与金融杂志》(*Journal of Banking & Finance*)	荷兰	562	1.937	3.539
《管制经济学杂志》(*Journal of Regulatory Economics*)	荷兰	518	1.000	1.553
《能源经济学》(*Energy Economics*)	荷兰	441	3.910	9.252
《生态经济学》(*Ecological Economics*)	荷兰	383	3.895	6.536
《环境经济学与管理杂志》(*Journal of Environmental Economics and Management*)	美国	323	2.635	5.84
《应用经济学》(*Applied Economics*)	英国	310	0.750	1.916
《环境资源经济学》(*Environmental & Resource Economics*)	荷兰	279	1.961	4.955
《世界发展》(*World Development*)	英国	225	3.166	6.678
《金融稳定杂志》(*Journal of Financial Stability*)	美国	205	2.032	3.554

注：期刊影响因子数据来源于 https: jcr. clarivate. com/jcr/home。

从刊物出版地区来看,发文量前 10 的期刊均为欧美国家主编的刊物且国家分布相对集中,按照期刊数量由高到低的国别排序依次为荷兰、英国、美国,分别主编刊物数量为 5 本、3 本与 2 本。荷兰与美国所创办的期刊多为具体专业的核心期刊,如《银行与金融杂志》

（*Journal of Banking & Finance*）（荷兰）、《环境经济学与管理杂志》（*Journal of Environmental Economics and Management*）（美国），而英国所创办期刊偏向综合类，如《应用经济学》（*Applied Economics*）与《世界发展》（*World Development*），后者还涉及政治学、社会学的相关研究。

从刊物名称及其主攻研究方向来看，发文量前 10 的期刊主要集中刊发与能源经济学、环境与生态经济学以及金融学相关的政府监管问题。此外，《管制经济学杂志》（*Journal of Banking & Finance*）作为政府监管研究领域的代表性刊物，累计刊文 518 篇，发文量位居第三；《应用经济学》（*Applied Economics*）作为应用经济学领域的综合性期刊也十分关注政府监管问题，既涉及金融监管、价格管制、行业自监管等经济学规制问题，也涉及环境规制、碳交易政策等环境规制问题；《世界发展》（*World Development*）是发展经济学的代表性期刊，尤其关注社会性监管问题，如环境规制、食品安全监管、森林保护规制等。

从刊物影响力方面来看，发文量前十的期刊影响力均有所提升，2021 年十本期刊的平均影响因子为 5.740，而 2017 年相应指标值仅为 2.703，五年时间影响因子增长了 90.17%，近乎翻倍。这反映出，政府监管研究领域的成果发展与期刊的影响力水平相辅相成，受到更多关注，该领域研究的学术影响力持续提升。

（三）知识基础

在文献计量领域，当两篇文献共同出现在第三篇文献的参考文献目录中时，这两篇文献就形成了其被引关系（Co－Citation），其被引文献的集合构成了同一研究领域的知识基础。通过 Citespace 软件共被引分析功能，我们提炼出 1990～2022 年国外政府监管研究中被引强度较高的文献，是该领域研究发展中重要的知识基础，如表 3－2 所示。

表 3 - 2　　1990~2022 年国外政府监管研究领域高频共被引文献

文献名称	作者	频次	时间
《银行治理、监管和风险承担》（*Bank Governance, Regulation and Risk Taking*）	莱文（Laeven）	50	2009
《资本如何影响金融危机期间的银行绩效?》（*How Does Capital Affect Bank Performance During Financial Crises?*）	伯杰（Berger）	48	2013
《宏观审慎政策的使用和有效性：新证据》（*The Use and Effectiveness of Macroprudential Policies：New Evidence*）	塞鲁迪（Cerutti）	47	2017
《计量经济学分析》（*Econometric Analysis*）	格林（Greene）	46	2011
《条件风险价值》（*CoVaR*）	艾德里安（Adrian）	42	2016
《环境政策与生产力增长：跨行业和公司的证据》（*Environmental Policies and Productivity Growth：Evidence Across Industries and Firms*）	阿尔布里齐奥（Albrizio）	42	2017
《环境监管会挤出外来直接投资吗？来自中国的准自然实验证据》（*Does Environmental Regulation Drive Away Inbound Foreign Direct Investment? Evidence from a Quasi-natural Experiment in China*）	蔡熙乾（Cai Xiqian）	40	2016
《银行资本和股息外部性》（*Bank Capital and Dividend Externalities*）	阿查里雅（Acharya）	39	2017
《回顾 20 年前的波特假说：环境监管能够提升创新和竞争力吗？》（*The Porter Hypothesis at 20：Can Environmental Regulation Enhance Innovation and Competitiveness?*）	安贝克（Ambec）	38	2013
《全球信贷危机：为什么一些银行表现更好？》（*The Credit Crisis Around the Globe：Why did Some Banks Perform Better?*）	贝尔特拉蒂（Beltratti）	37	2012
《这次不一样：八百年金融危机史》（*This Time is Different：Eight Centuries of Financial Folly*）	莱因哈特（Reinhart）	36	2009
《劳动力市场监管》（*The Regulation of Labor*）	博特罗（Botero）	36	2004
《估计财务面板数据集的标准误：比较方法》（*Estimating Standard Errors in Finance Panel DatSets：Comparing Approaches*）	彼得森（Petersen）	35	2009
《解读 2007~2008 年的流动性和信贷危机》（*Deciphering the Liquidity and Credit Crunch 2007-2008*）	布鲁纳迈尔（Brunnermeier）	33	2009
《电信竞争》（*Competition in Telecommunications*）	拉丰（Laffont）	32	2001

1990~2022 年国外政府监管领域的重要知识基础形成在 21 世纪之后，其中 10 篇文献刊发于突破发展期，是国外政府监管领域发展过程中的重要文献支撑。从文献内容来看，金融监管、环境规制、劳动监管与垄断行业监管这四个研究主题形成了明显的知识基础，其中金融监管与环境规制的知识基础最为夯实，这在一定程度上反映出相关研究方向的研究成果更丰富且研究深入程度较高。

其一，在金融监管领域中，包括莱文（2009）、伯杰（2013）、塞鲁迪（2017）、艾德里安（2016）、阿查里雅（2017）、贝尔特拉蒂（2012）、莱因哈特（2009）和布鲁纳迈尔（2009）在内的 8 篇高频共被引文献构成了该领域的重要知识基础。银行作为金融系统运用的微观主体，对银行业的监管是保持金融稳定的重要措施，莱文（2009）、伯杰（2013）、阿查里雅（2017）和贝尔特拉蒂（2012）的研究为推动银行业监管研究的深入发展起到了重要作用。莱文（2009）首次对银行风险承担、所有权结构、银行监管强度三者关系进行了实证研究。实证结果表明银行的风险承担与银行的治理结构中股东的相对权力呈正相关关系，即拥有多元化所有者的银行倾向于承担更大的风险；银行风险与银行监管之间的关系取决于银行的股权结构，由于银行的所有权结构差异，同样的监管方式对银行风险承担行为的影响可能是正向或负向的。由于金融危机后银行体系具有脆弱性，该研究发现所有权结构是影响银行风险承担行为的重要成因，进而提出应该根据银行所有权结构实施分类监管的方案。伯杰（2013）研究了金融危机时期和正常时期资本对银行绩效的影响。研究发现，资本有助于小型银行在任何时期提高生存率和市场份额，而在银行业危机期间资本主要提升了大中型银行的业绩，进而建议银行资本监管应考虑银行规模异质性以及资本产生作用的时间周期。阿查里雅（2017）提出了新的模型以缓解与规避银行在危机期间持续支付利息，致使其产生越来越大损失的行为，研究表明，当银行股息负外部性很强时，与协调政策相比，私人均衡能带来超额红利从而使银行综合权益最大化。贝尔特拉蒂（2012）运用全球各大银行的股票收益率数据来分析在金融危机期间导致银行表现不佳的重要因素。研究发现，一级资本更多、存款更多、对美国房地产的敞口更小、融资脆弱性更小的大型银行表现更好。同时，经常账户盈余国家的银行表现要好得多，而银行体系对美国敞口较大的国家的银行表现更差。上述文献不仅对认识银行业的潜在风险，完善银行监管政策，提升银行监管效率具有指导价值，也为学者深入探究银行微观行为的成因，衡量银行业绩效表现差异等方面打开思路，推动银行监管的理论发展。

　　2008年全球金融危机爆发后，为从金融危机历史中吸取教训，学者们关注金融危机成因，并对金融监管问题进行反思与探索。莱因哈特（2009）通过回顾66个国家和地区的800多年国际金融危机历史，基于大规模样本对金融危机进行全面的定量分析，并将研究重点聚焦于主权债务危机和银行业危机两种危机类型，发现在经济繁荣期过度举债是导致危机爆发的主要原因。布伦纳迈尔（2009）认为住房价格全面下跌而引发的抵押贷款拖欠率增加是金融危机的导火索，并发现2008年金融危机与"经典的银行危机"十分类似，不同之处仅在于更高的证券化程度，证券化使相互连接的债务网更加不透明。作者全面阐述了有助于解释金融风暴成因的放大机制，为搭建新的金融监管架构提供参考。金融危机引起人们对防范系统性金融风险的重视，艾德里安（2016）提出了一个预测系统性风险的度量方式，即以金融机构处于困境为条件下的金融系统风险价值（CoVaR）；通过对公开交易金融机构的CoVaR估计，量化杠杆、规模和期限错配对预测系统性风险的贡献程度。这一研究为度量金融系统风险提供了新的思路，进而有助于研究宏观审慎监管问题。进一步，由于金融危机前建立的"微观审慎"监管框架存在缺陷，而"宏观审慎"监管认识到一般均衡效应的重要性，有助于保护整个金融体系，金融监管逐渐转向宏观审慎方向发展。塞鲁迪（2017）利用国际货币基金组织的一项有关2000～2013年119个国家使用宏观审慎政策的情况，分析得到相比发达国家而言，新兴经济体更频繁使用宏观审慎政策，且前者更多地使用基于借款人的政策，后者主要使用与外汇相关的政策，研究还表明虽然稳健政策有助于管理金融周期，但在经济萧条时效果会被削弱。此研究为构建完善的宏观审慎监管框架产生了重要作用。

其二，在环境规制领域中，包括阿尔布里齐奥（2017）、蔡熙乾（2016）和安贝克（2013）在内的 3 篇高频共被引文献是该领域重要的知识基础。由于环境污染、气候变化等现象逐渐严峻，各国先后出台多种环境政策以降低生产经营活动的负外部性，但环境政策制定是否合理、环境监管是否效率需要通过经验数据予以检验，这对优化政府监管效果具有重要作用，阿尔布里齐奥（2017）和蔡熙乾（2016）的研究具有重要的借鉴意义。前者在经合组织国家中研究环境政策缩紧对工业和企业层面生产率增长产生的影响，研究拓展了新熊彼特生产率模型，使用新的环境政策严格性指数，将环境政策的影响纳入其中，发现在技术最先进的国家，环境政策的收紧与工业水平生产率增长的短期提升有关，并且这种影响随着与全球生产力前沿距离的增加而削弱，最终变得微不足道。后者以中国政府 1998 年提出的政策展开准自然实验，运用差分法基于行业、城市、时间三个维度，实证研究环境规制是否影响外商直接投资，结果表明严格的环境规制会减少外商直接投资，其中若跨国公司来自环境保护水平高于中国的地区，其投资行为对环境监管收紧的反应较为迟缓，反之，严格的环境规制会使来自环境保护水平低于中国地区的跨国公司产生强烈的负面反应。

学科发展离不开基础理论的深化，自 1995 年起，哈佛大学商学院教授迈克尔·波特（Michael Porter）对新古典经济学传统理论发起挑战，认为环境规制与竞争力、经济发展之间并不是完全对立的。相反，更加严格但设计合理的环境规制，特别是基于市场的环境税、污染排放许可交易机制等手段，能够激发创新，提高产品质量，从而能够部分甚至完全对冲因遵循环境规制引发的成本，使得厂商在国际市场更具有竞争优势，这被称为"波特假说"。波特假说为学者研究环境监管与经济发展之间的关系提供了全新的视角，成为环境规制领域重要的理论基础，受到学术界广泛关注。安贝克（2013）梳理了波特假说的关键理论基础和经验证据，诠释了波特假说理论对环境规制政策与工具设计的影响机理，并对有关探讨环境规制、创新和竞争力之间关系的未来研究方向提出展望，为促进创新和竞争力的环境监管政策设计提供理论性参考。安贝克对波特假说理论的梳理，有助于深化对环境规制基础理论的认识，为环境规制领域基础理论的深化发展奠定基础。

其三，在劳动力与就业市场监管领域，博特罗（2004）以85个国家的就业、集体关系和社会保障法来研究其劳动力市场监管，并认为各国的监管模式在很大程度上是由移植的法律结构决定的。与政治力量相比，各国的法律渊源对劳动力市场监管模式的影响更显著。更严格的劳动监管导致更低的劳动力参与率和更高的失业率，而该效应对年轻人群体的影响更为明显，这与传统效率理论预测的更严格的劳动力市场监管应该导致更低的失业率并不一致。该研究发现法律起源、劳动法规水平是影响劳动力市场监管的重要因素，并对传统效率理论质疑，丰富了劳动力市场监管的理论基础与经验证据，为进一步优化劳动力监管效率提供了新思路。

其四，在自然垄断行业监管中，拉丰和梯若尔（2001）的研究是该领域的重要知识基础，专著《电信竞争》（*Competition in Telecommunications*）应用产业组织、激励性规制等理论对电信规制、市场开放、定价、网间互联、普遍服务等电信行业改革和竞争的焦点问题进行分析，同时也对发达国家开展的电信改革进行对比分析，对电信业改革、竞争、有效规制提供了颇具启发性的观点。该研究对自然垄断行业的监管改革，特别是对深化电信、电力、水务、铁路等网络型的自然垄断产业监管研究产生重要的指导意义，助力于提升自然垄断行业竞争力与经营效率。

此外，实证研究是国外政府监管研究领域内重要的研究方法，基于实践经验数据的实证研究能够检验政府监管理论的发展成果，分析政府监管政策与工具的现实成效，从而增强政府监管研究的理论价值与现实意义。格林（2011）和彼得森（2009）所著文献构成该领域研究方法的重要知识基础，反映出计量经济学发展对政府监管领域研究的重要推动作用。其中，格林所著的《计量经济学分析》（*Econometric Analysis*）一书，是计量经济学的经典参考书目，书中涵盖了广泛的计量经济学模型与主题，如经典多元线性回归模型、固定与随机效应模型、工具变量等，同时演示了大量标准与非标准的案例，成为政府监管领域学者开展计量分析的重要参考依据。彼得森（2009）针对有关公司金融与资产定价的实证分析过程中回归结果会出现标准误偏差的问题，结合不同文献案例，解释说明了不同方法会在什么条件下产生有偏差的回归结果。该研究能够为研究人员的后续实证研究工作提供指导，提升实证分析过程的严谨性，从而增强研究结论的稳健性。

二、国外政府监管研究的演进历程

应用 Citespace 提供的突发性探测（burst detection）功能识别国外政府监管研究领域中关键词衰落或者兴起的情况，有助于明确国外政府监管领域的研究演进情况及最新的前沿趋势。结合表 3－3，本书发现国外政府监管研究领域演进的整体历程大致可以概括为如下几个方面：

表 3－3　　1990～2022 年国外政府监管研究领域突现关键词汇总

突现关键词	突现强度	突现时间	
		起始年份	终止年份
经济性规制（economic regulation）	23.03	1990	2002
不对称信息（asymmetric information）	17.66	1990	2008
垄断（monopoly）	16.06	1991	2007
污染控制（pollution control）	18.56	1993	2008
环境政策（environmental policy）	29.75	1994	2012
银行监管（bank regulation）	7.36	1995	2006
激励规制（incentive regulation）	12.62	1995	2009
环境规制（environmental regulations）	21.58	1999	2008
资产流动性（liquidity）	34.90	2014	2019
金融监管（finacial regulation）	15.87	2015	2017

续表

突现关键词	突现强度	突现时间	
		起始年份	终止年份
影响（impacts）	38.46	2017	2022
可再生能源（renewable energy）	37.34	2018	2022
系统性风险（systemic risk）	22.34	2018	2020
能源（energy）	23.73	2019	2020
气候变化（climate change）	21.04	2020	2022

　　第一，国外政府监管研究始于经济性规制，而后社会性规制才逐渐兴起。经济性监管是国外政府监管领域早期研究的主要热点，从文献检索最早年份1990年开始就出现了关键词突现，这一时期国外学者主要研究方向集中于自然垄断行业、公用事业监管、价格规制、资产监管等方面。1994年开始，国外学者开始关注环境政策，而后环境监管成为社会性监管领域的主要研究热点，围绕波特假说，大量相关实证研究涌现，监管经济学与环境科学、生态经济学、区域经济学、新经济地理学、法学、国际贸易等学科及领域交叉融合趋势逐渐增强。随后，食品安全规制、卫生健康监管等健康监管领域的研究也逐渐丰富。

　　第二，信息不对称问题和垄断问题是最初推动政府监管领域发展的重要问题。市场中的交易者对信息掌握程度不同，造成了信息差，信息掌握充分者更具有优势，但这会损害信息贫乏人员的利益，甚至可能对公共利益产生消极影响，削弱社会总体福利水平，例如产品质量低下会损害消费者的利益，特别是在食品药品领域，消费品质量不合规会威胁到消费者的健康生命安全，因此需要政府予以规制。对于自然垄断行业，由于其具有成本弱增性，能够产生规模与范围经济，但若不对自然垄断企业进行规制，其在市场中形成的强大垄断力量使其可以通过提高定价谋取超额利润，扭曲社会资源配置。此外，在竞争领域中也可能出现垄断行为，损害市场效率与社会福利，因此同样需要政府采取反垄断措施进行规制。

第三，环境规制和金融监管是国外政府监管研究领域的两个最重要的主题，不断深化发展。在环境规制领域，早于1993年开始，国外学者就关注到环境污染问题，政府监管重点在于污染控制，演进至今气候变化成为推动环境规制进展的另一个重要因素。此外，因为环境治理的需要，可再生能源逐步发展，对可再生能源监管，以及传统能源使用效率的提升也成为政府监管的研究热点。在金融监管领域，研究先关注资产流动性，后来更加关注系统性风险。

第四，国外政府监管研究从规制理论的探讨，逐步加入对规制政策影响的研究。研究开始更侧重于分析如何制定合理的政府监管机制与政策工具，规制理论从传统的公共理论、俘获理论发展到激励理论。随着计量经济学发展，更多学者采用实证分析方法检验政府监管政策的监管效果，以期优化监管政策，提升政府监管效率。

第二节　2021～2022年国外政府监管
研究热点与前沿发展

本节在上述研究基础之上，进一步针对2021～2022年的相关文献展开分析，以期凸显国外政府监管领域最新的研究前沿热点。本节选用Citespace分析，以2021～2022年为时间轴对样本文献进行计量分析，并据此归纳总结2021～2022年国外政府监管研究领域的热点研究主题。

一、文献计量分析

（一）共被引文献分析

沿前述逻辑，具有共被引关系的文献能够形成某一领域的知识基础。分析2021～2022年国外政府监管领域的文献共被引情况，既能反映该领域研究的前沿热点问题，同时还有助于把握研究的前沿走向。整理得到排名前10位的共被引文献，其文献名称、作者、频次及时间如表3-4所示。

表3-4　　　2021~2022年国外政府监管研究领域的
高频共被引文献（前10篇）

文献名称	作者	频次	时间
《宏观审慎政策、逆周期银行资本缓冲和信贷供应：来自西班牙动态拨备实验的证据》（*Macroprudential Policy，Countercyclical Bank Capital Buffers，and Credit Supply：Evidence from the Spanish Dynamic Provisioning Experiments*）	希门尼斯（Jimenez）	32	2017
《环境监管会挤出外来直接投资吗？来自中国的准自然实验证据》（*Does Environmental Regulation Drive Away Inbound Foreign Direct Investment？Evidence from a Quasi-natural Experiment in China*）	蔡熙乾（Cai XQ）	27	2016
《环境政策与生产力增长：跨行业和公司的证据》（*Environmental Policies and Productivity Growth：Evidence Across Industries and Firms*）	阿尔布里齐奥（Albrizio）	25	2017
《宏观审慎政策的使用和有效性：新证据》（*The Use and Affectiveness of Macroprudential Policies：New Evidence*）	塞鲁迪（Cerutti）	25	2017
《环境规制与企业出口：来自中国"十一五"规划的证据》（*Environmental Regulation and firm Exports：Evidence from the Eleventh Five-Year Plan in China*）	施新政（Shi XZ）	24	2018
《银行对更高资本要求的反应：来自准自然实验的证据》（*Banks Response to Higher Capital Requirements：Evidence from a Quasi-Natural Experiment*）	格罗普（Gropp）	21	2019
《环境规制与环境分权对绿色全要素能源效率的影响：来自中国的证据》（*How do Environmental Regulation and Environmental Decentralization Affect Green Total Factor Energy Efficiency：Evidence from China*）	吴海涛（Wu HT）	20	2020
《中国水污染环境规制》（*Watering Down Environmental Regulation in China*）	贺国俊（He GJ）	18	2020
《金融科技、监管套利和影子银行的崛起》（*Fintech，Regulatory Arbitrage，and the Rise of Shadow Banks*）	布恰克（Buchak）	18	2018
《中国水污染空间分异管制的后果》（*The Consequences of Spatially Differentiated Water Pollution Regulation in China*）	陈钊（Chen Z）	18	2018

2021～2022 年国外政府监管的高频共被引文献所涉及的研究主题集中在金融监管与环境规制上，其中金融监管包含 4 篇，环境规制包含 6 篇。与 1990～2022 年国外政府监管领域整体的知识领域相比，近两年该领域的新增知识基础包括除蔡熙乾（2016）、阿尔布里齐奥（2017）、塞鲁迪（2017）年以外的 7 篇文献，具体如下：

希门尼斯（2017）、格罗普（2019）、布恰克（2018）是金融监管领域内的新增高频共被引文献，其中，格罗普（2019）发现银行业更高的资本要求，导致银行降低对企业和零售商的贷款，从而对实体经济产生影响。希门尼斯（2017）和布恰克（2018）关注到银行业由于存在监管套利而产生的经济后果，前者研究发现宏观审慎政策框架下的动态拨备可以平滑信贷供应周期，进而提升企业业绩，而监管力度差异成为信贷供给的重要影响因素；后者则更发现银行监管对影子银行的发展能够产生影响，银行业的监管力度差异会引发监管套利，成为影子银行在住房抵押贷款发放的市场份额增加的重要因素。上述研究为改善银行业监管，特别是分析监管套利问题产生了重要的借鉴意义。

施新政（2018）、吴海涛（2020）、贺国俊（2020）、陈钊（2018）是环境规制领域内的新增高频共被引文章，研究丰富了环境规制的经济后果影响，发现环境规制会对进出口、绿色全要素能源效率与企业生产率产生负向影响，环境监管力度和环境分权（中央与地方政府监管分权）会增加这种负向影响。此外，环境监管力度的差异会造成污染转移。上述研究丰富了对环境规制所产生的负面影响的探讨，成为改善政府环境监管治理效果的重要依据。

进一步，本书对共被引文献网络进行聚类，并按照从施引文献标题中提取聚类命名术语的方式生成聚类标签，进而反映近两年国外政府监管研究领域的前沿方向，具体如图 3-2 所示。

2021～2022 年国外政府监管领域共被引文献共形成 12 个显著的聚类标签，分别是#0 宏观审慎监管（macroprudential regulation）、#1 反腐败帮助（anti-corruption help）、#2 新冠肺炎疫情（covid-19 pandemic）、#3 能源效率（energy efficiency）、#4 环境监管（environmental regula-

tion）、#5 定量模型（quantitative model）、#6 系统性风险（systemic risk）、
#7 银行监管（bank supervision）、#8 创新试验区（innovation pilot zone）、
#10 污染离岸转移（pollution offshoring）、#11 规制偏好（regulation pref-
erence）、#12 边境污染降低（border pollution reduction）。根据聚类情
况，可将国外政府监管研究 2021～2022 年的发展情况归纳如下：

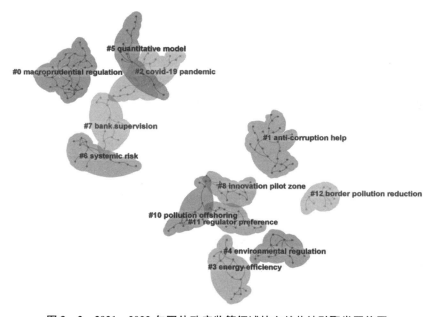

图 3 - 2   2021～2022 年国外政府监管领域的文献共被引聚类网络图

　　第一，金融监管和环境规制是国外政府监管领域最核心的研究主
题。其中，金融监管中的主要研究内容为宏观审慎监管、系统性风险问
题以及银行监管，分别对应聚类#0、聚类#6 和聚类#7；环境规制中主
要研究内容与能源使用效率、生产者污染排放行为以及绿色创新相关，
分别对应聚类#3、聚类#10 和聚类#12 以及聚类#8。
　　第二，新冠肺炎疫情暴发对整个经济运行，特别是金融系统的稳定
产生了巨大的冲击。新冠肺炎疫情背景下，如何发挥政府监管在促进经
济平稳运行的作用成为亟须解决的现实问题，如丹尼斯曼（2021）研

究发现，对资本和流动性有更严格监管要求的国家，其股票市场对新冠肺炎疫情冲击的抵御能力更强，该研究能够为改善政府金融监管效果提供依据。

第三，研究涉及政府规制行为对监管效果的影响。由于政府在监管过程中拥有自由裁量权，政府的规制偏好会影响监管实施效果，研究表明保留政府监管的自由裁量权可以降低环境法规的执法成本，提升企业污染排放的合规性①。不仅如此，政府在监管过程中可能会被监管单位俘获，发生腐败行为，进而影响监管成效。康（2021）通过实证检验发现，控制政府腐败行为有利于提升环境法规的实施成效，进而优化企业财务绩效。

第四，研究关注到跨境合作监管的问题。聚类#10 污染离岸转移（pollution offshoring）和聚类#12 边境污染降低（border pollution reduction）不仅反映出污染治理是环境规制的重要研究内容，还反映出对地区政府监管合作的需求。国家、地区之间的环境规制监管力度强弱的差别，会诱发生产者转移污染排放的行为，因此要想降低污染排放的负外部性，需要政府之间的集体决策。

第五，定量分析是近年来国外政府监管研究的重要分析方法。定量分析能够更为精准地刻画政府监管政策的实施效果与经济影响，学者们通过模型构建并结合经验数据检验规制经济学理论，探索政府监管政策的影响效果，为改善政府监管行为，制定合理的政策工具提供数据支持。例如，科尔拜和德拉斯莫（2021）构建了银行业动态模型，以研究政府金融监管政策对银行风险承担和市场结构的定量影响。

（二）高频被引文献分析

高频被引文献是某一研究领域当中具有突出价值的文献，受到学术

---

① He WJ, ChenXY, Liu Zhiyong. Can anti-corruption help realize the "strong" Porter Hypothesis in China? Evidence from Chinese manufacturing enterprises ［J］. Journal of Asian Economics, 2022, 80.

界广泛关注，成为后续研究发展的重要基础。梳理近两年国外政府监管
领域的高频被引文献，有助于探索近两年国外政府监管研究领域中突出
的热点问题与该领域未来的研究走向。本书通过 WOS 数据库检索得到
2021～2022 年国外政府监管研究领域的高频被引文献，并将被引频次
较高的 10 篇文献具体信息，如表 3－5 所示。

表 3－5   2021～2022 年国外政府监管研究领域的高频被引文献（前 10 篇）

题目	作者	频次
《环境监管、绿色技术创新和产业结构升级：中国城市绿色转型之路》（*Environmental Regulation，Green Technology Innovation，and Industrial Structure Upgrading：The Road to the Green Transformation of Chinese Cities*）	杜克锐（Du KR）	192
《绿色技术创新与金融发展：环境监管和创新产出是否重要？》（*Green Technology Innovation and Financial Development：Do Environment Regulation and Innovation Output Matter?*）	吕承超（Lv CC）	147
《绿色金融需求：解决中国绿色创新的融资约束》（*Demand for Green Finance：Resolving Financing Constraints on Green Innovation in China*）	余津娴（Yu CH）	144
《绿色信贷政策能否刺激重污染企业的绿色创新？来自中国准自然实验的证据》（*Can the Green Credit Policy Stimulate Green Innovation in Heavily Polluting Enterprises？Evidence from a Quasi-natural Experiment in China*）	胡国强（Hu GQ）	123
《考虑环境约束的绿色信贷对中国能源高效利用的影响》（*Impact of Green Credit on High－Efficiency Utilization of Energy in China Considering Environmental Constraints*）	宋马林（Song ML）	103
《清洁能源消费对中国经济增长的影响：环境监管是诅咒还是祝福？》（*The Impact of Clean Energy Consumption on Economic Growth in China：Is Environmental Regulation a Curse or a Blessing?*）	王恩泽（Wang EZ）	84
《基于市场的环境规制与全要素生产率：来自中国企业的证据》（*Market-based Environmental Regulation and Total Factor Productivity：Evidence From Chinese Enterprises*）	彭佳颖（Peng JY）	81
《经济政策的不确定性与金融稳定有关系吗？》（*Economic Policy Uncertainty and Financial Stability－Is there a Relation?*）	潘（Phan）	75

续表

题目	作者	频次
《"蓝天"的成本：中国的环境监管、技术升级和劳动力需求》（*The costs of "blue sky"：Environmental Regulation，Technology Upgrading，and Labor Demand in China*）	刘梦迪（Liu MD）	67
《环境规制、资源错配与生态效率》（*Environmental Regulation，Resource Misallocation，and Ecological Efficiency*）	王舒鸿（Wang SH）	61

近两年，国外政府监管研究领域更为关注环境规制、绿色金融政策与金融监管方面的研究内容。在环境规制方面，研究进一步拓展了环境规制产生的经济后果，发现环境规制能够对能源使用效率[①]、企业生产经营行为[②]、劳动生产率[③]、资源错配[④]产生影响，进而促进经济增长，提升企业生产力，通过减少对低技能员工的需求量造成制造业劳动需求量的降低，还能在一定程度缓解资源错配提升生态效率。其中，彭佳颖（2021）的研究增加了对狭义波特假说的经验证据[⑤]，发现基于市场的环境规制更加灵活，有利于企业生产调整和创新机制改善，从而提高工业企业的生产力水平[⑥]。不仅如此，环境规制能够在金融发展与绿色技

[①] Wang EZ，Lee CC. The impact of clean energy consumption on economic growth in China：Is environmental regulation a curse or a blessing？［J］. International Review of Economics & Finance，2022，77：39－58.

[②⑥] Peng JY，Xie R，Ma C，et al. Market-based environmental regulation and total factor productivity［J］. Evidence from Chinese enterprises，2021（95）：397－407.

[③] Liu MD，Tan R，Zhang B. The costs of "blue sky"：Environmental regulation，technology upgrading，and labor demand in China［J］. Journal of Development Economics，2021，150（4）：102610.

[④] Wang SH，Sun XL，Song ML. Environmental Regulation，Resource Misallocation，and Ecological Efficiency［J］. Emerging Markets Finance and Trade，2021，57（3）：410－429.

[⑤] "波特假说"具体可分为"弱式波特假说""强式波特假说""狭义波特假说"，其中"弱式波特假说"是指正式规范的环境法规能够激励企业创新；"强式波特假说"是指环境规制能通过增强企业创新进而提升市场竞争力；"狭义波特价说"是指灵活的环境规制（如市场性环境规制）比起规范的环境规制（如命令行环境规制）更容易激励企业的创新行为。

术创新之间产生调节效应，其中，在金融结构与绿色技术创新之间有积极的调节作用，而在金融效率与绿色技术革新之间产生消极的调节作用①。此外，研究还丰富了影响环境规制治理成效的因素，杜客锐（2021）发现经济发展水平是环境规制效果的影响因素，在经济发展水平较低时环境规制会抑制绿色技术创新发展，而在经济发展水平较高时，环境规制能显著促进区域的绿色技术创新和产业结构升级。

在绿色金融政策方面，研究表明绿色金融政策会通过改变企业的融资约束力，对企业绿色创新产生影响，能够有效激励重污染企业进行的环境治理行为②，但是过强的融资约束力也会阻碍企业绿色创新，阻碍程度受企业产权性质的影响③。研究有助于完善绿色金融政策，并为新兴经济体绿色转型提供参考。在此基础之上，宋马林（2021）通过实证检验表明，绿色信贷和环境规制均能对能源高效利用产生积极影响。可见，国外政府监管研究领域近年来对如何改善环境治理效果，促进节能减排较为重视。

在金融监管方面，潘（2021）发现经济政策不确定性是影响金融稳定的重要负面因素，特别是在竞争更激烈、监管资本更低和金融系统规模更小的国家影响程度更大。该研究为改善国家金融监管效率，提升金融稳定程度作出贡献。

（三）关键词计量分析

本书对2021～2022年国外政府监管领域文献的关键词进行共被引分析，去除"监管"（regulation）、"影响"（impact）、"政策"（policy）、"模型"（model）等共性关键词后，统计整理得到2021～2022年

---

① Lv CC, Shao CH, Lee CC. Green technology innovation and financial development: Do environmental regulation and innovation output matter? [J]. Energy Economics, 2021. 98

② Hu GQ, Wang X, Wang Y. Can the green credit policy stimulate green innovation in heavily polluting enterprises? Evidence from a quasi-natural experiment in China [J]. Energy Economics, 2021, 98 (3): 105 – 134.

③ Yu CH, Wu XQ, Zhang DY, et al. Demand for green finance: Resolving financing constraints on green innovation in China [J]. Energy Policy, 2021, 153 (1): 112255.

国外政府监管领域文献中关键词共被引频次排名前15名的有效关键词（见图3-3）。关键词按照频率由高到低依次为：环境规制（environmental regulation）、经济增长（economic growth）、经验（empirical）、空气污染（air pollution）、公司治理（corporate governance）、银行监管（bank regulation）、健康（health）、可再生能源（renewable energy）、波特假说（Porter hypothesis）、金融监管（financial regulation）、气候变化（climate change）、土地使用监管（land use regulation）、自由化（liberalization）、机器学习（machine learning）、放松规制（deregulation）。

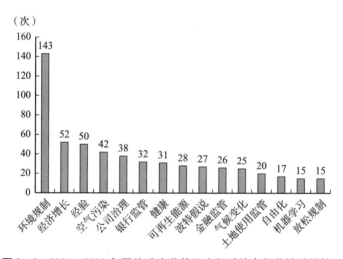

图3-3　2021～2022年国外政府监管研究领域的高频共被引关键词

15个高频共被引关键词可以分成三类：

第一类属于政府监管研究的主题与内容方面，包括关键词：环境规制、经济增长、空气污染、公司治理、银行监管、健康、可再生能源、金融监管、气候变化、土地使用监管。可见，环境规制是近两年来最热点的研究主题，空气污染问题和气候变化是推动政府进行环境监管的重要原因。近两年的研究主题还涉及金融与银行业监管、能源监管、公共卫生健康监管、土地使用监管等。此外，近两年的研究侧重研究政府监管对经济增长产生的影响，以及对微观企业行为的影响。

第二类属于政府监管研究的理论发展方面，包括波特假说、自由化与放松规制。波特假说是环境规制领域的重要理论基础，自提出以来备受关注，近年来学者们仍通过经验数据检验发展该理论。同时，政府为了促进市场效率提升，在经济性规制方面有放松监管的趋势，这丰富发展了放松规制理论。

第三类属于政府监管研究的方法层面，包括经验和机器学习。其中"经验"这一关键词代表的是学者借助计量经济学研究方法等，通过对经验数据的分析获得实现证据，用以检验政府监管效果，从而对政府监管决策进行优化。机器学习作为人工智能的核心，在大数据时代下正朝着智能分析数据的方向优化，为完善的政府监管决策提供信息。

二、研究主题分析

本书结合上述文献计量分析结果对全部文献内容进行梳理与整合，发现可将2021～2022年国外政府监管研究领域热点研究主题归纳为如下五类，分别为金融监管研究、环境规制研究、能源监管研究、公共卫生与健康监管研究和土地使用监管研究。后续，本书将针对上述主题的研究内容展开进一步的阐述和探讨。

(一) 金融监管研究

全球内金融危机的先后爆发反映出金融市场的失灵与缺陷，如何有效纠正金融市场失灵，促进金融市场平稳健康发展是学术界亟待解决的关键问题，而强化金融监管无疑是其中的重要一环。近年来金融监管的研究重点主要围绕宏观审慎监管、监管套利与影子银行、金融科技监管展开，具体如下：

第一，2008年的全球性金融危机表明，只注重于金融机构的个体稳健性，而忽略对系统性金融风险的宏观审慎监管，是不足以维护与建立一个安全高效的金融稳定体系。因此，需要强化宏观审慎监管，将其与微观审慎监管有效配合以实现金融监管目标，在这一背景下各国金融监管机构的宏观审慎职能逐渐确立，具体的宏观审慎政策相继出台。近年来研究拓展了宏观审慎政策的影响研究，发现宏观审慎政策可以有效限制信贷增长①，但是却降低了银行利润效率②，还会在总体上影响短期利率，导致短期利率下降③。上述研究拓展了宏观审慎监管政策的市场响应，引发对宏观审慎监管框架的思考，为优化金融监管提供新思路。

第二，影子银行的存在与发展会影响金融监管政策，近年来学者认为应当在政策制定过程中考虑影子银行的影响。影子银行活动会改变市场流动性，将高风险的企业贷款转化为银行体系内的同业贷款，因此在存在影子银行时，当银行拥有更高的资本充足率时，将参与更多的流动性创造，如果未考虑影子银行的影响，监管政策信息很可能会错误④。不仅如此，因为影子银行本身存在风险，且不受严格监管，监管差异产成监管套利行为，进而扩大影子银行规模，增加了金融系统风险，因此有必要将影子银行纳入宏观审慎监管框架内⑤。

第三，大数据、云计算、人工智能和区块链等技术创新推动金融行业产品与服务的创新发展，金融科技已逐渐应用于支付清算、借贷融资、财务管理、保险等金融领域，成为金融行业未来发展的趋势，但是同时金融技术创新却为传统金融监管带来了挑战，监管沙盒是目前政府出台的金融科技监管政策工具。监管沙盒有助于改善监管信息的对称性

① Mirzaei A, Samet A. Effectiveness of macroprudential policies: Do stringent bank regulation and supervision matter? [J]. International Review of Economics & Finance, 2022, 80: 342 – 36.

② Gaganis C, Galariotis E, Pasiouras F, et al. Macroprudential regulations and bank profit efficiency: international evidence [J]. Journal of Regulatory Economics, 2021, 59 (2): 136 – 160.

③ Ranaldo A, Schaffner P, Vasios M. Regulatory effects on short – Term interest rates [J]. Journal of Financial Economics, 2021, 141 (2): 750 – 770.

④ Chen TH, Shen CH, Wu MW, et al. Effect of shadow banking on the relation between capital and liquidity creation [J]. International Review of Economics & Finance, 2021, 76: 166 – 184.

⑤ Wang JS, Tang LQ. Housing market volatility, shadow banks and macroprudential regulation: a dynamic stochastic general equilibrium model analysis [J]. The Singapore Economic Review, 67 (6): 1925 – 1949.

进而发挥监管作用，但是监管信息对称性与金融科技创新水平呈现倒 U 形关系，随着监管信息对称程度的提高，金融科技创新水平呈现先上升后下降的趋势①。而监管沙盒设计的目的不是遏制金融科技的创新发展，而是控制筛查金融科技的风险②。因此，监管沙盒的设计应该遵循信息适度的原则，研究为完善这一新兴的金融监管工具提供了改进方向。

此外，在金融监管的影响因素研究分析中，近年来更多学者关注制度安排的影响作用，制度安排会影响金融市场监管的严格程度③，制度质量与金融监管强度之间能够产生相互作用，进而影响金融危机的发生概率④。

（二）环境规制研究

环境污染的负外部性要求政府对经济主体的活动进行干预，从而使经济效益与环境保护达到动态平衡状态。20 世纪 90 年代，随着冷战结束，各国间的依存度增加，全球环境治理问题被持续重视，环境污染治理与经济可持续发展的现实诉求，引发了全球对能源使用与排放的关注。从 1988 年世界气象组（WMO）和联合国环境署（UNEP）组建了政府间气候变化专门委员会（IPCC），到 1997 年《〈联合国气候变化框架公约〉京都议定书》的签订，再到 2015 年《巴黎协定》的通过。虽然各国始终不断完善环境治理，但气候变化与污染排放等环境问题仍然严峻，环境规制始终是政府监管的重要议题。

2021～2022 年国外环境规制研究主要关注环境规制的经济后果，具体而言：一是丰富了环境规制对能源使用的影响研究。环境规制不仅能够通过促进绿色创新和优化资源配置的方式，提升能源

---

①　Chen XH. Information moderation principle on the regulatory sandbox [J]. Economic Change and Restructuring, 2022, 56 (1)：111 - 128.

②　Brown E. Piroska D. Governing fintech and fintech as governance：the regulatory sandbox, risk-washing, and disruptive social classification [J]. New Political Economy, 2022, 27 (1)：19 - 32.

③　Groll T, O'Halloran S, McAllister G. Delegation and the regulation of US financial markets [J]. European Journal of Political Economy, 2021, 70.

④　Marchionne F, Pisicoli B, Frattianni, M. Regulation and crises：A concave story [J]. North American Journal of Economics and Finance, 2022, 62.

使用效率①，还会对能源安全产生影响。基于加拿大数据的研究表明，环境监管强度增加会诱发石油与天然气的管道安全事件，因此需要增加能源管道的绝对责任制度以规避这种负面影响②。二是丰富市场型环境规制的影响研究。碳排放交易制度是减少碳排放的重要市场机制，是一种以市场为导向的环境监管工具。研究为市场型环境监管可以提高绿色全要素生产率③与绿色创新④提供了更多的证据支持，并增加了更多的异质性分析，基于中国市场数据显示，企业的产权性质、所属区域与行业不同⑤，环境监管效果会存在差异。上述研究为环境监管政策制定者，特别是发展中国家的政策制定者提供了关于有效市场和有效政府干预在通过政策优化推进碳减排和绿色创新方面的作用的证据支持。三是研究丰富了环境规制的中微观影响。中观层面，研究证实环境监管对产业结构优化升级的积极影响⑥⑦；微观层面，研究除了对企业创新行为进行分析，还拓展了环境监管对企业家精神⑧、企业合并⑨等方面的影响。

---

① Hong QQ, Cui LH, Hong PH. The impact of carbon emissions trading on energy efficiency: Evidence from quasi-experiment in China? [J]. Energy Economics, 2022, 110.

② Walls WD, Zheng XL. Environmental Regulation and Safety Outcomes: Evidence from Energy Pipelines in Canada [J]. Resource and Energy Economics, 2021, 64: 101215.

③ Li CS, Qi YP, Liu SH, et al. Do carbon ETS pilots improve cities' green total factor productivity? Evidence from a quasi-natural experiment in China [J]. Energy Economics, 2022, 108.

④ Liu M, Shan YF, Li YM. Study on the effect of carbon trading regulation on green innovation and heterogeneity analysis from China [J]. Energy Policy, 171.

⑤ Zhou FX, Wang XY. The carbon emissions trading scheme and green technology innovation in China: A new structural economics perspective [J]. Economic Analysis and Policy, 2022, 74: 365－381.

⑥ Zhou Q, Zhong SH, Shi T, et al. Environmental regulation and haze pollution: Neighbor-companion or neighbor-beggar? [J]. Energy Policy, 2021, 151.

⑦ Gu GT, Zheng HR, Tong L, et al. Does carbon financial market as an environmental regulation policy tool promote regional energy conservation and emission reduction? Empirical evidence from China [J]. Energy Policy, 2022, 163: 112826.

⑧ Kong DM, Qin N, Does Environmental Regulation Shape Entrepreneurship? [J]. Environmental & Resource Economics, 2021, 80 (1): 169－196.

⑨ Choi, PS, Espinola－Arredondo A, Munoz－Garcia, F. Environmental policy helping antitrust decisions: Socially excessive and insufficient merger approvals [J]. Resource and Energy Economics, 2022, 67: 26.

（三）能源监管研究

在可持续发展的目标下，技术进步与革新能够促使能源使用向多元化和低碳化发展，面对能源多元化的现实背景，已有研究逐渐开始探讨可再生能源的规制设计问题，成为近年来政府监管的热点研究内容。具体而言：研究指出现行能源监管体系中存在的诸多缺陷问题，包括缺乏对主动配电网中可再生能源发电的质量监管，以及加入可再生能源发电后配电网的电价方案调整[①]；国家间差异较大的监管条件会降低可再生能源合作效率[②]；监管框架缺陷阻碍传统能源矩阵向可再生能源转变[③]，从而阻碍可再生能源在生产中的应用，无法达到节能减排的目标。

在此基础之上，有学者为完善能源监管提供优化方案。研究发现，在监管设计中引入竞争性制度提高海上风能输电的经济效益[④]；实施区位激励可以有效提升整个电力系统的能源配置效率[⑤]。不仅如此，希特卡特（2021）则将监管试验这一较为新颖的监管工具引入能源监管机制设计中，通过建立一个"安全空间"，允许使用新能源的市场主体在该空间范围内暂时不立即受到监管限制，以此获取经验用以指导现有监管的修订与完善，防止由于监管不当抑制能源技术创新，从而保障绿色低碳经济发展。博维拉（2022）同样认为试验性规制（如监管沙盒、试点机制）能够在能源监管中发挥核心作用，并为试验性规制构建了维度列表以形成统一的监管框架，与此同时，研究还强调监管试验无法做

---

① Budhavarapu J Thirumala K, Mohan V, et al. Tariff structure for regulation of reactive power and harmonics in prosumer-enabled low voltage distribution networks [J]. Energy Economics, 2022, 114.

② Meus J, Pittomvils H, Proost S, et al. Distortions of National Policies to Renewable Energy Cooperation Mechanisms [J]. Energy Journal, 2022, 42（4）: 95–126.

③ Campodonico H, Carrera C. Energy transition and renewable energies: Challenges for Peru [J]. Energy Policy, 2022, 171.

④ Girard Y, Kemfert C, Stoll, J. Comparing regulatory designs for the transmission of offshore wind energy [J]. Economics of Energy & Environmental Policy, 2021, 10（1）: 229–249.

⑤ Costacampi MT, Daviarderius D, Trujillobaute E. Analysing electricity flows and congestions: Looking at locational patterns [J]. Energy Policy, 2021, 156（9）: 112351.

到"一刀切"，必须要结合个性化的试验经验优化设计。

（四）公共卫生与健康监管研究

在公共卫生与健康监管中，2021～2022 年国外政府监管领域研究主要围绕新冠肺炎疫情冲击、食品安全监管以及吸烟监管展开，具体而言：首先，新冠肺炎疫情大暴发引发学者对政府监管有效性的思考，新冠肺炎疫情大暴发作为人类历史上一次重大的公共卫生突发事件，对政府监管提出挑战，然而研究表明新自由主义国家面对这次公共卫生事件的治理效率低下，监管形式不成熟[1]。保持社交距离是在没有疫苗情况下最有效地遏制新冠病毒传播的方式，但是这项制度只有在公众对新冠肺炎疫情相关信息充分知情的情况下才有效[2]。此外，新冠肺炎疫情冲击不仅要求政府对病毒传播采取监管手段，还要求政府对疫情诱发的其他健康隐患进行规制。研究发现，新冠肺炎疫情引发焦虑进而对副食品和饮料消费产生影响，需要政府规制以保证消费者福利与身体健康[3]。

在食品安全监管方面，由于信息不对称，消费者难以获取有关产品生产的完整信息，尤其是对于经验品及信用品，信息不对称问题更为严重。近年来发展中国家的饮食转型[4]与全球在线送餐服务[5]的发展加剧了食品安全风险。同时，霍夫曼（2021）的研究表明在食品监管薄弱的国家中，营利性企业很难自发检测食品安全流程，从而为消费者营造更安

---

① Jones L, Hameiri S. COVID - 19 and the failure of the neoliberal regulatory state [J]. Review of International Political Economy, 2021, 29（4）：1027 - 1052.

② Durizzo K, Asiedu E, Van der Merwe A, et al. Managing the COVID - 19 pandemic in poor urban neighborhoods: The case of Accra and Johannesburg [J]. World Development, 2021, 137（1）.

③ Jaud D A, Lunardo R. Serial coping to anxiety under a pandemic and subsequent regulation of vice food and beverage consumption among young adults [J]. Journal of Consumer Affairs, 2022, 56（1）：237 - 256.

④ Zhou JH, Jin Y, Liang Q. Effects of regulatory policy mixes on traceability adoption in wholesale markets: Food safety inspection and information disclosure [J]. Food Policy, 2022, 107.

⑤ Ding Y, Nayga RMN, Zeng YC, et al. Consumers? valuation of a live video feed in restaurant kitchens for online food delivery service [J]. Food Policy, 2022, 112.

全的食品安全环境，因此政府机构进行食品安全监管是不可或缺的。基于此，研究探讨如何制定食品安全激励措施与政策能够改善食品安全，发现可追溯性是一种有效的质量安全措施，通过加强食品抽样强度与信息披露程度的组合监管方式能够强化可追溯性的正向影响[①]。此外，梅纳德（2022）通过生奶安全监管的国别对比，发现良好的制度背景会影响相同监管政策的实施效果，因此需要完善中观制度安排，充分发挥其在一般规则的宏观制度层与组织交易的微观制度层之间的衔接作用[②]。

吸烟是巨大的公共健康威胁，除了传统香烟外，近年来电子烟逐渐流行，对政府烟草监管提出了新的要求。奥尔科特（2022）建立了电子烟监管模型，发现电子烟与传统香烟之间确实存在替代关系，电子烟比现有认识具有更大的危害，提高电子烟税率有利于优化监管效果。无独有偶，阿布克等（2022）研究表明，对电子烟和其他电子尼古丁输送系统（ENDS）征税，可以降低年轻人对电子烟的消费，并为确定合理的征税标准提供依据。

（五）土地使用监管研究

近两年研究主要关注土地使用监管产生的价格影响，限制性的土地使用监管会对住房市场土地价格[③]、房屋价值与租金产生影响[④]，进而成为影响住房负担的重要因素，改变劳动力市场就业与雇主选址[⑤]。在

---

① Zhou JH, Jin Y, Liang Q, et al. Effects of regulatory policy mixes on traceability adoption in wholesale markets: Food safety inspection and information disclosure [J]. Food Policy, 2022, 107.

② Menard C, Martino G, de Oliveira GM, et al. Governing food safety through meso-institutions: A cross-country analysis of the dairy sector [J]. Applied Economic Perspective and Policy, 2022, 44 (4): 1722 - 1741.

③ Gyourko J, Krimmel J. The Impact of Local Residential Land Use Restrictions on Land Values Across and Within Single Family Housing Markets [J]. Journal of Urban Economics, 2021 (3): 103374.

④ Landis J, Reina VJ. Do Restrictive Land Use Regulations Make Housing More Expensive Everywhere? [J]. Economic Development Quarterly, 2021, 35 (4): 305 - 324.

⑤ Miller S, Kiernan K T. Proceedings From the Conference on the Impact of Housing Affordability on Economic Development and Regional Labor Markets [J]. Economic Development Quarterly, 2021, 35 (4): 262 - 268.

以往研究基础之上，近年土地监管研究运用了更广泛的地理数据并拓展了区域层面的异质性研究，如发现大型沿海地区受到的价格影响最为显著；研究还丰富了监管措施的衡量标准，通过多种衡量标准测度监管的严格程度，增强实证分析结果的客观准确性。

第三节　国外政府监管研究的前沿特征分析

一、研究方法多样化

近年来，国外政府监管研究领域的方法呈现多样化的特点，针对不同的研究问题，学者们会选择性地采用理论演绎、数理分析、案例研究、文档研究等多种方法展开研究，同时研究多以定量分析为主，增强政府监管研究的实证性，使研究结论更加明确、客观。具体研究方法可以归纳为如下三类。

（一）计量实证分析法

近年来，依托于计量手段的实证研究成果尤为突出，这主要得益于两方面的因素：一方面在于数据可得性的提升。数据库数量增多，运营完善，数据质量提高，为实证分析提供了良好的基础。同时，机器学习技术发展，使研究者可以运用机器对数据进行自我学习，挖掘海量、多维、动态数据信息，发挥大数据优势，提升研究结果的准确性与前瞻性。另一方面在于计量分析方法的发展与应用。最新研究多用倍差法评估试点型监管政策的现实效果，用数据包络分析法分析政府监管的经济效率，而空间计量经济学的发展有助于判断监管的空间溢出效应。总之，基于数据检验的统计分析，能够更为直观地为政府监管理论在实践中的应用情况提供经验证据，进而不断推动理论发展与监管政策的完善。

（二）博弈论模型研究法

采用博弈论模型方法的研究，通过构建博弈模型分析政府与被监管主体或利益相关者之间的互动决策行为，以优化政府监管策略。近年来，在金融监管、环境规制、食品安全监管等领域，博弈论模型研究法得到应用。研究运用博弈论模型求得的最优解，可以判断政府监管的有效性，并为优化政府监管提供改进方向，如政府是否应改变监管强度，或者在其他何种情况下现行策略可以实现帕累托最优。部分研究还将激励规制与博弈论模型相结合，缓解各利益相关者之间的利益冲突问题，以设计激励相容的规制政策。

（三）案例研究法

案例研究法往往选取典型案例进行研究，可以是单独的案例也可以结合多个案例，从而发现事物的一般规律。由于案例是针对某一具体情境展开的，可以关注独特性并展开深入分析。案例分析既可以采取定性分析方法，也可以通过获得独特的数据，进行定性与定量相结合的分析方式。近两年政府监管领域内，对于尚在起步阶段的监管政策，学者采用案例分析方法，以期打破传统监管模式的僵局，为政府监管改革提供新思路。例如，郝和马丁（2022）运用纽约市的案例分析，评估汽车共享监管的政策效果；琼斯和哈普勒（2022）通过英国案例，详细阐述新冠肺炎疫情冲击下政府在公共卫生监管治理上的监管失效。

二、多重挑战成为政府监管研究新发展的推动力

（一）新冠肺炎疫情冲击推动重审监管效率

2019 年底暴发的新冠肺炎疫情是近年来持续时间最长、波及范围最广、影响程度最大的公共卫生事件，对全球政治经济等多方面产生极大冲击。疫情要求政府发挥监管作用，在此背景下，政府是否能够保证

监管效率, 又如何有效发挥政府监管效力成为政府监管研究领域内重要的研究方向。

2020～2021 年在新冠肺炎疫情背景下的政府监管研究主要集中在公共卫生与健康监管以及金融监管两个方面。在公共卫生与健康监管上, 研究主要探讨现行的政府监管措施能否有效保障公民健康安全, 以及探索由于新冠肺炎疫情引发的潜在安全隐患, 为政府公共卫生监管提供优化方向。在金融监管方面, 新冠肺炎疫情是金融系统的外生性系统冲击事件, 金融监管面临挑战, 研究对现行金融监管框架与监管政策进行评估, 包括对银行资本与流动性[1]、股票估值[2]、盈利能力[3]的影响, 并发现放松监管在新冠冲击下能够对金融环境产生积极影响[4]。

疫情的背景下, 暴露出政府监管效率低下甚至监管缺位的问题, 要求研究对政府监管职能以及监管效率进行重新审视, 也要求在后疫情时代, 针对新冠肺炎疫情的潜在风险与后续影响, 不断完善政府监管措施。

(二) 监管套利存在推动拓宽监管视角

监管套利是指市场主体利用监管制度的差异性与不协调性所产生的套利机会, 规避政府监管的行为, 目的在于获取利润或降低成本。随着国外政府监管研究发展的深入, 监管套利行为受到更多的关注, 近年来, 研究不仅探讨了金融监管中的监管套利影响, 还发现环境规制领域也出现监管套利行为。

① Duncan E, Horvath A, Iercosan D, et al. COVID – 19 as a stress test: Assessing the bank regulatory framework? [J]. Journal of Financial Stability, 2022, 61.

② Valencia F, Varghese R, et al. Handle with Care: Regulatory Easing in Times of COVID – 19 [J]. Journal of Macroeconomics, 2022, 22 (1): 63 – 396.

③ Mateev M, Bachvarov P. Regulation, ownership and bank performance in the MENA region: Evidence for Islamic and conventional banks [J]. Emerging Markets Review, 2021, 47.

④ Polyzos S, Samitas A, Kampouris I. Economic stimulus through bank regulation: Government responses to the COVID – 19 crisis [J]. Journal of Fiancial Markets Institutions & Money, 2021, 75; Valencia F, Varghese R, Yao W Y, et al. Handle with Care: Regulatory Easing in Times of COVID – 19 [J]. Journal of Macroeconomics, 2022, 22 (1): 363 – 396.

在金融监管领域中，影子银行不受银行业监管，而商业银行受到政府监管，金融系统中存在不对称的监管模式。商业银行会向影子银行流入更多资金以逃避政府规制，但影子银行具有更高杠杆率，因此，影子银行的存在会增强金融体系内的风险传递性。监管套利的存在会削弱银行监管的效果，是否将影子银行纳入宏观审慎框架成为政府金融监管研究的议题。在环境规制领域中，一国内不同地区的制度条件差异以及国家之间的环境规制政策区别会引发污染转移，包括发生跨境污染，或者由于地方政府监管不当，产生边境污染问题。污染转移本质上也是生产者规避政府环境规制的监管套利行为，监管套利会削弱地区或全球整体的环境治理成效。

监管套利的存在要求政府监管研究者站在更为宏观的视角，分析监管制度差异性产生的经济后果，以弥补监管制度缺陷与漏洞，设计更为完善的监管框架。研究还应从地方政府间的集体决策以及跨国协同监管的角度为监管机制设计提供新的思路。

（三）技术进步推动试验性规制发展

技术进步在促进生产力发展与社会进步的同时，也增加了市场运行的复杂程度，如金融科技创新派生新的金融衍生工具，绿色能源技术影响能源结构变化，这对政府监管研究提出了新的挑战与要求。针对新技术特性，传统政府监管机制会导致政府监管失灵，亟须实现监管创新，建立新的监管体系与标准。由于技术进步使市场复杂性提升，为弥补监管制度制定过程中由于信息、知识、技术等方面不足产生的不确定性，试验性规制得以发展。

试验性规制又称实验性规制，是指具有临时性、变通性和受控性的政府规制①，可以在监管框架不成熟的情况下，为完善监管制度合理性、科学性、有效性提供更多信息，避免政府监管失效对经济发展产生

---

① 张效羽. 试验性规制视角下"网约车"政府规制创新 [J]. 电子政务，2018（4）：32－41.

负面影响。近两年，监管沙盒和试点机制是政府监管领域关注的重点，特别在金融监管、能源监管与环境规制方面发挥重要作用。随着技术的持续革新，优化试验性规制设计，打破传统监管僵局，是政府监管研究值得深挖的课题。

三、中国政府监管研究的国际影响力提升

近年来基于中国情景展开的政府监管研究成果逐渐丰富，在国际外文期刊的刊文比重不断提升。从作者国别来看，WOS 数据检索报告显示，1990～2022 年中国地区发文总量为 1862 篇，占比 9.19%，发文总量排名位列第三，而 2021～2022 年中国地区发文数量为 636 篇，占比 23.69%，排名仅次于美国。可见，近年来中国政府监管研究整体发展迅速，国际影响力逐渐提升。

产生这一趋势的主要原因在于：第一，中国是最大的发展中国家，随着经济发展，中国政府监管治理逐渐现代化，监管政策制度与工具不断完善，拓展中国政府监管的研究发现能够为其他国家，特别是其他发展中国家政府监管机制设计提供参考依照。第二，中国政府善于采取试点机制进行规制，这种规制方式为检验政府监管工具的有效性提供了良好的准自然实验研究背景，能够更好地评估规制的经济影响。

从研究内容来看，基于中国国情展开的研究主要集中在环境规制和金融监管领域。在环境规制领域，研究评估了包括碳排放交易制度①、禽畜环境规制②、空气污染控制重点城市政策③等具体环境监管制度的政策效果，为改进环境监管制度提供中国方案。研究还运用中国市场的

---

① Liu M, ShanYF, Li YM, Study on the effect of carbon trading regulation on green innovation and heterogeneity analysis from China [J]. Energy Policy, 2022, 171.

② Pan D, Chen H. Border pollution reduction in China: The role of livestock environmental regulations [J]. China Economic Review, 2021, 69.

③ Liu MD, Tan R, Zhang B. The costs of "blue sky": Environmental regulation, technology upgrading, and labor demand in China [J]. Journal of Development Economics, 2021, 150 (4): 102610.

环境监管数据发展了规制理论，包括检验波特假说理论是否成立[①]；丰富发展规制俘获理论，为防止监管俘获提供政策依据[②]。在金融监管领域，金融科技发展引发的金融监管创新是近两年中国金融监管受到国际政府监管领域关注的重点。中国的金融科技发展迅猛，已成为全球金融科技领先国家，但是传统监管框架无法防范化解风险[③]。由此，学者们针对中国金融科技行业创新过剩、监管不足的现实，提出了促进金融科技创新有效监管、实现监管与创新平衡的政策建议[④]。

第四节 结论与展望

综上所述，环境规制与金融监管是2021~2022年国外政府监管领域最为热点的研究领域，研究还主要涉及能源监管、公共卫生与健康安全监管以及土地使用监管等。近年来，国外政府监管领域的研究方法呈多样化的特点，研究以定量分析为主流，具体多采用计量实证方法、博弈论模型研究方法以及案例分析法。在这一时期内，新冠肺炎疫情暴发的冲击、监管制度差异性的普遍存在以及先进技术的持续进步是推动国外政府监管研究深入发展的重要动力。2021~2022年，基于中国情景的政府监管研究成果颇丰，中国政府监管研究逐渐国际化并具有重要影响力。基于本章研究，我们认为环境规制与金融监管仍然会成为国外政府监管领域未来研究的热点主题。此外，研究还有待在如下方面进行深

---

① Peng JY, Xie R, Ma C, et al. Market-based environmental regulation and total factor productivity: Evidence from Chinese enterprises [J]. Economic Modelling, 2021 (95): 397-407.

② Ma HQ, Shen GJ. Do new mayors bring fresh air? Some evidence of regulatory capture in China [J]. Review of Economic Design, 2021, 25 (4): 227-249.

③ Chorzempa M, Huang YP. Chinese Fintech Innovation and Regulation [J]. Asian Economic Policy Review, 2022, 17 (2): 274-292.

④ Bu Y, Li H and Wu XQ. Effective regulations of FinTech innovations: the case of China [J]. Economics of innovation and new techonology, 2022, 31 (8): 751-769; Chen XH. Information moderation principle on the regulatory sandbox [J]. Economic Change and Restructuring, 2022, 56 (1): 111-128.

耕：其一，新冠肺炎疫情大背景引发了对政府公共卫生监管有效性的反思，部分国家暴露出监管低效率、措施不足等漏洞，需要研究对此进行优化。其二，监管制度的差异性造成制监管套利行为，有损监管效果，如何构建更为完善的监管框架，并促进政府集体决策，实现跨国监管值得思考。其三，科技进步催生经济新形态，传统监管模式受到挑战，亟须发展监管理念并创新监管机制，试验性规制有待进一步完善。其四，制度环境是影响政府监管效果的重要因素，因此，除了改进政府监管政策，优化监管工具外，检验制度环境对具体政府监管政策的影响也十分重要，以期为政府监管提供良好的制度背景。

| 第二篇 |

政府监管热点前沿

第四章

数字经济监管

当前，数字经济已成为重新组合全球要素与资源，重塑全球经济结构，推动世界竞争格局变革的重要工具，也将为我国经济高质量发展注入强劲动力。《中国互联网发展报告（2021）》显示，2020 年我国数字经济规模达到 39.2 万亿元，且保持 9.7% 的同比增长速度，相当于 GDP 的比重为 38.6%，成为稳增长的重要动力。2017 年《政府工作报告》首次提出"数字经济"，随着时间的推移，其重要程度不断攀升。《"十四五"数字经济发展规划》明确提出数字经济是继农业经济、工业经济之后的主要经济形态，我国数字经济发展将进入深化应用、规范发展与普惠共享的新阶段。数字技术与各行各业的加速融合、加速推广生产生活的新方式，同时发展不平衡、不充分与不规范的问题也越发凸显。面对数字经济发展，既要秉持鼓励创新的原则，又要不断健全数字经济监管机制，在安全底线的前提下为新业态发展提供充足空间。

第一节　文献综述

数字经济时代，技术进步不但为企业创造了竞争优势，也带来了新型垄断工具。数字型垄断与传统型垄断相比，具有高效、隐蔽与组合等特性，极大增加了政府监管的难度（王世强，2021）。作为典型组织形式，平台成为数字经济时代资源配置的主要方式，其垄断态势不断显现，这引起了学者们的广泛关注。对此，一些学者认为不当的监管或过度监管会破坏竞争，产生反效果，甚至对创新产生负面影响。这种担忧在欧盟更为突出，因为其在数字创新方面落后于亚洲和美国（European Commission，2016）。由于反垄断的监管收益有限，因而部分学者主张尽量不干预。但随着平台市场势力不断扩张，数字平台垄断已严重危及市场公平竞争，越来越多的学者开始主张进行反垄断监管。唐要家（2021）认为，数字平台的发展将形成较强且可维持的垄断势力，引发经济社会多重危害，应重点关注相关市场的界定、算法合谋、滥用行为与并购行为等问题。数字经济监管问题不在于是否监管，而在于如何监管（Pasquale，2018）。实际上，反垄断与创新激励并非难以两全，可以通过市场化监管取向解决此"悖论"（陈琳琳、夏杰长和刘诚，2021）。有学者甚至认为监管的严格程度与平台经济供应正相关，若政策制定者希望增加数字共享平台供给，则应该更加关注对平台经济的监管而非采取放任自流的方式（Uzunca and Borlenghi，2019）。基于法学（Finck，2018；孙晋，2021；王晓晔，2021）、管理学（戚聿东和肖旭，2020）、政治经济学（裴长洪、倪江飞和李越，2018；师博，2022）等多重视角，学者们分析了数字经济的出现对于各领域带来的影响，特别是传统经济规制理论面临的挑战。现有研究多集中于从理论层面分析数字经济给政府监管带来的问题，本章从实践层面系统梳理我国近几年数字经济及其监管现状，同时运用规制经济学相关理论进行分析，并进一步剖析数字经济为政府监管变革带来的机遇，以期从更加全面的视角提出数字经济时代政府监管变革的重点。

第二节　数字经济及其监管现状

一、数字经济的发展现状

数字经济对全球经济的贡献不断加强，已成为提升与振兴经济的主

要推动力。2020 年受新冠肺炎疫情等多方面因素影响，全球经济深度
衰退，多国经济出现负增长，然而全球数字经济同比名义增长 3 个百分
点①。仅针对中国而言，我国数字经济规模近五年呈上升态势，且占
GDP 的比重也不断攀升，体现出我国数字经济在国民经济中的地位越发
突出（见图 4 - 1）。数字经济与产业的融合程度也不断加深，三次产业
的数字经济渗透率均显著增加（见图 4 - 2）。特别是第三产业，数字经
济的渗透率已增加超过 10%。

二、政府对数字经济的监管现状

新冠肺炎疫情加速了数字化转型进程，也加剧了各国政府应对这一
进程的紧迫性。2022 年全球互联网流量将超过截至 2016 年的互联网流
量之和②。如何管理和利用激增的数字数据造福全球，是各国政府面临
的一大挑战。在我国数字经济发展进程中，早期政府采取了灵活监管策

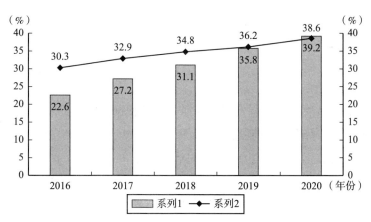

图 4 - 1　我国数字经济规模及其占 GDP 比重

---

① 中国信息通信研究院. 全球数字经济白皮书 ［R］. http：//www. caict. ac. cn/kxyj/
qwfb/bps/202108/P020210913403798893557. pdf，2021.

② United Nations. Digital Economy Report 2021 ［R］. https：//unctad. org/system/files/offi-
cial-document/der2021_en. pdf，2021.

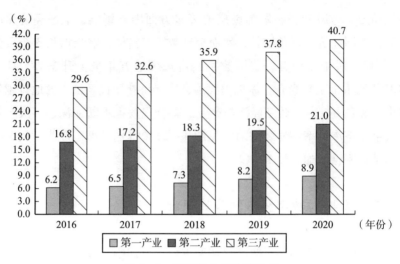

图 4-2　我国数字经济渗透率

资料来源：笔者根据相关数据整理所得。

略，对部分相关技术与商业模式的出现与发展"先发展、后监管"和"有所为有所不为"的方式，这为数字经济发展提供广阔空间。然而，数字经济失序发展的风险随之而来。习近平总书记曾强调，"数字经济发展要坚持促进发展与监管规范两手抓、两手都要硬"，可见，正确处理好二者的关系，已成为数字经济高质量发展的核心问题之一。实际上，规范的目的不是抑制发展，反而是促进长远发展。特别是反垄断方面，其最终目标是助力畅通国内大循环，给予依法经营的企业有力支持。政府对数字经济的监管已取得阶段性成果，公平公正监管的政策信号也不断释放。在监管数量上，相较于 2020 年，2021 年全国查处垄断案件从 109 件上升至 176 件，罚没金额从 4.5 亿元激增到 235.9 亿元，监管力度上显著增强。在监管体制上，2021 年 11 月市场监管总局加挂国家反垄断局名牌，并设立一些反垄断相关部门，使监管力量得以充实。此外，数字经济相关领域已引起有关部门的重视，近期各部门制定并发布了诸多文件，为数字经济的监管奠定了重要法治基础（见表 4-1）。虽然数字经济的相关法律法规日趋完善，但由于其发展对传统的监管理论与模式提出很大挑战，因而监管尚需进一步细化，体系尚需进一步完善。

表 4-1　　　　　　　　　　数字经济监管的相关文件

相关文件	颁布时间
《国务院反垄断委员会关于平台经济领域的反垄断指南》	2021 年 2 月 7 日
《中华人民共和国数据安全法》	2021 年 6 月 10 日
《中华人民共和国个人信息保护法》	2021 年 8 月 20 日
《关于强化反垄断深入推进公平竞争政策实施的意见》	2021 年 8 月 30 日
《"十四五"数字经济发展规划》	2022 年 1 月 12 日
《"十四五"市场监管现代化规划》	2022 年 1 月 27 日

第三节　数字经济为政府监管带来的挑战

一、网络外部性与锁定效应造就新型竞争格局

数字产品通常具有互联互通的需要，因为人们创造与运用它们的目的就是更方便地搜集与交换信息。此种需求的满足程度取决于网络的规模大小，若网络中用户较少，则不但需要其承担较高的运营成本，而且信息交流具有一定局限性。若网络中用户较多，则所有用户都能够从规模的扩大中获得更高的价值。而这种价值的提高是呈几何级数增长。这种现象在经济学中称为网络外部性。根据作用方式，网络外部性可进一步划分为直接与间接两种。直接网络外部性指的是某一产品对用户的价值取决于使用该产品的其他同一方用户的数量，而间接网络外部性的这一价值取决于使用该产品另一方用户的数量。梅特卡夫定律指出，网络的用户数量越大，则网络的价值也就越高。无疑，数字经济具有明显的网络外部性，并且相关的服务往往被明确设

计为包含网络外部性。与此同时，网络外部性造成了协调问题①。由于网络外部性的存在，用户在选择数字平台时会选择多数人都使用的平台，进而造成了平台的锁定效应。与其他领域简单的转换成本不同，数字产品的供给转换只在所有人同时转换时似乎才是合理的。因为用户会倾向于已经表现出最大网络外部性的平台或服务，所以具有强大网络外部性的市场往往会被垄断。换言之，一旦用户数量达到某一数值，市场就会随之倾斜。

在数据分析能力方面也会产生网络外部性。这种网络效应为算法学习产生了一个正反馈循环，能够构成一个有效的进入障碍②。使用某项数字产品的用户越多，就会产生更多的数据，企业通过分析数据进而训练算法，反过来会促进服务的提升，从而吸引更多的用户。这意味着，进入壁垒也许不是由于狭义的转换成本造成的，也不是由于无法访问的协调性问题造成的（如在不同数字平台），而在于缺乏对其他用户创建数据的访问。这种数据的缺乏，限制了新的供给方在算法见解与数据分析的基础上进行竞争的能力。

基于网络外部性与锁定效应，原本具有规模优势的在位企业在市场竞争中获得有利地位，规模优势借助网络效应与锁定效应进一步凸显，又使企业的竞争力进一步增强，最终形成"赢者通吃"的局面，产生了数字经济下特有的竞争格局，这给政府监管特别是公平竞争带来了巨大挑战。传统经济下，垄断的来源与动机是规模经济与范围经济，而数字经济具体表现为以市场份额为主要衡量的竞争策略。此种现象导致哪怕做成行业第二、第三的企业也要承担巨大压力，而传统经济中，大企业虽占有较大市场份额，但市场中仍有小企业生存空间。此外，根据作用效果，网络外部性可进一步划分为正向与负向两种。数字经济的正向效应已有诸多讨论，而负向效应可能被忽视。实际上，网络的规模越

---

① Kramer, J. Personal data portability in the platform economy: economic implications and policy recommendations [J]. Journal of Competition Law& Economics, 2021, 17 (2): 263－308.

② Lerner, A. V. The role of "Big Data" in online platform competition [EB/OL]. SSRN. https://dx. doi. org/10. 2139/ssrn. 2482780.

大，其被滥用的风险也随之增大，可能造成的损失也越大，如计算机病毒的传播、数据的窃取等。网络的规模越大，相应的维护成本也会提高。这不但给数字产品供给方带来考验，也使政府监管难度显著提升（见图4－3）。

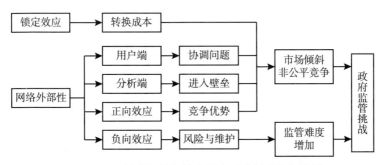

图4－3　网络外部性与锁定效应形成新型竞争格局

二、数字平台的双边效应使非竞争行为具有隐蔽性

数字平台作为数字经济的主导模式之一，其具有双（多）边市场特征。若两方参与者（如商家与消费者）需要依托中间平台进行交易，且一方参与者加入平台的收益取决于同样在该平台的另一方参与者的数量，则市场被称为双边市场。显然，数字平台通常涉及两类截然不同的用户，每一类用户通过共同平台与另一类用户相互关联与作用而得到价值，即双边效应（见图4－4）。若用 V 代表双边市场平台的潜在价值，m 代表供应方数量，n 代表需求方数量，k 代表相关系数，则 $V = k \times m \times n$。以滴滴打车平台为例，司机越多用户打车体验越好，那么用户打车就会更多，导致更多的司机加入，最终形成双边效应下的增长飞轮，这也是间接网络效应的一种体现。无疑，平台这种形式通过集聚效应，扩大双方规模，减少匹配中涉及的交易成本，建立陌生人之间的信任，使参与双方均收益。

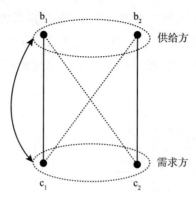

图 4 - 4　双边效应模型

　　数字平台只有在多数人都使用的时候才会产生上述诸多收益，因此新建立的平台还需要面临"鸡和蛋"的问题。以至于在最初，平台使用进入战略，即倾向于向一方免费提供服务以积累至关重要的数量基础，而只向另一方收费以获得收入[①]。一旦平台上活跃着大量供应者与需求者，更多的参与者被吸引到平台，以从中获利。因此，平台市场往往会产生一个主导者，或者称之为垄断。此种双边市场可能并非为自由市场，因为平台会决定价格，甚至能够决定谁被允许首先进行交易。在这个意义上，数字平台提供的中介服务可以被认为是一种俱乐部产品（介于纯私人物品和纯公共物品之间的产品），因为服务是非竞争的，但仍具有排他性。此时，数字平台就构成了一个新的机构[②]。该机构可以拒绝不符合平台运营商要求的参与者，其不一定在事前应用有关执照、质量标准或法律法规，而是主要依靠参与者以事后评论和评级的形式进行的相互评估。可见，数字平台兼具企业与市场双重属性，既当运动员又当裁判员，导致非竞争行为具有隐蔽性。此外，

---

　　① Rysman, M. The economics of two-sides markets [J]. Journal of Economic Perspectives, 2009, 23 (3): 125 – 143.

　　② Mair, J. & Reischauer, G. Capturing the Dynamics of the Sharing Economy: Institutional Research on the Plural Forms and Practices of Sharing Economy Organizations [J]. Technological Forecasting and Social Change, 2017, 125: 11 – 20.

虽然数字平台有利于扩大消费、提振内需，拉动相关服务业发展，但可能会扰乱原本其所处的行业，绕过相关法律法规，造成政府监管的真空地带。

三、价格歧视的新特点占用更多消费者剩余

价格歧视是指垄断企业在同一时间以同一产品或服务对不同的购买者制定不同的价格，以获得更多的利润。实现价格歧视需要具备三个条件：一是企业具备垄断性支配价格的能力；二是购买者对同一产品或服务拥有相异的需求价格弹性，并且企业能够对此予以区分；三是可以将不同的购买者市场分离[①]。按照价格歧视的程度，具体可以划分为三种形式，即对每一单位数量的产品分别制定差别价格的一级价格歧视，对每一组产品分别制定差别价格的二级价格歧视以及对在不同市场的产品制定不同价格的三级价格歧视。

数字经济下，价格歧视具有了在传统经济中不具备的新特点（见表4-2）。传统经济中，虽然一级价格歧视可以获得最多的消费者剩余，但由于难以得到全面完整的信息，使其只存在于理论层面。而数字经济时代，信息技术的发展为商家实施一级价格歧视清除实施障碍。基于手机的普及与各种 App 的增多，使数据的搜集更加便捷与低成本。商家利用各方渠道得到的数据进行分析，能够了解到每一位消费者的消费能力、习惯与意愿，甚至能够达到比其自身更了解自己的程度。虽然这为消费者提供了更好的消费体验与服务，但存在"大数据杀熟"的现象。实际上，传统经济也存在各种价格歧视问题，但方式较为直接，相关信息直接展示给消费者，消费者相对了解经营者的营销手段，通过各方比较选择自身利益最大化的消费方案。当前数字经济下，价格歧视的方式更加多样与隐蔽。商家能够在统一定价的前提条件下，通过向消费者发送邮件、推送信息或弹窗等手段实施间接价格歧视。与实体经济不同，

---

① 王俊豪. 管制经济学原理［M］. 北京：高等教育出版社，2014：102.

数字经济下商品的价格浮动较大，更迭价格的成本较低，甚至能够做到实时更新和精准差异定价。通常情况下，消费者之间的信息沟通并不完全，因而无从辨别价格是统一的还是仅针对个人的。此外，传统经济下对于市场的划分相对粗略，考虑到信息搜集的难度与成本，通常不会对市场或客户群体进行精细划分。而数字经济下，大数据技术能够轻易做到识别消费者特征，并将其进行归类。

表4－2　　　　　　　传统经济与数字经济的价格歧视差异

项目	价格歧视信息基础	价格歧视市场基础	价格歧视方式	消费者剩余流向	政府监管对象
传统经济	信息来源窄搜寻成本高	市场划分较为粗略	直接	消费者剩余转为生产者剩余	供给方需求方
数字经济	信息来源广搜寻成本低	市场划分精准细致	间接隐蔽	消费者与生产者剩余流向平台	供求双方平台

数字经济某种程度上解决了信息不对称问题，但又构筑了信息藩篱，可能加剧商家与消费者之间的信息不对称问题。商家更了解每一位消费者，而消费者可能都不了解所购买商品的真实价格。若消费者已知不同人不同价原则，仍愿意继续交易，则更加符合自愿原则。但实际情况是，大量消费者不清楚是否存在价格歧视以及如何被歧视的。此外，传统经济下价格歧视是将消费者剩余转换为生产者剩余，但由于数字平台的介入，情况变得更加复杂。在数字经济中，存在大量的生产者剩余与消费者剩余都归结到平台的情况。实际上，此时的定价策略可以分为统一定价、需求方定价、供给方定价与双边定价①，每一种策略在不同的情况下都会产生相异的结果，需要监管者进行更多的关注。

① Zhao DZ, Yuan ZW& Chen MY et al. Differential pricing strategies of ride-sharing platforms: choosing customers or drivers? ［J］. International Transactions in Operational Research, 2021, 29（2）：1089－1131.

四、动态跨界的数字经济增加相关市场界定难度

垄断的判定不但涉及经济理论本身，而且涉及实践中相关法律法规与政策制定和执行问题。相关市场界定是认定不同企业之间是否具有竞争关系，这是垄断判定的前提。传统经济中，垄断的分析框架来源于一般均衡理论与完全竞争模型①。监管对象通常为比较稳定的产业，其生产与消费曲线较为固定，因而传统分析框架难以继续运用于持续创新的动态市场。反垄断实质目的是避免效率低下情况的出现，传统分析框架主要偏重资源的配置效率，即静态效率，而非创新引发的动态效率。因此，对于创新驱动的且不断动态变化的数字经济而言，传统的垄断分析框架就有一定局限性。

界定相关市场，主要包括界定产品市场与地理市场。相关产品市场界定的首要考虑的因素就是可转换性，包括需求方与供给方。若需求的交叉弹性系数较大，说明产品之间的替代性与竞争性较强，则能够将这些产品归为同一市场。若供给方能够在投入相对较小的情况下迅速转入生产可转换性产品，则也应该归入同一市场。数字经济下，面对不断涌现的新业态、新模式、新领域，需求方的替代意愿以及供给方的可转换性都不断变化，增加了替代性或转换性的评估难度。相关产品市场的界定，还需要考虑产品的物理性能与预定用途。与传统经济相比，数字经济的跨界、融合、破圈与转型逐步增多，各领域的界限越发模糊，这就进一步增加了相关产品市场的界定难度。此外，价格因素也不可忽略。若价格相差过于悬殊，则消费者可能认为产品间不具有转换性，进而影响相关产品市场的界定。而数字经济下，价格有时难以准确反映市场情况，尤其是为获取用户，免费提供产品与服务时，传统界定工具似乎不太适用。数字经济中存在的双边或多边市场属性也与传统单边市场不

① 熊鸿儒. 数字经济时代反垄断规制的主要挑战与国际经验［J］. 经济纵横，2019
（7）：83 - 92.

同，这也为相关产品市场的界定带来不小的挑战。在产品市场确定后，还应确定相关地理市场。传统经济下，在不同的地理区域内，即使相同产品的供应商也可能相互没有竞争关系。而数字经济打破了时空界限，需求方在竞争产品之间进行的地域选择范围更广，供给方的目标客户受地理因素的限制越来越少，其定位策略也会随之改变。加之保存技术与运输条件的升级，使运输成本与时间大幅下降，地理市场的界限也不如传统市场那么清晰了。

五、数据驱动形成数字卡特尔与数字安全问题

数字经济时代下，数据已经成为与劳动、资本地位相当甚至更重要的生产要素，尤其是数字平台，竞争的核心就是数据。在新型商业模式中，需求方即便在享受零价格产品或服务，也以个人数据的支付作为补偿。数据与算法成为新型的合谋工具，算法将影响合谋的结构性因素，如互动频率、市场透明度等，此种隐蔽性较强的新型垄断协议方式被称为数字卡特尔。若供给方与平台通过数据与算法达成价格合谋，则会对需求方实施价格差别待遇，甚至供给方与平台运用实时数据来监控此行为的运行情况。与此同时，供给方与平台间的数据部分共享，能够使未加入合谋中的企业认识到数据共享后所导致的市场分割。即便是使用匿名形式的数据共享，也可能形成隐性合谋。加之算法的不断改进与优化，间接形成默示合谋①。可见，数字卡特尔中的合谋方式更为隐蔽、智能与高效，这种合谋方式将会侵害需求方用户权益，破坏市场运行秩序，但政府监管者难以发现。此外，传统经济受制于物理世界的时间空间限制，而数据与算法驱动的新型经济打破此界限，具有全天候跨空间的属性。数字企业依托业务的纵横向延伸、融合、贯通，形成了基本上不存在边界的生态圈业务与组织结构，这与现实中政府属地监管体制产

---

① 王先林，方翔．平台经济领域反垄断的趋势、挑战与应对［J］．山东大学学报（哲学社会科学版），2021（2）：87-97．

生矛盾。

平台作为供给方与需求方的交易中介，天然汇聚了海量数据，包括微观个体用户数据，也涵盖行业与市场动态信息。通常情况下，平台为保护参与者的隐私而不愿意与政府分享数据。然而，一些平台在其隐私政策中指出，平台可能将个人数据用于广告目的，包括与第三方（如搜索引擎和社交媒体平台）进行数据交换。这样一来，数据信息就能够"出逃"平台，并被其他方使用（可能与其他个人数据相结合）。这相当于允许平台预先选择优惠和个性化营销，进一步限制消费者的自主权①。平台运用自身角色与优势，也可能出现过度采集数据行为，甚至毫无底线地利用数据牟取不正当利益。此外，数据存储问题、数据处理问题等都可能产生个人信息泄露，这些问题都需要政府创新监管方式并加强监管力度。

第四节　数字经济为监管带来的机遇

数字经济为政府监管带来诸多难题的同时，也为政府监管提供诸多便利。自新冠肺炎疫情暴发以来，疫情防控下对传统社会生活中交流方式的限制极大地考验我国数字政府能力，同时也加速推进了政府数字化监管改革进程。在疫情防控常态化阶段，数字经济发挥重要效能，特别是在政府监管领域。相关部门运用大数据、AI 等技术，进行人流实时分析、风险人员判别、物资调配、追踪传染链条、疫情趋势研判等，有效控制疫情进一步扩散，支撑复工复产。

一、制定与执行的统一，提升监管效果

传统的监管方式下，监管政策相对完善，但执行层面受诸多条件制

---

① Frenken, K., Van Waes, A. & Pelzer, P. et al. Safeguarding Public Interests in the Platform Economy [J]. Policy and Internet, 2019, 12 (3): 400–425.

约。由于监管人员、资源等有限，只能运用抽查、自检、事后追责等方式来实现监管，造成监管在执行层面难以形成全范围、全过程覆盖。若想进一步提升监管效果，就需要持续加强人力执法。然而即便政府监管者再勤勉，也无法实现24小时无死角监管，还会大幅提升执法成本与工作负担。数字经济时代，数字技术的运用则能够有效解决这一问题。数字化赋能政府监管，体现在监管方式上的电子化、网络化、非现场化与自动化等。例如，对于食品安全、环境污染等社会性监管，可以利用相应设备远程监控与实时记录，相对于传统的抽查形式，监管效果显著提升。此外，监管执行的数字化能够降低监管成本。数字化设备通过预先设定，可以对违规行为自动识别、主动报警，而无须人工对大量素材进行审核，极大缩减了政府监管的人工成本。数字化监管的电子终端设备取代了传统监管中的会议纸张，提升办公效率的同时，也有助于推进低碳环保。在传统的监管方式下，跨部门联合监管模式下容易出现各自为政或互相推诿的情况。数字经济时代，运用物联网、人工智能等手段，通过远程取证固证、远程执法处理等实现无感式联合监管，形成多层次、立体化集成监管机制，真正落实跨区域、跨层级、跨部门的联合监管。

二、行为与信用的统一，强化监管力度

信用监管旨在加强事中事后监管。传统监管模式下，由于信息融合共享程度不足、信用约束机制尚未完善，导致推行信用监管过程中存在漏洞。数字经济时代，技术赋能使市场中的一切行为都能够被及时记录与追溯，行为与信用不再割裂，而是行为构成了信用。实际上，信用监管的前提是信用信息的记录、分析与共享。其主要方式是融入原有监管措施中，建立以信用为主要依据的新型监管机制，其参与者并非政府一方，而是多元主体，包括监管者、监管对象以及社会各界。可见，信用监管离不开数字技术的支持，唯有在数字经济时代，依托大数据等技术才能实现信用信息的充分利用，实现线上线下多元协同监管。例如，食

品安全监管部门通过构建追溯闭环管理系统，整合生产流通交易数据，做到"赋码—追溯—倒查"的全过程管理。数字技术切实为监管提质增效，增加了群众的获得感。行为与信用的统一，使政府监管能够依据市场主体的信用情况运用差异化的监管手段。依据信用评价办法，对市场主体进行科学定级，做到对诚信守法者不过多干预，对违法失信者严惩不贷，从而提升监管的精准度，强化监管力度。此外，健全信用修复机制，以信用修复的透明度与便捷性最大限度保障市场主体的合法权益，确保信用风险分类管理工作的时效性。信用分级分类监管的不断完善，也为良好营商环境的创建提供保障。

三、治理与智理的统一，完善监管体系

早期的数字化赋能政府监管仅限于电子政务，在此过程中数据作为一种更便捷的手段，能够提高行政管理效率，虽在赋能中强调规范、标准地利用数据，但以监管者为中心的行政化治理模式并没有改变。而如今的数字经济时代，数据作为重要的社会资源之一，是推动经济社会发展的关键要素，用数据监管强调应及时、精准且个性化地运用数据，重点在于数据分析、融合与共享，主要目的是为各方主体提供更大价值，因而是以各方主体为中心的服务政府模式。数字赋能的不断深入，使"治理"迈向"智理"，更多让数据说话，通过数据分析实现监管穿透，及时发现问题，洞察趋势，使政府监管更加智能化与智慧化。例如，对于环境监管，建立"前端＋中端＋后端"的智能监管平台，通过"视频监控智能识别—应用软件精准预警—指挥中心自动派单"这一流程做到"三端"整体智能化。具体而言，对于自然资源开发实现六个自动化（自动巡航、自动识别、自动定位、自动分析、自动预警与自动处置）。技术的进步也为政府监管变革带来新的机遇，数字仅是技术，而服务才是灵魂。若只依靠技术支撑而不进行体系创新，则传统政府的革新仍不彻底（见图4-5）。唯有技术与体系双轨并行，才能真正实现数字政府的转型升级。

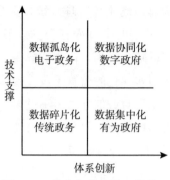

图 4-5　技术与体系的逻辑关系

第五节　数字经济下政府监管的重点

一、由命令控制或行业自律向多中心共同监管转变

目前，我国政府监管的主要方式仍以命令控制为主。在实践中，政府的干预围绕三个方面杠杆进行催化，即实施全面的隐私和数据保护监管、否认中介责任保护以及使用《竞争法》和《反垄断法》[①]。此种方式在理论上应该是相对简单与稳定的，但是结合数字平台的诸多新特点，难以确保其仍是最有效的监管方式。例如，由于平台、商家与监管者之间的信息不对称，使政策的制定存在一定难度。若实施了不合适的政策，可能会抑制创新，即便政策合适，但也可能存在落实困难、执行负担过重等问题。此种监管方式依赖于少数专业人员，缺乏多中心的讨论。此外，政府干涉的用意是在交易过程中建立信任，而数字经济下特别是平台经济，均有各自的信任强化机制，如同行评议机制，该类机制能够更有效地实现同等地建立信任功能。因而，在数字经济的运用中，

---

① Robert Gorwa. What is platform governance? [J]. Information, Communication & Society, 2019, 22 (6): 854-871.

行业自律即为自我监管。但若仅实施自我监管，不但缺乏透明度，而且没有考虑到平台本身以外的行为者的利益。一旦发生问题，平台具有维护自身而非中立原则的动机。在运用自我监管的过程中，需要有保障公众利益的制衡措施。因此，多中心共同监管是对数字经济最合适的监管反应。

共同监管是由一般立法与自我监管的复杂互动构成的，此种监管通过在政府与私人机构之间建立了合作关系以监管私人活动，同时兼顾其特殊性并保障公共政策目标，因而共同监管也叫作"受监管的自我监管"，以此强调监管者和被监管者之间的相互作用。多中心共同监管的监管主体不再仅有政府一方，政府部门作为辅助主体，与其他主体共同形成监管体系，使平台企业释放更多的潜能。不同于自上而下的监管，共同监管涉及不间断的交流、评估与审查，这就建立了信息与适应性优势。此种模式下，监管对象的利益并未被掩盖，而是构成了监管概念的核心部分。政府监管可以更专注结果而非过程，确定目标后由数字平台决定如何最好地实现这些目标，鼓励灵活性与适应性，为平台提供合理空间。此外，在共同监管中可以引入社会组织、公民个人等，通过共同参与、履行各自的权利与义务，形成监管理念与模式的更新。重新定位政府监管角色、明确企业监管责任、发挥公众监管力量，使各"中心"共同承担公共责任。具体而言，政府要下放监管权限，使其他主体具有发言权，与其他主体形成平等互信的关系，共同致力于数字经济秩序的维护；赋予平台企业对平台商户的监管权，并使平台企业承担相应的连带责任，促使平台企业更积极地进行监管；培养公众的参与意识，为其提供更便捷、更多元的监管渠道，使公众成为主动负责公共监管事务的主体。

二、由放松监管或加强监管向以数治数转变

对于数字经济，放松监管易产生非公平竞争等诸多问题，而一味加强监管又可能不利于创新。平台是依托互联网、大数据、人工智能等数

字技术发展起来的，监管主体也应该依托数字平台的相应技术，才能满足数字经济时代监管现代化的要求。因此，要不断创新监管工具，以数字监管数字，以平台治理平台，建立健全线上市场风险监测与预警机制，优化线上营商环境，实现以数治数。

垄断行为的隐蔽化，需要监管方法的智能化，而查处违法不是目的，预防违法才是理想状态。俄罗斯联邦反垄断局（FAS）通过介绍"价格算法"与"拍卖机器人"等专门技术，结合具体案例加深市场主体对数字卡特尔的了解，并告诉参与者在数据算法的互动中允许与禁止的部分。政府应该利用相关技术开发新的市场监管系统，如反卡特尔信息分析系统，用于自动识别与证明限制竞争协议，市场主体能够自我检查参与卡特尔协议的风险，因而有助于预防违法行为。与传统经济相比，数字经济涉及数量更大、种类更多的利益相关者。以外卖平台为例，既涉及平台企业的股东与员工、使用平台的用户、入驻平台的商户、劳务外包公司、具体配送的送餐人员等直接利益相关者，又涉及对手平台、未入驻的商户等间接利益相关者。对于诉求各异，可能存在利益冲突的上述人员，原有的监管手段难以产生良好的监管效果。同时，同一平台还可能涉及食品、药品、服装、服务等不同品类的商品，传统的分部门监管难以做到统筹全局。针对数字经济跨地区、跨部门等特点，政府监管需利用数字技术探索网络交易跨地区、跨部门的线上线下协作监管机制，进一步推进"跨省通办""一网统管"等，提高联动监管、联合执法能力。

为进一步落实各区域、各部门的有效协作，数据共享不可或缺。对此，可以进一步采用数据驱动的透明度循环实现数据共享。这一循环包括六个阶段、两个部分，即发布数据（虚线部分）与使用数据（实线部分）（见图4－6）。无论出于何种原因创建的任何数据，以及对这些数据的披露都是一种透明行为。数据可以以各种形式收集，包括手动形式以及自动形式。为了变得透明，必须披露数据，因此发布数据是透明度周期的核心。如果没有人使用数据，透明度就无法实现。在披露之后，在数据透明度的促成下，用户必须使用并从数据中创造洞察力。使用数据的人越多，就会有越多的人拥有由透明度促成的洞察力。在一群人获得了此种有意义的洞察力之后，就可以采取政策行动。此外，对于数据安全问题，政府应坚持数据分类分级开发利用，数据安全标准应进一步统一与细化。企业也需要结合自身技术能力、数据特性等，建立贯穿数据全生命周期、面向实际应用场景的数据安全治理体系。针对数据被滥用等情况，可通过算法问责、算法审计等来缓解。例如要求平台报告相关信息，监管部门在此基础上通过对算法的评估，可以在风险来临之前对平台企业算法的安全性拥有更全面的掌握。

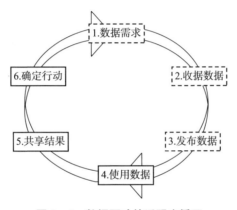

图 4 - 6　数据驱动的透明度循环

资料来源：Matheus, R. , Janssen, M. & Janowski, T. Design principles for creating digital transparency in government［J］. Government Information Quarterly, 2021, 38（1）: 1 - 18.

三、由监管人才或科技人才向"数字监管"人才转变

优化线上市场监管机制，是当前各个国家加强市场监管普遍存在的新挑战；坚持发展与规范并重，是对政府监管部门的监管水平与能力的一个重大考验。《2020 联合国电子政务调查报告》显示，我国电子政务[①]发展十分迅速，联合国电子政务发展指数（EGDI）从 2018 年的

————————

　　① 此报告中，电子政务与数字政府可以互换使用，不加以区分。

0.6811 提高到 2020 年的 0.7948，排名比 2018 年前进了 20 位，位于第
45 位（共 193 个成员国），达到"非常高"的水平①。EGDI 细分为三
个部分，为通信基础设施指数（TII）、人力资本指数（HCI）与在线服
务指数（OSI），我国得分分别为 0.7388、0.7396 与 0.9059。从 2003～
2020 年来看，我国 TII 上升较快，而 HCI 有所下降。我国在人力资本指
数方面长期位于在 100 名左右，这说明在数字政府的建设中，数字监管
人才的缺失为主要短板。传统的政府监管行政人才与纯信息科技人才似
乎难以满足以数治数、量身监管的需要，因而加强"数字监管"人才
队伍建设十分紧迫。一方面，重视并加强"数字监管"人才的储备。
加大高校在相关领域对人才的培养力度，夯实数字政府发展基础。实施
"市场监管重点人才建设工程"，培养符合数字经济下政府监管"政府＋
平台"需求的后备人才。在平台算法监测、数据安全等重点领域引进高
水平人才。成立"数字监管"专员队伍，负责协助监管数字化改革工
作。对于基层监管人员，开设"数字监管"相关培训，提升整体能力
水平。另一方面，可以引入数字服务团队（DST）。DST 已经成为介于
集中式和分散式首席信息官（CIO）办公室之间的第三种 IT 治理空间，
可以被描述为专注于重新设计服务和流程的组织结构，目标是以比现有
电子政务工作更快、更以用户为中心的方式提供数字政府服务②。此
外，从全国范围看，受地区发展不平衡影响，我国的政府数字化转型呈
现东部地区进程快，中西部地区进程慢的特点。中西部地区应抓住"东
数西算"的有利时机，培养或引入相关人才，打通全国数据动脉，形成
区域供需同频共振，同时借数字化转型东风弥合东西部经济差距。

---

① 联合国经济和社会事务部. 2020 联合国电子政务调查报告［R/OL］.（2020－08－25）
［2023－01－07］. https：//www. hrssit. cn/info/2078. html.

② Mergel, I. Digital service teams in government［J］. Government Information Quarterly,
2019, 36（4）：1－16.

第五章

人工智能监管

第一节　人工智能的法律问题

人工智能的快速发展得益于计算机硬件与算法的发展，并由此带动整个信息产业升级。作为新兴技术，人工智能存在诸多不确定性。例如，在自我学习类算法的"黑箱"操作影响下，算法开发者可能也无法预测人工智能应用的结果走向，而这种未知性又使得事后监管效果甚微，因此有关人工智能的法律问题亟须得到社会广泛关注。一方面，人工智能对数据的深加工，凸显了数据的潜在价值，使冷冰冰的机器物品具有智能生命，在一定程度上替代了人脑思考活动，改变了人们的社会生活环境；另一方面，人工智能技术改变了人们生活方式，使得社会关系复杂化，产生了许多新的法律问题。

当前，我国在法律层面上对人工智能及其相关产业的概念尚未作出统一规定，不同省市的人工智能发展规划中对人工智能也有着不同理解。其中，上海市出台的《上海市促进人工智能产业发展条例》中认为，人工智能是利用数字计算机或者数字计算机控制的机器模拟、延伸和拓展人的智能，可以感知环境与获取知识，并使用知识获得最佳理论、方法与技术的系统集合。而人工智能产业是指与人工智能产业发展相关的软硬件生产、系统应用及其相关服务。深圳市发布的《深圳经济特区人工智能产业促进条例》同样认为，人工智能是使用计算机控制相关设备，通过感知环境与学习知识等方式，对人类智能进行模拟、延伸与拓展。而人工智能产业是相关软硬件的集合，包括：开发、研究与应用，并以此应用于民生服务、社会治理及经济发展领域，人工智能与其他产业融合所形成的新业态均属于人工智能产业范畴。目前，人工智能并不完全具备人类理性特征，没有自我行动能力，一切行为均是在算法下的系统化决策，与人类智能具有不同的含义。例如，ChatGPT 聊天软件表面上来看已经具有"智能"的能力，可以快速与人类对话并完成相关任务，但这一切只是来源于该软件的数据搜集与汇集能力，Chat-GPT 并不真明白人类语言，或者明确自己所回答的意思。同时，人类还有情感与意识，而现阶段的人工智能并不具备情感与意识。对此，从法律角度而言，现有的研究只能从人工智能是否真的"像人"一样进行区分，而"是人"与"非人"的界定将直接影响相关法律监管政策与结果。在现行的法律框架下，人工智能监管只能以"非人"作为监管对象，所产生的法律问题多为技术层面。

例如，在自动驾驶领域，目前行业普遍将其分为 6 级，分别为：L0 级别，存在预警或干预系统，也由驾驶员全程完成动态驾驶任务。L1 级别，转向控制或加减速由驾驶辅助系统根据驾驶环境完成，剩余驾驶任务由驾驶员完成。L2 级别，转向或加减速控制的具体操作由多个辅助系统根据环境信息完成，驾驶人负责剩余动态驾驶任务。L3 级别，自动驾驶完成动态驾驶中各项任务，需要驾驶员在收到干预请求后作出适当反应介入。L4 级别，自动驾驶完成动态驾驶任务中的各方面任务，即使驾驶员没有对干预请求作出介入。L5 级别，自动驾驶系统在所有道路与环境下，全时段与全方位完成所有动态驾驶任务。目前，人类已经完成 L2 级别的自动驾驶，并在商业广泛应用，并正在测试 L3 与 L4 阶段。当前，人工智能将面临以下法律与风险问题：第一，隐私数据搜集与信息保护问题。在一个自动驾驶系统中，具有成百上千个传感器，其内部空间不再为私有空间，且所有驾驶数据都会被记录与上传，人工智能通过这些数据不断训练，以提升自动驾驶精准性；第二，自动驾驶的侵权责任划分问题。当前，我国交通法规是建立在驾驶人制度基础之上，若因自动驾驶所导致的风险问题如何划分责任，有待于进一步讨论。而人类是否应当将车辆控制让渡于算法，也是值得关注与探讨的问题。

第二节　人工智能技术构成与发展现状

一、人工智能技术构成

人工智能产业链是以底层算力为基础，通过搜集上游大数据（图像和语音数据），利用算法不断训练，最终实现下游软件的广泛应用（见图 5－1）。算力、数据与算法是人工智能产业链发展与最终应用的三个关键要素。其中，底层算力是实现人工智能的硬件计算能力，是通过对信息与数据的处理，实现目标结果输出的计算能力。常用的算力包括云计算算力、高性能计算算力、智能计算算力、混合计算算力与算力网络。算力不仅是人工智能发展的基础，同时也是数字经济改革发展的重要业态与组成。算力容量与速度的提升，将赋予人工智能更多应用场景，是人工智能产业与数字经济发展的内生驱动力。数据是对世界的描述，是未完全加工的核心资产，其核心价值是提供决策。当前，大数据包含：结构化数据、非结构化数据与半结构化数据，多种数据的开发与利用丰富了人工智能应用场景。大数据作为人工智能产业的命脉，只有人工智能从大数据中分析与学习，才可以实现自我价值与功能；算法是人工智能应用结果的体现，算法的优劣将直接影响人工智能项目的水平。进一步而言，算法是通过对所搜集数据进行运算，并从中获得指令性的方案，是人工智能解决某一问题的机制。当前，主流的算法是机器学习算法，该类算法通过对数据分析所获得的规则或规律中，预测未知数据的算法，包括传统机器学习与神经网络算法。

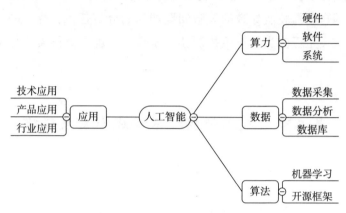

图 5－1　人工智能技术构成

二、中国人工智能发展现状

人工智能产业作为新一轮产业革命的核心技术，在算力、数据与算法共同作用下，影响生产、分配、交换与消费等各领域，推动新产品、新产业与新业态的创新。

我国十分重视人工智能技术发展与应用，在 2017 年由国务院提出并发布第一步人工智能产业发展纲领性文件——《新一代人工智能发展规划》，标志着人工智能产业发展已经上升至国家发展战略。《新一代人工智能发展规划》不仅对我国人工智能技术与应用提出了各阶段要求，同时也对其经济作用和社会作用作出了明确规定。具体而言：第一，在 2020 年要求人工智能技术与世界先进水平同步，并发展为超过1500 亿元新产业，辐射带动超 1 万亿元新产业，其社会用途为改善民生。第二，在 2025 年要求人工作智能技术达到世界领先水平，基础理论实现突破，其产业规模超过 4500 亿元，并带动辐射超 5 万亿元产业，其社会用途为促进产业升级与转型。第三，在 2030 年要求人工智能理论、技术与应用总体达到世界领先，产业规模超过 1 万亿元，并带动辐射超 10 万亿元产业,形成智能经济与智能社会,为我国成为创新型国家提供基础。在此背景下,中央政府从政策和产业布局两方面推动人工智能产业发展。

(一)我国人工智能产业政策

自《新一代人工智能发展规划》发布以来,人工智能发展得到高度重视,中央政府、各省市陆续出台人工智能产业发展政策,从宏观发展政策到微观应用场景。同时,人工智能产业发展连续四年写入政府工作报告,也标志着我国经济发展正由"互联网 +"转向"智能 +"模式转型,重要政策如表 5-1 所示。

表 5-1 重要人工智能政策

政策名称	发布机构	主要内容
《促进新一代人工智能产业发展三年行动计划(2018—2020 年)》	工业和信息化部	培育与发展智能汽车、智能服务机器人与智能无人机在经济中的集成应用;夯实人工智能软硬件基础;培育推广智能制造新模式;完善人工智能发展环境
《高等学校人工智能创新行动计划》	教育部	加强新一代人工智能基础理论与关键核心技术研发;加快机器学习、计算机视觉研究;建设高校人工智能科技创新基地,组件人工智能、脑科学与认知科学等跨学科创新团队
《关于促进人工智能和实体经济深度融合的指导意见》	中共中央办公厅、国务院办公厅	坚持市场导向,以产业应用为目标,优化制度环境,激发企业创新活力,并结合不同产业、地域特征,探索成果转化路径
《国家新一代人工智能标准体系建设指南》	工业和信息化部、国家标准化管理委员会、中央网信办等五部门	基础共性标准;技术产品标准;软硬件平台标准;通用技术标准;关键领域技术标准;产品与服务标准;行业应用标准;安全伦理标准
《新一代人工智能伦理规范》	国家新一代人工智能治理专业委员会	提出人工智能特定活动应遵守的 18 项伦理要求,加强风险防范,建立有效风险评估机制
《关于支持建设新一代人工智能示范应用场景的通知》	科技部	提出具体十个示范场景:智慧农场、智能港口、智能矿山、智能工厂、智慧家居、智能教育、自动驾驶、智能诊疗、智慧法院、智能供应链

（二）我国人工智能产业核心技术分布概况

当前，我国新一代人工智能产业依托于科大讯飞、百度、阿里及腾讯等科技平台，已经在自动驾驶、智能语音、智能视觉等领域取得了一定进展。同时，得益于过去5年的国家发展战略，中国人工智能产业已经成为全球公认的领先者，其核心技术分布领域如图5－2所示。中国作为全球最大的人工智能应用场景，已经在多个领域和场景开展布局，其市场规模快速增长。根据中研普华产业研究院的预测，在当前中国的产业政策支持下，以及随着未来相关市场制度不断完善，2026年，中国人工智能的投资规模可达266.9亿美元，占据全球总投资额的8.9%，年复合投资增长率高达15%。

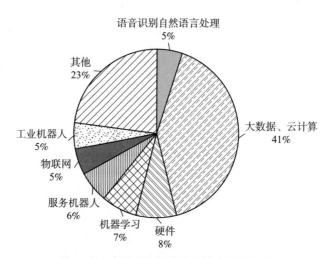

图5－2 中国人工智能核心技术领域分布

资料来源：中国新一代人工智能发展研究院。

（三）中国人工智能产业市场规模概况

随着政府对人工智能的投入不断增加，再加上新基础与数字经济发展所带动的内需，我国人工智能产业市场规模将进一步扩增。根据华经产业研究院数据显示，截至 2021 年中国人工智能市场规模为 1351 亿元，并预计到 2025 年，其市场规模可达 4000 亿元，如图 5-3 所示。

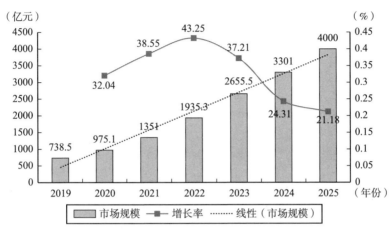

图 5-3 中国人工智能产业市场规模

<h2 style="text-align:center">第三节 人工智能监管困境</h2>

一、人工智能产业发展与安全问题

科技进步对人类社会发展，促进人类福祉有着重要意义。从当前人工智能发展与应用角度来看，人工智能不仅带来了经济发展效率，同时通过改善传统产业与创造新业态等形式，为当前全球经济发展提供了新动能。但是，技术是一把双刃剑，在带来利益的同时，也会产生新的发展问题。人类在发展与应用人工智能时，应当对技术持有敬畏之心，在深入研究人工智能对社会经济增量影响的同时，也不能忽略人工智能对社会经济关系变动的影响，及其应用复杂场景而无法预测的风险等问题。就安全问题而言，主要包括应用安全、技术安全及个人安全。

第一，应用安全指人工智能在各产业或新领域应用过程中，可能产生的安全问题，典型的应用安全问题是自动驾驶安全问题。在正常情况下，车辆通过人工智能的计算与分析，可以协调好所有车辆运行，将交通事故率降至为零。然而，过度密集的敏感数据一旦遭受黑客攻击，无论信息采集、传输或分析任意环节遭到破坏，都可能导致车辆作出错误判断，产生不可估量后果。

第二，技术安全指人工智能内在安全问题，是代码、算法或开发框架所导致的风险问题。其中，随着人工智能的底层代码越来越多和复杂，其系统稳定性急剧减弱。在复杂框架下的人工智能应用，任意一小段代码的错误都可能造成极大危害，其缺乏可解释性与可靠性。同时，当前人工智能使用的是关联统计框架，其相关数据大部分都为虚假的，因而输入某一数据可能导致的输出结果的不完全确定，亟须新的方案解决结果的不确定性问题。

第三，个人安全主要涉及信息安全，尤其是生物特征的身份认证与访问权限。这些生物特征往往与其他产业交叉，若产生安全问题，将导致系统性影响。例如，人脸识别技术被广泛应用在支付领域，涉及金融安全，若产生信息泄露或者信息误报等问题，其影响将是广泛的。此外，人工智能的使用方式还与人类安全息息相关，犹如核的产生，既可造福人类创造能源，也可能被不当利用毁灭人类。对此，在 2017 年由世界各国的人工智能研究机构与学者们达成了 23 条人工智能原则，其中最重要一条是确立人工智能研究的目标是造福人类，而非依托于人工智能控制人类。

二、人工智能技术发展规则与法律规则滞后问题

人工智能技术发展规则存在两方面问题，一是法律人工智能问题，二是人工智能法律问题，二者含义不同。

对于法律人工智能问题，人工智能在法律领域的应用，是"人工智能＋法律"的新业态模式。在此模式下，法律人工智能的功能是替代传统法律执行人，通过人工智能技术对法律问题进行判断与最后裁定。在

此过程中，存在算法逻辑判断与执法方式等法律问题。

人工智能法律问题，是人工智能技术及其相关产业发展所产生的问题，泛指人工智能技术应用所带来的新风险与新挑战，其产生的新问题并将与现有法律在某些环节存在矛盾与不完善等问题，如算法规制、个人信息保护及法律责任认定等。但法律的制定一定是依托于技术特征，因而在人工智能不断发展的情况下，现行的人工智能法律一定远滞后于人工智能技术发展。以人脸识别为例，人脸识别技术包含计数、验证、辨识、监控、伪造与窥探等六部分。但人脸识别的六个部分又有不同的应用领域，在现行法律框架下，存在法律监管模糊与不适用等问题。例如，计数应用场景符合个人信息保护，而验证与辨识都涉及敏感信息问题。监控则涉及正当性与使用比例问题，即什么时候可用，或使用何种比例监控。伪造属于肖像权，窥探则属于人格权与隐私权。由此可知，在整个人脸识别过程中，人工智能技术应用涉及多方面法律问题，其法律问题既有叠加，也有空白问题。对于空白问题，可以通过后期修订弥补，但对于法律叠加问题，则需要细分应用领域，以模块化方式寻求法律帮助。但随着人工智能技术与其他技术及产业的融合，产业边界越发模糊，如何细化人工智能技术应用及其可能产生的法律问题，是一个新的挑战问题。

三、人工智能道德伦理问题与监管对象问题

人工智能作为一种颠覆性技术，在释放重大改革能力的同时，也深刻地改变了人类社会生产方式与思考模式。一方面，人工智能具有强"头雁效应"，切实造福人类社会；另一方面，人工智能对现代社会人与人、人与社会之间关系产生了不可知影响。计算机伦理创始人 Moore 认为人工智能将产生四类伦理问题：第一，伦理影响智能体，即人工智能对社会与环境产生影响。第二，隐式伦理智能体，即计算机软硬件在设计之初存在的伦理设计。第三，显示伦理智能体，即人工智能可对环境与情势变化，根据自我对伦理的理解作出抉择。第四，完全伦理智能

体，即像人一样具有自由意志，并对各种情况作出伦理决策。目前，世界正面临前两种伦理挑战，需要解决的问题包括避免人类受机器伤害、保护人类尊严。同时，保证机器不能作为侵害他人的武器，而人类可拒绝机器人的照顾。此外，防止人工智能加深人类鸿沟，破坏公平，或出现瓦解社会关系等问题。

人工智能所产生的伦理问题，又引申出监管主体问题。即，对人工智能的监管主体是机器本身，还是创造出机器的人。在当前法律框架内，机器是不能作为法律意义上的主体，其产生的风险与危害不能由机器承担。就目前人工智能发展程度而言，具有人工智能技术的机器与其他普通机器并无差异，只是增添了算法、数据与算力等技术因素，因而监管主体倾向于其机器创造者。也就是说，当前人工智能监管主体是算法提供者，法律对人工智能的监管只能延伸到算法范畴，这显然难以符合未来人工智能发展趋势。

第四节　人工智能的监管原则与具体策略

一、我国人工智能监管原则

当前，我国人工智能监管存在三点不足之处：第一，对人工智能技术及其相关产业发展缺乏预见性，法律规章制度滞后于技术发展，缺少清晰的法律监管框架，存在无法可依问题。第二，监管主体模糊，对人工智能监管既存在重复监管问题，也存在监管空白区域，监管政策有效性不足。第三，人工智能存在系统性安全与鲁棒性安全问题，对公众影响具有不可知性。因此，人工智能监管要解决以上三点不足。即，人工智能技术与产业发展相关的法律、政策与伦理问题。而如何协调使用好这三个重要监管因素，决定人工智能技术与产业未来发展方向。

其中，人工智能法律是人工智能监管的根本，法律制定需要协调好保护、促进与监管之间的关系，既要避免轻监管造成无序发展，也要防止严监管阻碍技术创新。因此，如何创建一个灵活的监管框架是当前人工智能法律制定的关键。一方面，人工智能监管应秉持防止风险；另一方面，又要支持创新，保持监管连续性与适应性。人工智能发展政策，应当注重安全与效益，保持相对平衡发展。一方面，要从我国人工智能产业实际发展状况出发，制订科学可行的发展方案，在国际竞争中保持优势；另一方面，关注人工智能已经产生或即将产生的风险，建立人工智能产业风险评估机制，以此为依据出台调节政策，追求安全合理的最大化利益。而人工智能监管应当坚持伦理现行，以人为本智能向善原则。对于人工智能这类存在极大未知性的技术而言，其发展更应当加强相关伦理道德建设，将智能伦理融入人工智能研发与应用全过程，始终坚持以人为本原则。同时，应当提升全面素质与道德，尤其是人工智能技术研发人员和决策人员，至少要让全社会对人工智能技术与产业发展在基本理论方面达成一致，避免相关成果在社会中造成恐慌，甚至是威胁人类生存安全。

二、人工智能监管具体策略

1. 分类监管：弱人工智能与强人工智能监管策略

人工智能作为一种新技术和新产业，具有高度不确定性，因此需要加强监管。但同时，人工智能作为新经济的内在驱动力，需要通过创新激发经济发展新模式，需保证其创新能力。对此，可以从人工智能成熟度和风险角度出发，分别从人工智能应用成熟度及风险高低，实行分类监管策略，具体而言：

第一，对于弱人工智能而言，其功能主要为辅助作用，根据当前的法律规范即可有效监管。目前，世界对于弱人工智能所承担的责任主要为：共享责任与分配责任。即，所有与人工智能相关的环节，包括设计、开发、制造、销售与使用的主体都将承担法律责任。而对于强人工智能而言，即那些具有高强度学习能力和自动化的人工智能机器，或可以脱离人而自主决策的人工智能机器，其责任主体应当为人工智能的所属人。总而言之，人工智能技术还是一个新兴技术，在人类不能对人工智能相关问题作出更深入解释之前，我们应当保持监管策略的谦抑性，不可过于谨慎阻碍创新。同时，也要积极跟随技术发展新趋势，在发展过程中寻找问题，以便在监管策略与政策方面及时作出应对。

第二，对高风险或很有可能出现重大风险的人工智能应用作出强监管应对措施，对于低风险人工智能应用作出弱监管，甚至是不监管措施。因此，监管部门对人工智能监管策略的核心是如何确定高风险，其判断标准具有高度概括性与模糊性，具有较大解释空间。具体可根据应用领域划分，若人工智能应用在重要公共领域，如医疗、能源或金融等行业时，建议采取严格监管策略。

2. 加强立法，建立全面监管机制

当前，人工智能虽然不能完全替代人类工作，但可为人类工作提供有力帮助。尤其是随着ChatGPT等应用的火爆，其中可能涉及知识产权、道德伦理等问题，亟须在立法、司法与技术层面规范人工智能发展，如权益保护法和使用安全法。

第一，权益保护法是人工智能对人类基本权益冲击的保护法律，涵盖人工智能对人类的威胁、劳动者的权利及其他安全隐患等问题。具体而言：人工智能依赖于算法，拥有比其他自动化机器更高的自主执行权，其参与社会活动也更深入。人工智能在带给人类更高效的工作效率的同时，还可能会对人类造成伤害。例如，机器在医疗领域应用时，可能对患者造成伤害。或因黑客入侵，导致机器对使用者造成伤害等问题，都需要通过立法明确责任主体及其相关处罚措施。另外，劳动者的权利有可能受损。例如，人工智能的大范围应用必将对传统行业及其从业者造成冲击。对于部分失业者而言，很难在短时间内通过学习新技能重新获得工作。而大范围长期失业，将带来严重社会负面影响，如何保护该类人群的合法权益，需尽早思考。

第二，使用安全法涉及人工智能使用安全和技术安全。鉴于人工智能风险不确定性问题，建议在涉及国家安全方面引入人工智能相关条款，从设计、研发到最终销售建立审查机制，对人工智能核心技术的进出口设置审核机制。同时，建立事前、事中与事后全流程监管机制，对人工智能技术与应用的风险与合规性进行科学评估。

三、细分人工智能应用场景，加强技术监管

人工智能作为新技术的基础设施，不仅可以独立建设新产业体系，同时也可以与传统基础设施结合，促进传统产业信息化与智能化发展。因此，人工智能监管应当以具体应用场景为监管基础单位，根据不同细分领域的人工智能应用场景，采取具有针对性的分类监管措施。例如，在金融领域应用时，应强调各方主体责任，完善基本规则。具体而言：第一，通过法律界定金融科技监管范围，完善相关法律政策，可采取"监管沙盒"模式试点监管策略。第二，可发展新的监管工具，充分利用大数据和云计算等技术对新产业开展高效监管，推进数据可视化管理与监测。值得注意的是，不同应用场景要对应不同的介入时机和方式，可根据人工智能应用领域的重要性和风险性决定介入程度。同时，加强对人工智能底层技术监管，如数据与算法。例如，注意数据来源与规范性，保证数据质量，建立数据定期检查与更新机制。保证算法透明度，应向特定机构审计或验证，重点对算法中的"黑箱"进行解释。

第六章

信息安全监管

由于国内外计算机技术的快速发展，现代计算机技术与互联网已应用在国民经济与社会发展中的各个领域和单位，作为国家管理、经济建设、尖端科技研究以及关键行业管理工作中所不可或缺的基本方法与技术手段。目前中国的电子政务事业正在蓬勃发展，它极大地促进了知识、科技的国际交流和经济发展，为人民的学习、办公、生产提供了便利减少了公司、政府部门的管理开支，提升了管理水平。在肯定计算机技术改变了我们的日常生活、推动着我们前进的同时我们也必须认识到随着计算机技术成长，安全问题也日益突出。

网络信息安全监管是我国网络安全的基石，随着网络信息技术的迅猛发展以及大数据处理技术的发展，利用互联网技术进行数据采集、存储、处理及应用成为企业信息化发展的趋势。然而互联网具有海量、多源多态和分布广等特点，极易产生数据泄露，造成信息安全风险。为了应对这一新型危机，不少专家学者对信息安全监管进行研究。陈美（2014）认为中国应该参考欧美的实践经验，并根据我国对信息安全的重要性，在本国建立一种以中国政府为主体的多边协调机构，进一步确保信息安全保护；侯水平（2018）认为我国现行的法律法规还没有系统化和很好的针对性，且层次较少，但应当着眼于我国大数据战略发展的实际需求，继续做好有关立法工作。在对大数据开展的法律规制上；李有星等（2014）认为采取原则导向监管方式，构建简易信息披露及信息安全保护为核心"安全港"制度；尤婷（2019）则对网络安全监管体制的基础、对象、流程、模式及其立法现状等作出了剖析，并借鉴国外的相关经验，指出了完善我国网络、安全监管机制要坚持依法监管基本原则、维护基本人权原则、权责统一的基本原则。

第一节 国外信息安全监管现状

国外的网络安全管理的工作已经有 40 多年的发展历程，美国、加拿大等信息技术国家在 20 世纪 70 年代和 80 年代成立了国家网络安全监督管理部门和风险评估认证系统，专门制定和发展了相应的评价和管理规范、评价验证规则和评价方法，并实施了基于评价准则对网络安全实施严格的监督管理，目前这些国家的信息安全监管体系都已经相当成熟了。

一、欧盟信息安全监管

（一）欧美对信息安全法制监管

欧盟从建立至今，在网络安全的规制领域，通过发布决定、命令、意见、法规等指导各成员国的网络规制实践，目前一套内涵丰厚、系统完备的法律法规架构早已基本成形，并走在了全世界的前面。欧盟国家安全法律框架的建立和实施，有效保障了整体欧盟地区国家的安全水平，为世界各国信息安全立法提出了可参考的司法蓝本。而欧盟地区国家安全法律规制的立法，在欧盟理事会、欧洲议会等官方机构和会员国政府的不懈努力下面，伴随资讯科技的前进和全球经济社会的发展而持续地调适，经历了十多年的修改与充实，才具有了今天如此宏大的法律法规系统、齐全的具体内容和明显的法律效力。

（二）欧盟信息安全法制监管历史演绎

1. 20世纪90年代初期

欧洲关于安全立法的发展，起源于 1992 年的《信息安全框架决议》，它解开了欧美关于安全领域的立法监管的新局面。本决议的宗旨就是为互联网使用者、政府监管机关以及工商业界的电子信息提供合理的切实的安全保障使其不致危害公民的权益。

2. 20世纪90年代后期

随后《1995 年 1 月 17 日欧盟理事会有关合法拦截电子通信的决议》，指出在网络条件下公权力运用和个人权利保护相互制衡的问题。紧接着，1999 年 1 月 25 日的欧洲议会和欧洲理事会在《有关制定通过严厉打击全球互联网上的不法和危害信息以实现更安全使用计算机网络的多年度共同体活动方案的第 276/1999/EC 号决议》中指出，应当以合理利用计算机网络为欧洲国家进行网络安全执法、防止传播种族歧视、分裂主义等不法和有害信息的法律依据。

3. 21世纪初期

在 20 世纪末"电子全球"的概念登上历史舞台之后，欧盟在 21 世纪之初掀起了一个网络信息安全立法的高潮。2003 年 2 月 18 日欧盟董事会正式通过了《有关构建欧洲人网络数据安全文化》的决定。从这时开始，欧盟就开始不满意于单纯依靠手段来数据安全了，要向所有既得利益相关者阐明网络数据安全方面的社区责任，并通过协作与沟通提升全社区的网络安全保护意识。在 2007 年 3 月 22 日，官方颁布了有关构建欧洲人数据安全社区战略的决策。这也意味着，欧盟早已通过将区域的信息安全意识提升到以社会形态的高度要求，在全社区中实现了计算机网络和电子商务信息系统的使用、保密性与完善。

由此可见，欧盟信息安全的规制框架是在不断探索中前行，终于通过几十年的探索下才形成了今天如此宏大的框架、完整的规范以及具有明确的约束力的规范。

二、美国信息安全监管

（一）美国信息安全监管主体模式

目前，美国联邦信息公司的实际控制主体主要为美国联邦信息理事会（Federal Communication Commission，FCC），其前任是 1917 年根据美国议会批准法令设立的美国联邦电台理事会（Federal Radio Commission，FRC），1934 年，美国议会又根据《信息法》，将原美国联邦电台理事会改称为美国联邦信息理事会。

美国联邦通信理事会采用全议会制，共设 5 名议员，由议长直接委任，经参议员认证，任职最多可至五届。全议会议长由议长指派，议会中代表 1 个党派的议员不得多于 3。美国联邦通信理事会目前下设 7 个功能局、两个辅助局和 10 个办事处。7 个局；10 个办事处，它们是执行法务决定办事处、通信与业务发展办事处、技术办事处、法律咨询办事处、总监督办事处、立法工作工作室、行政管理部长工作室、媒体关系工作室、经济计划与策略办事处、劳工办事处。此外，联邦通讯委员会还在 50 个州和华盛顿特区设立办事处。

美国联邦通信理事会的权利相当集中，而且具备很高的自主性。一方面，这个单独的理事会，所制订的各项规章都具备立法约束力，从这一点来看，就是一种准立法；另外，联邦通讯委员会还拥有裁决权。

（二）美国对信息安全法制监管

美国信息技术处于全球领先水平，涉及网络安全的立法措施也开展得比较多。早在 1987 年美国政府便重新制定了计算机犯罪法律，该法律曾于 20 世纪 80 年代至 90 年代初期被用作美国联邦各州颁布其他地区法律的基础。这种地区法律还制定了计算机欺诈罪、计算机滥用罪、计算机系统不当使用罪、未经许可的计算机系统使用罪等罪名。美国政府目前已经制定的主要涉及网络安全的法规包括：《信息自由法》制订于 1966 年，主要是为保障公民的个人自由而制定的，但也需要保障国家的信息安全，是美国政府最重要的信息系统法规构成了其他信息安全保护法规的基础；《个人隐私法》就美国联邦部门在搜集、利用、发布个人资料以及保密等工作相关方面进行了详尽规范；《电脑诈骗及侵害立法》明确了美国联邦计算机犯罪中诈骗和侵害罪的概念，克服立法模糊性，扫除对计算机犯罪、《电脑安全法》规范了政府在提升美国联邦电脑系统安全性和隐私权领域方面可采用的具体措施和手段，形成美国联邦保护计算机应用与信息安全的基础法、《电讯法》制定于 1996 年，明文规定电讯经销商有保守客户所有财产信息系统机密的保护义务；《儿童网上隐私权保护法》颁布于 1999 年，该法是首个明显地保障了由儿童网络和因特网上的在线用户所处理的个人资料的美国联邦立法，明文规定了未经家长的许可美国联邦立法将有严格政策禁止收集和利用儿童的个人资料。

当然，美国在信息安全法制监管方面还存在很多困难，人们的认识存在很大差异。例如 1996 年 6 月颁布的《正当通讯法令》，因被一些传媒机构和民权团体认为违反宪法授予的资讯自由而退出裁决，最后终遭推翻。

（三）美国信息安全法制监管历史演绎

1. 20 世纪 40 年代至 70 年代

美国计算机技术一直处于全球领先水平，美国关于国家网络安全方面的立法项目也开展得比较多，美国最早在 1947 年通过《国家安全法》明确了信息、档案和反情报、反间谍等活动对保障美国安全的重大影响；1967 年《信息自由法》强调保障公民的个人自由，但也需要保障国家的安全，是美国最重要的信息法律构成了其他信息安全保护法律的基础；1977 年联邦政府制定《联邦计算机系统保护法案》对未经许可或私自进入美国联邦计算机而导致信息损失的行为作出了法律规范。

2. 20 世纪 80 年代至 90 年代

在 20 世纪 80 年代至 90 年代，美国计算机技术高速发展，因此美国的信息安全法制监管也随之发展。为应对高速增长的计算机技术所造成的安全风险，1980 年美国政府颁布的《隐私保护法》规定，除了涉及避免死亡、重大伤害和儿童色情等情况之外，美国政府无权限制信息。在 1984 年美国政府的首部美国联邦电脑罪案成文法《伪装入侵系统和计算机系统欺骗及侵害法》推出，计算机欺诈法规定了对在未获许可或超出许可限度的情形下，以意图或欺骗进入计算机谋取经济利益或遭受损失的行为作出法律。随后，在 1987 年美国政府制定了《计算机安全法》，该规范了政府在加强美国联邦计算机系统信息安全和保护工作方面可采用的具体措施和行为，《计算机安全法》也成为美国政府维护计算信息安全的基础法。随着 90 后不断加入互联网，随之而来的儿童使用互联网的相关问题也暴露了出来，美国政府 1999 年制定了《少年儿童网上隐私保护法》该法是世界第一个专门保护通过网络进行的少年儿童在线服务所涉及的美国联邦立法，明文规定了不能经过家长的批准美国联邦法律和地方法规限定收集和利用少年儿童的信息。

3. 21 世纪至今

"9·11"事件发生之后，严厉打击互联网恐怖分子已经成为美国政府互联网内容治理的重点，美国政府制定了《爱国者法》从立法上赐给美国国内的执行机关和国外相关信息部门相当广阔的权限和相关的基础设施，以通过防范、侦破和打击恐怖主义行动，让全国民众能够生存在安全可靠的环境中。《美国联邦信息安全管理法令》该法将"网络安全"定义为"保障数据和信息系统以免受未批准的存取、利用、泄密、毁坏、更改甚至销毁，以保证数据的完全、保密性和可信度"，此外，美国政府陆续制定了《美国企业改革法案》等有关信息安全监管的法律法规。

三、英国信息安全监管

（一）英国信息安全监管主体模式

在英格兰，目前信息安全市场上的监管主体，基本上是由设立于

2003 年的英格兰通讯管理机构（OFCOM），英格兰通讯管理机构的职务基本上是由独立广播电视理事会、传播准则理事会、无线电通信管理机构、国家广播局、英格兰电讯管理机构这五个单一的管理机构执行。2003 年，出于顺应在网络信息产业和网络信息市场上产生的融合趋势，英国政府把这五个机构合并成了一家独立性的执法机构——通信管理局，其最重要的工作就是监督维持英国政府电子媒体的内容标准，并以法规为基石来保证采取持续有效的管理机制，以强化对网络平台上不法信息内容的监管。

通信管理机构的重要决策机构为执行主席，理事会由一位非行政总裁、三位非执行总监和三名经理构成，试用期为五年。公司内部设有九个理事会议和四个顾问委员会，包括内容会议、内容审查会议、广播许可证会议、公平会议和选举委员会。其中内容委员会主管电台的控制、媒介管理，并就广播活动中包括内容、艺术以及其他业务方面的问题向理事会进行咨询。通信管理局的主要特征有三个：其一，它是完全独立自主运行的机构。其独立性主要体现在，它的权利受各国立法和政府所赋予，其活动完全自主，不受国家法律和政府的左右。管理者的主要任务在于严格执行法律和政府政策，对中国电信市场发展实行严格监理，为保障运营商业务的合理公平竞争提供必要的监管措施，及时处理运营服务市场和企业竞争中产生的争议，及时追踪中国电信业动态发展，为国家制定的相关法律和政策措施提出建议和意见。其二，通信管理局的基本做法是坚决寻找取消监督的时机，并尽量避免干预，即对采用新的监管规则设置较高门槛；而在需要予以干预的业务领域，通信管理局所采用的行动迅速、坚决而高效。其三，通信管理机构所建立的市场具有高度融合特点，它在完成传统监管各项工作的时候，也在持续地研发适应新的市场监管课题。在"电子英国"规划不断深入的大背景下，通信管理局不断探。需要在未来的社会条件中正确、高效地指导信息通信业的发展，促进信息通信在中国经济社会各领域的广泛应用。因此目前的国家通信管理局主要采用了二个方法对信息通信领域实施监督管理，一是电子牌照的发放管理，二是信息竞争立法，共同对信息通信管理规范进行有效监管。在许可领域，在英国政府除针对公共通信运营商颁发执照之外，还对运营国际服务的运营商实施特别监管，颁发特定的执照。此外还针对频率颁发执照。每个具备相应电信业务能力的企业都可以向伦敦贸易工业部申请办理执照的申请。

（二）英国对信息安全法制监管

由于计算机技术在英国的迅速发展，随之而来的网络安全问题也在英国政府中出现。对于严厉打击网络安全犯罪，英国政府已经制定了如下的监管政策：完善立法规范，加强打击能力的建设；制定更加明确、规范的互联网供应商管理规定；信息安全监察部门对网络信息内容作出了合规性鉴定；对网络违规信息内容作出调查处理；做好科研发展工作，研究开发符合国情的监控软件和电子产品。而英国政府现已经制定的网络安全法，包括了规定对通过计算机和网络实施犯罪的进行活动的《禁止滥用电脑法》；对来电干扰现象要予以遏制，传播攻击性信息内容，甚至非常不合理、下流、淫秽等信息内容的活动构成非法行为的《电信法》；重点打击未经许可而故意进入计算机的违法行为的《计算机滥用法》等专门立法。

（三）英国对信息安全法制监管的历史演绎

1. 20 世纪 50 年代至 80 年代初

英国于 1959 年和 1964 年通过的《黄色出版物法》意在惩罚通过互联网传播色情产品，使英国公民心灵"腐化"的行为；1978 年，英国的《保护儿童法案》规定在电影或其他出版物中不能出现的内容，需要审查或分级，在特定范围对特定人群传播。1984 年设立了《数据保护法》，为在电脑中保存信息的个人带来了新的合法权利，为个人隐私带来了强有力的法制保证。

2. 20 世纪 80 年代中期至今

1985 年英国制定的《通信截收法》对有意截收通信的犯罪行为及通信截收许可证的条件、范围、有效期等作出法律规定；《计算机系统行为法》目的是着重严厉地打压未经许可而有意进入计算机的违法行为；1966 年，英国政府颁布的世界首个互联网监管的特点条例《3R 安全法规》条例意在从互联网上消除互联网上的儿童色情和其他有害信息内容，对供给互联网业务的组织、终端客户和编发消息的互联网新闻组，尤其对互联网服务提供者实行了具体的职责分工；到了信息技术大爆炸的 20 世纪英国又陆续颁布了用于保障信息安全的《数据安全法》等条例法规。

第二节　我国信息安全监管现状

中国与欧美等发达国家相比在信息安全监管方面仍然有不小的差距，中国数据通信与信息安全技术规定始于 20 世纪 60 年代初期，而计算机安全规范与互联网规范则始于 20 世纪 90 年代初。但相比国外，目前的计算机安全规范出现相对较晚，与互联网规范并行，主要集中于 20 世纪 90 年代。1991 年劳务部发布了《全国劳务管理网络信息技术计算机网络系统病毒防控规范》，有关计算机系统安全的规章开始出现；1994 年国务院办公厅发布《计算机信息系统安全保障规范》，是中国首部有关计算机信息系统安全的政策性规范。20 世纪 90 年代中期至 21 世纪初，中国国务院以及治安部、邮政部、工业和信息化部、中央信息化建设牵头工作组等又发布了多部行政管理法律及政府部门规章制度，主要内容聚焦于对国家关键基础设施以及国际互联网安全方面的规定保护。

虽然国家机构出台了涉及网络安全的规章制度，但网络安全监管状况仍还相当混乱，没有形成全国范围上的总体策略。实际执法能力不足，政策法规的落实与监管能力也不足。某些条款过于突出部门的各自优势，却忽视了在全球发展的大环境下体现中国的特色。某些条款未能正确划分科技、行政与法律之间的联系，用管理代替法律，以政府管科技的行为还较普遍，造成制度的操作性不足。具有中国特色的网络安全危害评价规范制度尚有待建立，网络安全的内涵无法界定，要维护的范围与界限难以确定。缺乏全面完整的网络安全风险分析与评估框架以及全面完整的网络安全保障制度。

一、中国网络信息监管主体模式

在中国的网络监管中，通信管理部门、互联网新闻宣传管理部门和公安部门，以及文化部门，广播电影电视管理部门和新闻出版部门是代表政府参与网络监管的主要职能部门。通信管理部门是互联网行业主管部门，在中央是工业和信息化部，在省级是通信管理局；公安部门是互联网安全监督管理的责任部门；文化部负责网吧行业和网络文化监管，对黑网吧的取缔由工商部门会同公安部门负责；对网络文化、网络出版、互联网视听节目服务的监管，分别由文化部门、新闻出版和广电部门负责。三个部门在监管中均设立了对从事相关服务活动的行政许可事项，重点对其提供信息内容的合法、健康以及依法依规运营进行监管。在互联网知识产权保护方面，国家知识产权局作为全国互联网知识产权保护工作的主管部门及其下属的地方各级著作权行政管理部门，依法履行监督职责。

二、信息安全监管部门制度困境及成因

信息技术推动社会发展是一把科技一把"双刃剑"，在给我们带来生活便利性，同时潜在的信息安全问题也随之暴露出来。网络安全情况发展和我国网民规模的扩大有着必然的关系，在 2022 年 8 月 31 日，国家互联网络信息中心（CNNIC）公布了第五十次《我国互联网络发展状况统计分析报表》资料表明：截至 2022 年 6 月，我国网民数量已达 10.51 亿，全国网络覆盖率达到了 74.4%。在互联网接入条件下，全国网民的平均每天上网时间为 8.5 小时，比 2021 年 12 月增加了 1 小时。在这里面，以采用手机上网的比碾压式遥遥领先，份额超过了 99.6%。而采用台式电脑、笔记本、行动电脑和平板手机上网的份额则依次是

33.3%、32.6%、26，7%和27.6%。在信息基础设施建设方面，截至2022年6月，我国千兆光纤网已具备了覆盖超过4亿户家庭的能力，已累计建成并开通了5G基站185.4万个，基本实现"县县通5G、村镇通宽带网络"。三大主要中国电信公司的稳定网络宽频连接使用者数量已达5.65亿户，比上年末净增了2705万户。其中，100Mbps或以上连接速率的固定网络宽带接入用户达到了5.27亿人，占全国全部用户数的93.7%。随着网民用户越来越多，网络信息与现实社会结合越来越紧密，因此越来越多的部门加入信息安全监管的领域，这涉及网信办、公安部、保密局、工业和信息化部等多个部门的监管，监管主体众多，但是监管效果不尽如人意，主要原因是监管主体部门职责重叠、权责不明和行业不自律的困境。

（一）监管主体部门职责不明

信息安全披露监管部门的职责不明确，监督能力不足。监管部门众多不可避免存在监管职责划分不清的状况，在我国信息安全披露监管主体涉及10多个部门共同负责，存在监管主体不明确、各部门职责划分不明确、缺乏有效的协调机制，工作中容易出现推诿等现象。监管部门既是信息披露的主体，也是监管主体。在监管主体多元的前提下，由于职责的划分不清，往往出现或者大家都来管，或者大家都不管的奇怪现象，导致监管的失去效果。即便职责划分明确，由于衔接方面存在问题，监管盲点也会经常出现。部门间的信息沟通和共享，以及多方协调，对于确保问题在不同阶段发生的问题均能得到及时解决具有重要的意义，遗憾的是，这些政府部门间未能有效的沟通信息，缺乏高效和权威的协调机制。

（二）监管部门行政立法缺陷

我国信息行政立法相对于欧美发达国家偏少，同时，现有的行政立法制定的公开度、参与度不高。已经颁布的行政立法规定得不足，表现为对被监管人的权利保护不足，自身的法律责任明确不足等。另外，对于网络信息立法是否实现预期？是否继续沿用？内容效力是否存在冲突等问题关注较少，导致部门行政立法泛化，行政立法制定之后往往就认为万事大吉。即使某项行政立法存在问题，也迟迟得不到修改甚至废除，导致某项没有实际效力的行政立法长期存在。有时还出现行政立法彼此存在内容冲突却得不到及时解决的奇怪现象。

（三）行业监管不自律

由于网络具有互动性的特点，公众可利用一些网络软件对社会中的某些现象发表言论或者利用某些应用程序（App），在使用这些软件时，用户需要进行事先注册。在注册的过程中，通常会显示服务条款或须知等告示网页，询问用户是否同意并了解相关条款，但大多数仅仅是形式上的，在这些软件中如果不同意将无法使用，所以在注册过程中大多数软件只需要填写账号、性别等简单的信息，而这些信息根本起不到监管的作用。

第三节 基于法律法规对信息安全的监管

没有信息技术的迅速发展就没有如今经济社会的飞速发展，而互联网世界就如同现实世界一般，技术也在与时俱进日新月异，新型的互联网现象在不断发生，但过去的技术发展已不能很有效地处理如今社会新出现的现象，因此必须立新法树新规。

我国对信息安全法制监管的历史演绎如下：

1. 20 世纪 60 年代至 80 年代

20 世纪 60 年代初期，中华人民共和国刚刚成立不久，在信息安全性领域的法律建立也刚刚开始，政府关于信息安全性的保障大都采用秘密措施。1964 年，邮电部发布了《邮电部门保守国民秘密临时法规》和《保守国民秘密临时管理条例》，对信息设备使用以及国民秘密和用户之间信息内容的保密问题作出了明文规定。1982 年又颁发了《电讯通信保密暂行规定》，再次强调保守国家机密的重要性，并对保密工作的范围和方式及保密纪律和检查作出明文规定。1990 年颁发的《我国民用航空无线电管理规定》中还明确了我国民用航空的无线电信息规章以及保密条款

2. 20 世纪 90 年代至 21 世纪初

中国改革开放已经持续了几十年，社会物质文明与精神文明已极大丰富，国家立法制度已经初步建立，对网络安全监管法制集中也集中于 20 世纪 90 年代。例如 1991 年，劳务部制定的《国内劳动管理网络信息计算机操作系统病毒预防规则》等一系列国家有关计算机网络安全的法律并且已经颁布实施。1997 年农村部制定了《计算机信息网络系统安全保密工作管理工作临时规则》该规则涉及监管农村关键基础设施网络安全领域的法律法规。2003 年国家互联网信息化建设领导小组发布了《对于强化信息安全保障工作的若干意见》它代表着国家农村网络安全保护管理工作形成的总纲领。

3. 21 世纪初至今

2014 年，中央政府国家经济安全理事会开始组建。2015 年 1 月，中央委员会政治局会议批准《国家经济战略纲要》，进一步明确"总体设计国家经济安全观"和"中国人民安全感"的共同目标。此后，我国近年来陆续出台了多项网络安全规定，比如 2015 年的《中华人民共和国国家安全法》是一个综合性、全局性、基本的国家安全法；2017 年的《中华人民共和国国家情报法》进一步完善了维护我国情报的工作等。

第四节　基于行政手段对信息安全的监管

一、对安全信息的行政监管主体

互联网给人们平等自由的话语权，但同时也存在不良信息、垃圾信息，甚至违反法律和公共秩序的信息等问题，因此，网络内容和秩序监

管是政府的重要任务，也是网络监管的核心内容。政府部门的经济职能大致包括政治、文化、教育和科学教学职责共四项，而市场监管职责则属于经济职能。这对行业的平稳发展提供了监督管理的作用，也有利于企业又好又快地发展。目前负责我国安全监督管理工作的政府机关，主要包括我国网络安全办公室、工业和信息化部、公安部、国家广播电视总局等部门。

（一）互联网信息办公室

互联网信息办公室（以下简称"网信办"）包括国家互联网信息办公室和地方互联网信息办公室。国家互联网信息办公室经国务院批准成立于 2011 年，由国务院办公厅批准的我国网信办统一负责管理我国互联网信息相关内容工作，并进行监管综合执法。

（二）工业和信息化部

工业和信息化部作为国务院重要的组成部门。根据中央机构编制委员会出台的文件规定，工业和信息化部主要负责网络的建设，互联网行业的管理，包括互联网信息服务市场的准入、市场秩序、网络信息安全的实施与管理等。

（三）国家广播电视总局

国家广播电视总局是中国国务院的直属机构，其主要职责包括管理对网络游戏、网络音像、互联网出版物等的市场准入许可证。2015 年国家新闻出版广电总局发布的《专网及定向传递音像栏目服务质量监督管理规则》中明确提出专网及定向传递音像栏目业务机构未按时处理违法违规信息、执行监管措施的，可以对其主体责任进行约谈。

二、对信息安全的行政规章

（一）公安部等制定的规章

2016 年 12 月颁布了《最高人民法院 最高人民检察院 公安部关于办理电信网络诈骗等刑事案件适用法律若干问题意见》，该法细化了第266 条中关于对财产量刑标准的具体要求及其加重情况，并对刑事案件的管理、数据的获取、对财物的处置等方面也作出了更具体的要求，对执法人员在严厉打击电信欺诈等方面给出了一条新法律规范，也为有效净化互联网空气提出了一条更有效的法律保障。

（二）文化和旅游部颁布的准则

我国文化和旅游部颁布的准则：由于现代互联网文化内容的日益扩大，互联网文化早已成为了网友们的精神生活，由于现代互联网文明参差不齐、有害的内容屡禁不止、监督能力亟待增强等。所以为适应新的法律要求，于 2011 年出台了重新制定的《互联网文化监督管理暂行规定》，该法明确了网络文化的方向及其基本原则，要求依照《行政许可法》的有关要求依法行政，并且还扩大了审查权限和法律实施权限，从而更加明确了现代互联网文化产业的管理领域。

（三）工业和信息产化部制定的规章

工业和信息产化部制定的规章：2015 年修订的《电子认证服务管理办法》，该法明确规定电子认证机构应实行定期和不定期的检查以及认证机构应承担的法律责任，还确立了工业和信息化部对电子认证机构进行监督和管理。

（四）其他部门制定的规章

对网络安全方面的规范，除了上述几个政府部门外，我国还出台了一系列的政府部门规章制度，包括《网络出版物管理规定》《计算机信息系统国际联网保密管理规定》等。

三、对信息安全的行政约谈

行政约谈，是指国务院网信办、地区网信办，在网络新闻内容出版机构出现重大违法违规行为后，约见其有关责任人，并作出提醒谈话、说明情况、责成其立即纠正的政府行为。

行政约谈自发端于税务领域到逐渐扩展到土地、环保、价格、食药、消费者权益保护等部门已十年有余，其作为传统的法定行政手段的一种补充得到了快速的发展。互联网作为一种影响面广、传播速度快、受众多的新媒体，自然也被逐渐纳入约谈的范围。2015年6月1日起实施的《互联网新闻信息内容公共服务工作单位约谈管理工作规则》具体规定：第一，网信办行使约谈职权时，互联网新闻信息内容公共服务工作单位必须给予协助，不准抗拒、阻挠。第二，网信办将跟踪和综合考核审查执法的相对主体落实好整治管理工作。第三，对未按标准整治，或经评估未达成整治目标的，依规进行处分；屡次约谈依然出现违法的，依规从重处罚。第四，约谈情形计入网络新闻信息内容管理公共服务机构人员考核和年检记录。

第五节 基于机器学习对信息安全
进行风险评估与监管

信息安全监管实际上是一个风险监管过程。监管的基础是风险的识别与评估，通过信息安全风险评估可以明确组织的信息安全需求，帮助组织制定最优的信息安全策略并选择相应的风险控制措施把风险降到组织可接受的范围之内。信息安全风险分析与监管是一个复杂的过程。一个完善的信息安全风险评估架构应该具备相应的标准体系、技术体系、组织架构、业务体系和法律法规。本章在研究已有的风险评估方法和风险管理模型的基础上提出了一种基于机器学习信息安全风险的评估方法。信息安风险的评估是信息安全监管的前提，所以对信息安全风险的评估尤为重要。

信息安风险的评估是监管信息安全的前提，所以对信息安全风险的评估尤为重要，信息安全评估有主观和客观法。在大数据时代运用信息技术对信息安全的监管尤为重要，传统的风险评估在面对海量的数据时显得捉襟见肘。随着网络信息技术的迅速发展及广泛应用，各行各业对信息系统的依赖程度日益增强，解决安全问题的代价越来越高，使得人们越来越多地关注信息安全问题。运用信息安全风险评估去解决信息安全问题得到了广泛的认识和应用。

一、基于机器学习对信息安全进行风险评估

机器学习是一门研究怎样用计算机来模拟或实现人类学习活动的学科。它是人工智能中最具有智能特征的前沿研究领域之一。基于机器学习的预测方法试图利用人类思维的特点来处理一些复杂的预测与评估问题，并且已经被成功地运用在许多领域如风险投资预测、股市预测和招标评标等。

评估总是基于一定的技术手段与评估模型，而评估方法的选择直接影响到评估过程中的每个环节，甚至可以左右最终的评估结果，所以需要根据系统的具体情况，选择合适的风险评估方法。风险评估方法有许多种，概括起来可分为3类：定量的风险评估方法、定性的风险评估方法、定性与定量相结合的综合评估方法。

近年来为了弥补传统方法的不足，人们将注意力转移到应用各种机器学习模型来进行风险预测的研究与相应软件系统的研发上。目前，基于机器学习的方法在风险预测中大显身手，专家和学者们做了许多有益的尝试并且逐渐进入实用阶段。

本书重点介绍支持向量机、决策树和朴素贝叶斯3种机器学习方法

在信息安全风险评估模型的应用,以克服传统信息安全风险评估主观性大,经验有偏差,速度慢,分类正确性低等问题。

(一) 基于支持向量机评估信息安全风险

支持向量机是一种二分类模型,在机器学习、计算机视觉、数据挖掘中广泛应用,主要用于解决数据分类问题,它的目的是寻找一个超平面对样本进行分割,分割的原则是间隔最大化,最终转化为一个凸二次规划问题来求解。通常 SVM 用于二元分类问题,对于多元分类可将其分解为多个二元分类问题。与朴素贝叶斯以概率模型理解监督式机器学习不同,支持向量机给我们提供了一个用几何的视角去理解监督式机器学习。在小样本情况机器学习等问题上,SVM 有分类效果准确率更高特点,越来越受到学术界热捧,不少研究学者使用 SVM 对信息安全进行风险评估。其中李绍中(2013)通过蚁群算法对支持向量机参数进行优化,支持向量机提高了信息安全风险评估的准确性,克服传统风险评估模型的缺陷;鲁华栋(2016)基于 AHP - SVM 模型有效的描述信息风险因子与期望值间的变化关系,获得了理想的信息系统风险评估结果;谢浩等(2015)利用遗传算法引入支持向量机中并对 SVM 参数择优,提高模型的分类准确率;胡莲和王颖颖(2016)利用粒子群算法优化支持向量机的惩罚系数 C 和核宽度系统 σ,建立了一种比 BP 神经网络更智能化的信息安全风险评估模型。

1. 支持向量机模型

假定安全风险评估训练数据由 n 个信息安全系统 x_i($1 \leqslant i \leqslant n$)组成,它们的安全性分两类 $y_i \in \{1, -1\}$ 即训练数据集为 $\{(x_i, y_i) \ i = 1, 2, \cdots, n\}$ 若 x_i 属于第 1 类则标记为正($y_i = 1$);若属于第 2 类则标记为负($y_i = -1$)。目标是构造一个超平面 $w^T x + b$ 将测试集进行类别划分。

当假设训练样本训练线性可分时超平面公式如式(6-1),则超平面为 $w^T x + b$ 将测试集进行类别划分为如图 6-1 所示。

$$\begin{cases} w^T x_i + b \geqslant +1, \ y_i = +1 \\ w^T x_i + b \leqslant -1, \ y_i = -1 \end{cases} \quad (6-1)$$

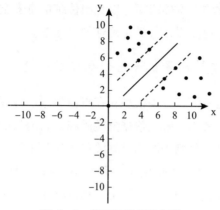

图 6－1　超平面分割数据集

当假设训练样本线性不可分时，在原始空间内超平面为 w^Tx+b 可能不能将训练样本数据集正确地进行分类。对于这样的问题，我们可将训练样本从原始空间映射到一个高维的特征空间中去，使得训练样本在特征空间内线性可分，如图 6－2 和图 6－3 所示。令 $\varphi(x)$ 表示 x 映射到高维空间的特征函数，超平面公式如式（6－2），此特征空间内超平面为 $w^T\varphi(x)+b$，将测试集类别进行划分，如图 6－2 与图 6－3 所示。

$$\begin{cases} w^T\varphi(x)+b \geqslant +1, & y_i=+1 \\ w^T\varphi(x)+b \leqslant -1, & y_i=-1 \end{cases} \tag{6-2}$$

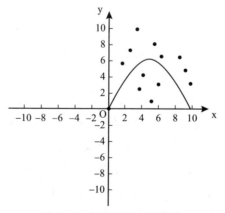

图 6－2　超平面分割数据集

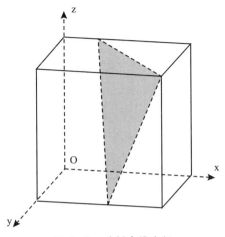

图 6-3 映射高维空间

　　下面我们仅仅探讨对基于线性可分训练样本集的超平面最优参数 w^T 与 b 求解问题。在样本测试集原始空间中超平面的数学方程为 $w^T x + b = 0$，其中 $w = (w_1, w_2, \cdots, w_d)$ 为法向量，决定了超平面的方向；b 为位移项，决定了在原始空间中原点到超平面的欧氏距离。原始空间内任意一点到超平面 $w^T x + b = 0$ 的欧式距离记为 $r = \dfrac{|w^T x_i + b|}{\|w\|}$。

　　当超平面 $w^T x + b = 0$ 能将原始空间的训练集能够正确分类时，则有

$$\begin{cases} w^T x_i + b \geqslant +1, \ y_i = +1 \\ w^T x_i + b \leqslant -1, \ y_i = -1 \end{cases} \tag{6-3}$$

　　支持向量机的本质是支持向量到超平面的距离（最大间隔），距离最大化的超平面把样本空间进行分类，既找到参数 w^T 与 b 划分超平面的最大间隔，既

$$\max_{w,b} \frac{2}{\|w\|}$$

$$\text{s. t. } y_i(w^t x_i + b) \geqslant 1, \ i = 1, 2, \cdots, m$$

显然，$\max\limits_{w,b} \dfrac{2}{\|w\|}$ 可以转换成求解 $\min\limits_{w,b} \dfrac{1}{2}\|w\|^2$ 问题。

构造拉格朗日乘子求解可得到它的"对偶问题"。

$$L(w,b,\alpha) = \frac{1}{2}\|w\|^2 + \sum_{i=1}^{m}\lambda_i(1 - y_i(w^T x_i + b))\,,\ \text{其中}\ \lambda_i = (\lambda_1,$$

$$\lambda_2,\ \cdots,\ \lambda_m)\ \text{令}\begin{cases}\dfrac{\partial L}{\partial w}=0\\[2mm]\dfrac{\partial L}{\partial b}=0\end{cases}\overline{\text{可得}}\begin{cases}w = \displaystyle\sum_{i=1}^{m}\lambda_i y_i x_i\\[2mm]0 = \displaystyle\sum_{i=1}^{m}\lambda_i y_i\end{cases}$$

代入方程中的对偶问题：

$$\max_{\lambda}\sum_{i}^{m}\lambda_i - \frac{1}{2}\sum_{i=1}^{m}\sum_{i=1}^{m}\lambda_i\lambda_j y_i y_j x_i^T x_j$$

$$\text{s. t.}\ \sum_{i=1}^{m}\lambda_i y_i = 0$$

$$\lambda_i \geqslant 0,\ i=1,\ 2,\ \cdots,\ m$$

2. 利用 SMO 算法

可知求出参数 λ 即可求出参数 w 与 b 进而求出分类超平面 $w^T x + b$，对于求解参数拉格朗日乘子 λ 可用 SMO 算法进行高效去求。SMO 算法是支持向量机学习的一种快速算法，其特点是不断地将原二次规划问题分解为只有两个变量的二次规划子问题，并对子问题进行解析求解，直到所有变量满足 KKT 条件为止，这样通过启发式的方法得到原二次规划问题的最优解，因为子问题有解析解，所以每次计算子问题都很快，虽然计算子问题次数很多，但在总体上还是高效的。SMO 算法的基本思想是每次先选取 λ_i 和 λ_j 为变量（$i \neq j$）且其他参数作为常量，然后求 λ_i 和 λ_j 的极值，其中选择第一变量 λ_i 应遵守选择那些违反 KKT 条件的样本点，选择第二变量 λ_j 应遵循在所有不违反 KKT 条件 λ 中，选择让 $|E_i - E_j|$ 最大的 α_j 进行更新（E_i 为样本 x_i 的误差，E_j 为样本 x_j 的误差）。这样 SMO 每次选择两个参数为变量，固定的其他参数为常量。在选定参数初始化之后，SMO 不断执行以下两个步骤更新 λ_i 和 λ_j 直到收敛。

（1）选取一对参数为变量记为 λ_i 和 λ_j。

（2）固定其他参数为常量。

3. SVM 的核函数

基于 SVM 的信息安全风险评估模型就是通过对训练数据集学习获得

最优超平面然后用该最优超平面面对未知类别的样本集进行风险评估。

上面仅仅讨论的训练样本集是线性可分的，并得到一个线性可分的支持向量机（SVM），然而在现实生活中很多训练样本集是线性不可分的，因此必须引进一个核函数来把训练样本集从原始空间内线性不可分映射到高维特征空间进行线性可分。使用不同的核函数训练出来的 SVM 对信息安全系统风险性能的评估也不一样，核函数可分为三类，线性核函数 $k(x_i, x_j) = x_i^T x_j$；多项式核函数 $k(x_i, x_j) = (x_i^T x_j)^d$，其中 $d \geq 1$ 为多项式的次数；高斯核函数 $k(x_i, x_j) = e^{-\frac{\|x_i - x_j\|^2}{2\sigma^2}}$，$\sigma > 0$ 为高斯核函数的参数，核函数的参数对信息安全系统风险的评估同样很重要，在同一个核函数中选择不同的核参数导致的学习泛化能力也不一样。

选择适当的核函数，如果特征的数量大到和样本数量差不多，则选用线性核的 SVM；如果特征的数量少，样本的数量正常，则选用高斯核 SVM；如果特征的数量少，而样本的数量很大，则需要手工添加一些特征从而变成第一种情况。

在一般训练集情况下，高斯核函数学习泛化能力最优，多项式核函数其次，线性核函数泛化能力次之。

4. 构建信息安全的所需要样本集

有三个主要因素影响信息安全风险评估，分别是威胁识别、脆弱性识别与资产识别。把这三个主要影响因素进一步分成 16 个小因素，即信息被窃、删除或丢失，网络资源被破，信息滥用、讹用或篡改，服务的中断和禁止，信息泄露，硬件缺陷，软件缺陷，网络脆弱性，通信协议脆弱性，环境恶化，数据泄露，通信被干扰，信息丢失，信息、服务恢复，中断、延迟，削弱。每一个样本构建成一个 1 行 16 列行向量 $x_i = [x_{i1}, x_{i2}, \cdots, x_{i16}]$ 其中 $x = [x_1, x_2, \cdots, x_m]^T$，作为输入样本集；将风险评估结果分为安全和危险两个类别，记安全标签 $l_i = -1$，危险标签 $l_i = +1$，$L = [l_1, l_2, \cdots, l_m]^T$ 作为输出样本集。

对样本集分割训练集和测试集应遵循适当的比例分割，以此来确定最优训练集和测试集。

5. SVM 算法的实现流程图

SVM 算法的实现流程图，如图 6－4 所示。

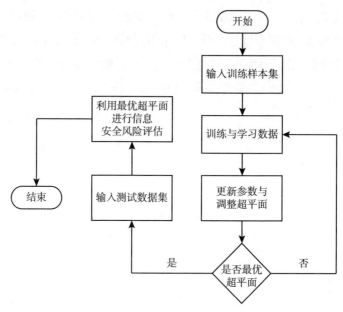

图 6－4　SVM 算法流程图

6. 支持向量机在评估信息安全风险优缺点

（1）支持向量机可以解决信息安全风险评估小样本情况下的机器学习问题，如果我们搜集的信息安全风险评估的数据集偏少时，我们可以对样本集进行模型训练以得到支持向量机对信息安全风险评估的预测。

（2）支持向量机的最终决策函数仅仅由为数不多的支持向量决定，因此支持向量机的复杂程度取决于信息安全风险评估数据集的多少，而不是信息安全风险评估数据集的维度。

（3）采用核函数方法克服了信息安全风险评估数据集的维数灾难，线性不可分的问题，但是并没有增加计算性。

（4）支持向量机算法采用松弛变量可以运行到超平面的距离不满

足原始要求，从而避免了这些异常点对模型的学习的影响。

（5）支持向量机是一个经典的二分类算法，因此当我们想要解决信息安全评估多分类问题时，使用支持向量机效果并不是很理想。

（6）支持向量机使用固定惩罚系数 C，信息安全风险评估正负标签的两种错误的造成的损失是不一样的。

（7）支持向量机算法对大规模信息安全风险评估数据集难以实施。这是因为支持向量机本质上以二次规划求解支持向量，会涉及很多 m 阶的计算比较复杂，当阶数很大的时候需要用到很多算力。

（8）支持向量机的效果与核函数的选择关系很紧密，因此核函数选择很重要，同时核函数中有个 δ 参数也会影响支持向量机的效果，因此 δ 参数需要调参。

（二）基于决策树评估信息安全风险

决策树是机器学习中一种基本的分类和回归算法，是依托于策略抉择而建立起来的树。其主要优点是模型具有可读性，分类速度快，可视化易于理解等优点。决策树是一个属性结构的预测模型，代表对象属性和对象值之间的映射关系，它由节点和有向边组成，其节点有两种类型：内节点和叶节点，内部节点表示一个特征或属性，叶节点表示一个类。

侯玉梅等（2016）采用 C5.0 算法构建决策树模型，对预测糖尿病的患病风险准确率都较高；薛晔等（2016）利用决策树对我国通货膨胀风险的预测，结果显示决策树 – BP 神经网络模型比传统的 ARIMA 模型分类准确率高、均方误差小且对短期通货膨胀风险等级的预测效果较为理想。魏雄（2007）利用决策树获取的分类规则，基本上能预测单只股票在一段时间内走势，能有效地帮助投资者进行理性投资。

1. 决策树模型

决策树（decision tree）是一种非参数的有监督学习，它能够从一系列有特征和标签的数据中总结出决策规则，并用树状图的结构来呈现这些规则，以解决分类和回归问题。

决策树的思想主要来源于昆兰（Quinlan）在1986年提出的ID3算法和1993年提出的C4.5算法，以及有布雷曼（Breiman）等在1984年提出的CART算法。

ID3使用信息增益最大值来选择分裂属性，只能实现分类算法，仅仅能够处理离散属性。

C4.5使用信息增益率最大值选择分裂属性，既可以分类也可以回归。分类选择信息增益率最大的作为最优特征，回归是先将特征取值排序，以连续两个值中间值作为划分标准。计算每一种划分后的信息增益，选择信息增益最大的分裂点作为该属性的分裂点。能进行剪枝操作，能处理空值。

分类与回归树（CART）中使用最小基尼值来选择分裂属性，回归树中使用平方误差最小化准则来选择分裂属性。可以分类可以回归。与ID3，C4.5不同的是CART构成的决策树必须是二叉树。

实现决策树的算法有很多种类，本书基于ID3算法来构建决策树，ID3算法的主要思想为：

（1）根据评估信息安全风险数据集选取信息增益最大的属性作为根节点，属性里的值作为分支；

（2）如果根节点下所有样本属于同一类则生成一个叶子节点，中止算法；

（3）计算每个分支里剩余信息安全风险要素属性的信息增益，选取信息增益最大的风险要素属性作为分支节点；

（4）重复一到三步骤，直到没有属性或者剩余属性信息增益很小结束决策树的构建。

基于ID3算法生成决策树过程中是一个不断递归的，在决策树算法中有三种过程会导致决策树递归结束：一是当前节点所包含样本全部是相同的类；二是当前节点的属性集是空集；三是当前节点所包含的样本为空集。

2. 划分属性选择根支节点

按照不同的信息安全风险要素的属性划分的根节点最后所得到的决

策树模型千差万别，因此决策树学习的关键是选择最优信息安全风险要素属性进行。决策树在构建过程中，选择根节点（中间节点）对于构造高准确度的决策树来说尤为重要，其中信息熵和信息增益两个属性决定了节点的选取。

一般情况下，我们希望决策树的根和分支节点所包含的样本尽可能单一，即属性的"纯度"尽可能高。

（1）信息熵。

信息熵，又称香农熵，由著名科学家香农提出，它是衡量数据纯度的一种方法，其中熵值越小，表示数据越纯，熵值越大，表示数据越混乱。假定当前样本集为 D，D 中第 K 类样本的数量为 C_k，则 D 的信息熵为

$$\text{Ent}(D) = -\sum_{k=1}^{K} \frac{|C_k|}{|D|} \log_2 \frac{|C_k|}{|D|}$$

Ent(D) 的值越大的，则 D 的纯度越低；Ent(D) 的值越小，则 D 的纯度越高。

（2）信息增益。

信息增益（information gain）代表的是在一个条件下，信息复杂度（不确定性）减少的程度，也即纯度提高的程度。

假定样本集 D 有个 n 离散属性，属性集 A = {a_1，a_2，…，a_n}，属性 a 的取值集合为 {a^1，a^2，…，a^M}，如果使用属性 a 对样本集 D 直接进行划分，会生成 M 个分支节点，D^m 为属性 a^m 的数量。由于不同分支点所包含的样本数量不同，因此应该给各个分支点赋予相应的权重，样本数越多的属性权重越大、影响也就越大，样本越少的属性权重越小、影响越小。属性 a^m 的权重为 $\frac{|D^m|}{D}$，于是可计算得出属性 a 的信息增益为：

$$\text{Gain}(D, a) = \text{Ent}(D) - \sum_{m=1}^{M} \frac{|D^m|}{|D|} \text{Ent}(D^m)$$

一般情况下，信息增益越大，信息复杂度（不确定性）减少的程

度越多，既纯度越高；信息增益越小，信息复杂度（不确定性）减少的程度越少，既纯度越低，因此在 ID3 决策树算法实现的关键是选择 $a_{best} = \text{argmax Gain}(D, a)$ 不停地分裂下去直到分裂到叶节点为止。

3. 实现决策树基本算法及流程图

输入：信息安全风险训练样本集 $D = \{d_1, d_2, \cdots, d_m\}$；

信息安全风险属性样本集 $A = \{a_1, a_2, \cdots, a_m\}$。

过程：Def 函数 Treegenerate（D，A）：

1:初始化阈值

2:创建树节点 Tree_node;

3:if 训练集 D 的都是同一类 C then

4:将 Tree_node 标记叶节点 C 类;return Tree_node

5:end if

6:if 属性集 A is null or 训练集 D 的样本属性值都相同

7:将 Tree_node 标记为叶节点 C 类,C 为训练集 D 中样本最多的类 C;return Tree_node

8:end if

9:计算 A 中各个属性对 D 的信息增益,选择信息增益最大的属性 a_{best} 进行最优属性划分;

10:for a_{best}^m in a_{best}

11:为了生成 Tree_node 的分支;D^m 为训练集 D 中属性为 a_{best}^m 的子集

12:if D^m is null then

13:将分支节点标记为叶节点,类别标记为训练集 D 中样本最多的类;return

14:else

15:Treegenerate$\left(D, \dfrac{A}{\{a_{best}\}}\right)$为分支节点

16:end if

17:end for

输出：以 Tree_node 为节点的一颗决策树。

4. 决策树算法的实现流程

决策树算法的实现流程图，如图 6 - 5 所示。

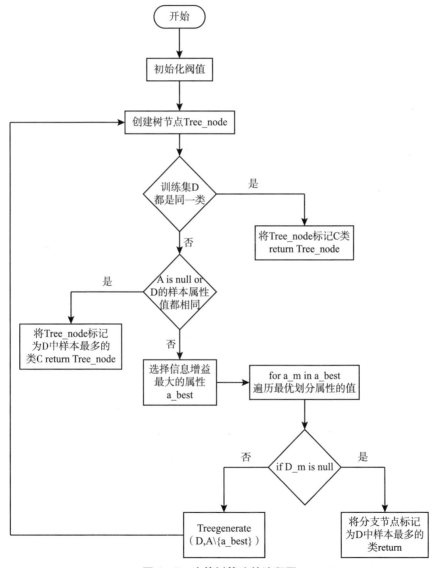

图 6 - 5 决策树算法的流程图

5. 剪枝优化

决策树在学习训练数据模型的过程中，有时候会产生过拟合的现象。过拟合是指若模型在训练集表现非常好，却在测试集上表现不好，则这便是过拟合导致的。这是因为将训练数据自身的一些性质当成了所有数据集的一般性质。为降低过拟合风险可以通过主动去掉一些分支，其基本策略有"预剪枝"和"后剪枝"，如表 6－1 所示。

表 6－1　　　　　　　　　　　　　预剪枝和后剪枝

项目	预剪枝	后剪枝
做法	在决策树生成过程中，对每个节点划分前先估计，若不能带来泛化性能提升，则停止划分并标记为叶节点	先生成完整决策树，再自底向上对非叶节点进行考察，若替换成叶节点能带来性能提升则将子数替换为叶节点
优点	①降低过拟合风险；②减少训练和测试的时间开销	有更多的分支，欠拟合风险小，泛化性能往往优于预剪枝
缺点	有些分支导致泛化性能暂时下降，但后续划分能显著提高，而"贪心"本质禁止这些分支展开，带来欠拟合风险	训练时间开销大

如果剪枝之后泛化性能不变，根据奥卡姆剃刀原理也应当使用剪枝之后的结果[1][2][3]。

6. 决策树在评估信息安全风险优缺点

（1）决策树易于理解和实现，人们在通过相关解释后都有能力去理解决策树所要表达的真实意图。

（2）对于决策树，信息安全评估样本集的准备往往是简单或者是

---

① 刘健，赵刚，郑运鹏. 基于 AHP－贝叶斯网络的信息安全风险态势分析模型 [J]. 北京信息科技大学学报（自然科学版），2015（3）：68－74.

② 王鹏，徐建良. 基于贝叶斯网络的信息系统风险评估研究 [J]. 中国海洋大学学报（自然科学版），2022（5）：131－138.

③ 李明. 基于改进贝叶斯网络的网络安全态势评估 [J]. 南阳理工学院学报，2018（2）：59－62.

不必要的。其他的技术往往要求先把数据一般化，比如去掉多余的或者空白的属性。

（3）能够同时处理数据型和常规型属性。其他的技术往往要求数据属性的单一。在相对短的时间内能够对大型数据源作出可行且效果良好的结果。对缺失值不敏感。

（4）效率高，决策树只需要一次构建，反复使用，每一次预测的最大计算次数不超过决策树的深度，对连续性的字段比较难预测。

（5）对有时间顺序的数据，需要很多预处理的工作。当类别太多时，错误可能就会增加得比较快。

（6）一般的算法分类的时候，只是根据一个字段来分类。在处理特征关联性比较强的数据时表现得不是太好。

（三）基于朴素贝叶斯评估信息安全风险

分类是机器学习和数据挖掘的一种重要方法。在分类中训练的目的是通过带有类标号的一组训练样本构建分类器。贝叶斯分类是一种基于概率统计知识的分类算法。根据实现方式不同可分为朴素贝叶斯分类和贝叶斯信念网络等。朴素贝叶斯分类算法是在假设属性之间相互独立的前提下设计的。因其是一种简单高效的分类方法，故越来越多专家学者使用贝叶斯去评估信息安全风险进而对信息安全监管部门提供一个量化建议。刘健等（2015）根据各风险评估要素之间的因果关系构造贝叶斯网络，有效地判断出在降低并转移风险的方式；王鹏和徐建良（2022）认为贝叶斯网络应用于信息系统风险评估时，具有很高的计算效率和很强的适应性；李明（2018）利用动态的贝叶斯网络模型用于对网络安全态势进行预测，能有效地对网络安全态势进行预测，具有预测精度高的优点。

1. 朴素贝叶斯模型

（1）贝叶斯原理。

贝叶斯定理如下：

$$P(Y \mid X) = \frac{P(Y)P(X \mid Y)}{P(X)}$$

$P(Y)$ 是 Y 的先验概率，之所以称为 "先验" 是因为它考虑任何 X 方面的因素。$P(X \mid Y)$ 是已知 Y 发生后 X 的条件概率，也由于得自 Y 的取值而被称作 X 的后验概率。

$P(Y)$ 是 Y 的先验概率，也作标准化常量。

可知后验概率=（相似度×先验概率)/标准化常量。

（2）朴素贝叶斯分类。

假定样本集每个样本都可以用一个 n 维特征向量 $X = [x_1, x_2, \cdots, x_n]$ 表示，其中 x_i 表示单个样本第 i 个属性的值，样本有 m 个标签其中第 j 个标签记为 Y_j。当给出一个样本 X（无标签）时，则可以利用贝叶斯对其分类，预测 X 属于具有最高后验概率的 Y_i 类为：

$P(Y_i \mid X) > P(Y_j \mid X)$，$1 \le j \le m$，$j \ne i$，其中 $P(Y_i \mid X) = \dfrac{P(Y_i)P(X \mid Y_i)}{P(X)}$

由于 $P(X)$ 是个常量，所以在寻找后验概率 $P(Y_i \mid X)$ 最大值时，只需 $P(Y_i)P(X \mid Y_i)$ 最大即可。在朴素贝叶斯网络模型假设独立性条件是，属性值相互条件独立，即在属性间不存在相关关系则先验概率为：

$$P(X \mid Y_i) = \prod_{k=1}^{n} p(x_k \mid Y_i)$$

①当样本的属性 x_i 皆是离散性时，朴素贝叶斯分类器为：

$$\arg\max P(Y_i \mid X) = \frac{P(Y_i) \prod_{k=1}^{n} p(x_k \mid Y_i)}{P(X)}, \quad 1 \le i \le m$$

②当样本的属性存在连续的属性 x_i 时，假定 x_i 服从正态分布，属性 x_i 的条件概率为：

$$p(x_j \mid Y_i) = \frac{1}{\sqrt{2\pi}\sigma_{Yi}} e^{\frac{(x_j - u_{Yi})^2}{2\sigma_{Yi}^2}}$$

朴素贝叶斯分类器为：

$$\text{argmaxP}(Y_i \mid X) = \frac{P(Y_i)\prod\limits_{k=1,k\neq j}^{n} p(x_k \mid Y_i)p(x_j \mid Y_i)}{P(X)}, \quad 1 \leqslant i \leqslant m$$

2. 朴素贝叶斯算法流程

输入：训练数据 $T = \{(x_1, y_1), (x_2, y_2), \cdots, (x_n, y_n)\}$，$X = \{x_1, x_2, \cdots, x_n\}$，$Y = \{y_1, y_2, \cdots, y_n\}$ 其中 $x_i = (x_1^{(1)}, x_2^{(2)}, \cdots, x_i^{(n)})^T$，$x_i^j$ 是第 i 个样本的第 j 个特征，$x_i^j \in \{a_{j1}, a_{j2}, \cdots, a_{js_j}\}$，$a_{jl}$ 是第 j 个特征可能取的第 l 个值，$j = 1, 2, \cdots, n$，$l = 1, 2, \cdots, s_j$，$y_l \in \{c_1, c_2, \cdots, c_k\}$

过程：函数 N_Bayes（X，Y，T）：

1：计算先验概率

2：for 循环 Y 中每一个值记为 y do

3：　　统计 c_k 类的频数 $\sum\limits_{i=1}^{n} I(y_i = c_k)$

4：先验概率统计 c_k 类的频数比上样本总数 N，$P(Y = c_k) = \dfrac{\sum\limits_{i=1}^{n} I(y_i = c_k)}{N}$

5：end for

5：计算条件概率

6：for 遍历样本 T do

7：统计样本 $(x^{(j)} = a_{j1}, y_i = c_k)$ 的频数：$\sum\limits_{i=1}^{n} I(x^{(j)} = a_{j1}, y_i = c_k)$，

8：属性的条件概率为 $P(X^j = a_{j1} \mid Y = c_k) = \dfrac{\sum\limits_{i=1}^{n} I(x_i^{(j)} = a_{j1}, y_i = c_k)}{\sum\limits_{i=1}^{n} I(y_i = c_k)}$

9：end for

10：判断实例 $x = (x^{(1)}, x^{(2)}, \cdots, x^{(n)})^T$ 的类别

$11: x = (x^{(1)}, x^{(2)}, \cdots, x^{(n)})^T$ 的类为 $\underset{c_k}{\operatorname{argmax}} P(Y = c_k) \cdot$

$\prod\limits_{j=1}^{n} P(X^{(j)} = x^{(j)} \mid Y = c_k)$

输出：实例 x 的类别为 c_k。

3. 朴素贝叶斯分类三个必要阶段

第一阶段——准备工作阶段，这个阶段的任务是为朴素贝叶斯分类做必要的准备，主要工作是根据具体情况确定特征属性，并对信息安全评估样本集的每个特征属性进行适当划分，然后由人工对一部分待分类项进行分类，形成训练样本集合。这一阶段的输入是所有待分类数据，输出是特征属性和训练样本。这一阶段是整个朴素贝叶斯分类中唯一需要人工完成的阶段，其质量对整个过程将有重要影响，分类器的质量很大程度上由特征属性、特征属性划分及训练样本质量决定。

第二阶段——分类器训练阶段，这个阶段的任务就是信息安全评估训练数据集，最终生成朴素贝叶斯分类器，主要工作是计算每个类别在信息安全评估训练样本中的出现频率及每个特征属性划分对每个类别的条件概率估计，并将结果记录。其输入是特征属性和信息安全评估训练样本，输出是信息安全分类器。这一阶段是机械性阶段，根据前面讨论的公式可以由程序自动计算完成。

第三阶段——应用阶段。这个阶段的任务是使用分类器对待分类项进行分类，其输入是分类器和待分类项，输出是待分类项与类别的映射关系。这一阶段也是机械性阶段，由程序完成。

4. 朴素贝叶斯在风险评估方面优缺点

（1）朴素贝叶斯在信息安全评估样本集里模型训练速度快很容易也很快，特别是在朴素贝叶斯在多类预测中表现优良，特别当把信息安全评估分类多个等级时，适合应用朴素贝叶斯。

（2）朴素贝叶斯算法简单易懂，常用于风险预测等级分类。

（3）朴素贝叶斯模型基于贝叶斯定律，在模型训练的过程中是不断机械地套用贝叶斯定理，因此朴素贝叶斯分类器有稳定的分类效果。

（4）朴素贝叶斯适合增量式训练，尤其是数据量超出内存时，可以一批批地去增量训练。

（5）如果在分类变量具有在信息安全评估样本集中未观察到的类别时，则模型将指定零概率并且将无法进行类别的预测。

（6）由于使用了样本属性独立性的假设，所以如果特征属性有关联时效果不好。

（7）需要知道先验概率，且先验概率很多时候取决于假设。

（8）通过先验和数据来决定后验的概率从而决定分类，所以分类决策存在一定的错误率。

（9）对输入数据的表达形式很敏感。

二、基于机器学习对信息安全的监管

以上讨论了使用机器学习相关模型对信息安全进行评估，信息安全监管是以信息安全评估为基础，因此通过对信息安全风险的评估我们可以为信息安全监管提供强有力的数据支持。我国监管机构可以根据机器学习对信息安全风险的评估等级制定不同的监管策略。特别是对那些高风险的信息安全企业实行严格的监管标准，以最大限度地降低信息安全风险。

随着信息时代的到来，海量数据的暴增，需要用到技术来确保海量信息的安全，只有更为准确的信息安全风险评估才能有效地应对信息安全监管。借助机器学习，可以显著提高信息安全各方面的监管技术水平，从而有效地实施对信息安全监管。

（一）基于支持向量机对信息安全的监管

信息安全是当今社会的一个重要问题，对于信息安全监管来说，如何对不同类型的数据进行准确分类是一个重要挑战。支持向量机分类技术可以作为一种有效的解决方案。

SVM 通过构建一个决策边界，最大限度地分开不同类别的数据，从而提高分类的准确性。此外，SVM 还能够处理非线性的数据，并避免了过拟合的问题。

在信息安全监管中，SVM 可以用于对数据进行分类，以区分正常数据和恶意数据。比如，SVM 可以对网络流量数据进行分类，以识别潜在的攻击行为。同时，SVM 还可以用于对日志文件进行分类，以识别异常行为。

需要注意的是，SVM 算法对于噪声数据和异常值敏感，因此在使用 SVM 分类技术时，需要对数据进行预处理，以减少噪声数据的影响。

SVM 分类技术是一种非常有效的解决方案，可以作为信息安全监管的有力工具。使用 SVM 分类技术，可以提高信息安全监管的准确性和效率，有助于保护组织的信息安全。SVM 分类技术的优点是可以对高维数据进行有效分类，这对于信息安全监管来说非常重要，因为现代网络环境中的数据通常具有高维的特征。此外，SVM 分类技术还可以通过核函数的使用来解决数据线性不可分的问题，使得它在信息安全监管中更加灵活。另外，SVM 分类技术还具有很好的泛化能力，可以对新数据进行准确分类，这对于信息安全监管来说也是非常重要的。利用支持向量机分类技术对信息安全监管具有重要的意义。它不仅可以提高信息安全监管的准确性和效率，还可以对新数据进行有效分类，有助于保护组织的信息安全。因此，我们应该把更多的研究精力投入支持向量机分类技术的开发与应用中，以更好地保护我们的信息安全。另外，在信息安全监管中，支持向量机分类技术还可以与其他技术结合使用，以提高监管的效率和准确性。

在利用支持向量机分类技术进行信息安全监管时，也要注意数据的质量问题。需要对训练数据进行有效的清洗和预处理，以保证训练结果的准确性。另外，还需要考虑模型的泛化能力，以避免模型过于复杂，导致训练结果不准确。

利用支持向量机分类技术对信息安全监管具有重要意义，但同时也需要注意数据质量问题和模型的泛化能力等问题，以保证监管的效率和准确性。只有在考虑到这些问题的前提下，才能充分发挥支持向量机分类技术在信息安全监管中的作用。

（二）基于决策树对信息安全的监管

在当今数字化的时代，信息安全成为企业和政府面临的一个重要挑战。为了维护信息安全，信息安全监管成为一项重要的工作。利用决策树分类算法对信息安全进行监管，具有一定的优势。

决策树分类技术是一种有效的解决方案，可以对数据进行分类，以区分正常数据和恶意数据。决策树分类技术通过构建一棵决策树，将不同的特征和属性进行组合，并将数据分成不同的类别决策树分类技术不仅易于理解和解释，而且能够处理非线性数据，并避免了过拟合的问题。在信息安全监管中，决策树分类技术可以用于对数据进行分类，以识别异常行为。例如，可以对网络流量数据进行分类，以识别潜在的攻击行为。此外，决策树分类技术还可以用于对日志文件进行分类，以识别异常行为。

决策树分类技术的优点在于它能够对高维数据进行有效分类，这对于信息安全监管来说非常重要，因为现代网络环境中的数据通常具有高维的特征。决策树分类技术还具有很好的泛化能力，可以对新数据进行准确分类，这对于信息安全监管来说也是非常重要的。

在使用决策树分类技术时，需要注意数据的质量问题。需要对训练数据进行有效的清洗和预处理，以保证训练结果的准确性。同时，还需要注意决策树分类技术的过度拟合问题，需要采取一些方法来避免这个问题。利用决策树分类技术对信息安全监管具有重要意义。它不仅可以提高信息安全监管的准确性和效率，还可以对新数据进行有效分类，有助于保护组织的信息安全。因此，我们应该把更多的研究精力投入决策树分类技术的开发与应用中，以更好地保护我们的信息安全。

决策树算法可以应用于信息安全监管领域，其主要应用包括以下几个方面：

（1）威胁情报分析：威胁情报分析是信息安全监管的重要组成部

分。决策树算法可以用于威胁情报的分析和处理，通过学习历史数据，可以识别威胁的类型和行为模式。当发现新的威胁时，决策树算法可以对其进行分类，以便快速响应和处理。

（2）风险评估：风险评估是信息安全监管一个重要的工作，可以帮助监管人员了解系统和应用程序的安全性。利用决策树算法，可以对不同系统和应用程序进行评估，以确定其存在的安全风险。监管人员可以根据评估结果采取相应的安全措施，以降低风险。

（3）安全事件响应：安全事件响应是在信息安全监管中必要的工作。利用决策树算法，可以根据已知的安全事件特征，建立相应的决策树模型。当监管人员收到安全事件报告时，可以根据决策树模型对其进行分类和处理，以快速响应和处理安全事件。

（4）安全策略制定：决策树算法还可以用于制定安全策略。监管人员可以根据已有的安全数据建立决策树模型，对不同的安全事件和威胁进行分类，以便制定相应的安全策略。同时，决策树算法还可以对不同安全策略的效果进行评估，以帮助监管人员选择最合适的安全策略。

决策树算法在信息安全监管领域具有广泛的应用。通过建立相应的决策树模型，可以快速准确对安全事件和威胁进行分类和处理，为信息安全监管提供重要的支持。

在利用决策树分类技术进行信息安全监管时，还可以与其他技术结合使用，以提高监管的效率和准确性。例如，可以与数据挖掘技术结合，以从大量的数据中发现隐藏的信息，并对其进行分类。同样，也可以与机器学习等人工智能技术结合，以加强监管的能力。

决策树分类技术也具有一些不足之处。例如，决策树分类技术在面对一些复杂的数据时，可能会出现过拟合的问题。此外，决策树分类技术的分类效果也受到特征选择和树的深度等因素的影响。

利用决策树分类技术对信息安全监管具有重要意义，但同时也需要注意数据质量问题和过拟合等问题，以保证监管的效率和准确性。只有在考虑到这些问题的前提下，才能充分发挥决策树分类技术在信息安全监管中的作用。同时，我们还需要持续研究和发展决策树分类技术，以更好地应对信息安全威胁，为保障信息安全作出更大的贡献。

（三）基于朴素贝叶斯对信息安全的监管

朴素贝叶斯分类算法是一种基于贝叶斯定理的分类算法，其基本思想是根据已知的数据样本计算出各个特征对于各个分类的条件概率，然后根据贝叶斯定理计算待分类样本属于每个分类的概率，从而判断其所属的分类。朴素贝叶斯分类算法在信息安全监管中的广泛应用可以提高监管的效率、准确性、智能化水平和实时性，从而更好地保护用户的信息安全。

（1）提高监管效率：朴素贝叶斯分类算法可以对大量的数据进行快速分类和处理，减轻监管人员的工作负担，提高监管效率。在信息安全监管中，需要处理大量的数据和信息，如果全部由监管人员手动处理，则会浪费大量的时间和人力。

（2）提高监管准确性：朴素贝叶斯分类算法在信息安全监管中可以通过对数据的分析和学习，提高监管的准确性。通过训练朴素贝叶斯分类器，可以对垃圾邮件、恶意软件等安全威胁准确地进行分类和检测，从而避免误判和漏判，提高监管的准确性和可靠性。

（3）提高监管的智能化水平：朴素贝叶斯分类算法可以通过对大量数据的学习和分析，自动发现数据中的模式和规律，从而提高监管的智能化水平。在信息安全监管中，监管人员需要面对不断变化的安全威胁，如果能够运用智能化的算法和技术，就可以更加有效地应对各种安全威胁。

（4）提高监管的实时性：朴素贝叶斯分类算法可以对数据进行实时的分类和处理，从而提高监管的实时性。在信息安全监管中，安全威胁常常是突发性的，需要及时作出反应和应对，如果能够实时地对数据进行分析和处理，就可以更加快速地发现和应对安全威胁。

第六节　政策建议

本书拟利用对比对国内外对监管网络安全问题已有的相关研究成果和相应的进行研究比较分析，以期从中获得启示，为政府部门对网络安全如何监管提供助力。

一、监管部门应协调统一管理

我国的信息安全监管环境注定了要实现多部门协调统一并依法管理的现实。原因在于我国采取的是信息安全监管模式是"政府主导模式"。这与管理学的思想不谋而合，为我国信息安全监管带来了很好的监管效应。但此方法却容易导致出现部门职能混乱、权责不一等问题。为避免职能部门过多导致的职能混乱问题，应明确各部门的分工职责，将信息安全监管的相关部门的监管力量整合，以期达到事半功倍的目的。在部门对网络安全进行监管的过程中，则应做到依法管理，而不是滥用职权。具体来说，可以建立信息安全监管中心，建立以公安部为基础，以国家计算机应急协调处理中心为重点，以职能部门工作人员为基础，以保护网络安全为目标的由各个地方城县共同组成的网络安全监管联合部门。及时更新信息安全的信息，向公众公布世界流行的网络病毒和攻击手段，提供相应的解决措施并及时打击信息安全犯罪活动。

二、完善监管法律体系

如何计划好、组织好和控制好我国信息安全监管，是当前该领域内的问题之一。信息安全监管法律体系的构建不是一朝一夕可以完成的，是需要时间和人力的堆积才能最终完成。信息安全监管体系的构建，需要考虑到时效性的问题，这也是摆在我国信息安全监管法制体系面前的问题之一。

应建立起一个基础性的信息安全监管法制体系，而后在发展过程中对其不断地进行完善，这样才能够保证我国信息安全监管法制体系的时效性。在加大监管的力度方面，重在信息安全法律的发展应用上。没有先进的法律，就难以监管好我国的信息安全。但如何更好地实施监管，也是政府应该考虑的问题之一。

所谓的信息安全监管并不单单只是管理，它包括有监督和管理两层意思。如前所述，监督方面靠的是信息安全法律规制，而管理则靠的是人为的主观因素。在监督方面，不仅要做好政府部门的监督，更应联系群众将舆论监督作用发挥到极致。然而综观我国的国情，我们可以发现，监督的机制很完善，监督的机构配置得也很齐全，可是实际的效果却差强。

信息安全监管在我国尚不成熟，我们更应在法律上做到细致周到。只有颁布了较为详细的法律文件，才能够让我国的信息安全监管做到有法可依，为我国信息安全监管良性运行起到至关重要的作用。

三、提高信息安全技术

信息安全监管的基础是信息安全技术，没有好的信息安全技术，是很难对信息安全实施监管的。黑客对网络安全的攻击行为就是由于他们懂信息安全技术，清楚信息安全监管的盲区，才能够成功地绕过监管，对计算机信息安全实施攻击，以达到传播不良信息、破坏计算机网络的目的。只有做到不断提升信息安全监管技术，才能更好地监管，才能保证网络安全。相关部门的工作人员应保证不断学习新的网络技术，为达到对信息安全监管的目的提供技术上的帮助。

以机器学习为代表的信息监管技术被实践证明是一项非常有效的监管措施。随着互联网的发展，网络监管技术也应当不断发展、更新。然而，技术的发展、运用必然受到监管原则的控制，相同的技术手段在不同监管原则的指引之下，会起到截然相反的作用。完美的技术在适度监管原则的指引下，能够成为建构理想网络公共领域的助推器；完美的技术在过度监管原则的指引下，只能成为侵蚀网络民主制度、瓦解网络公共领域的信息安全潜在风险。因此，在网络监管过程中，必须要注意以机器学习适度原则为指导，正确运用技术手段。

第七章

算法共谋监管

近年来，互联网头部企业凭借数据和资本优势，建立了数字化生态系统，在数字经济市场竞争中取得了先发优势。在人工智能和机器学习的赋能下，平台利用算法将数据的使用提升到新的高度，进一步巩固了大型平台企业市场竞争优势。从市场竞争角度而言，算法降低了市场供需匹配成本，有利于企业降本增效。但同时，算法强化了对数据的使用和流量入口的控制能力，提升了数字经济的市场进入壁垒，容易导致垄断问题。在此背景下，2022年《反垄断法》对平台企业的算法共谋可能导致的垄断问题作出回应，增添了第九条"针对数字经济领域反垄断的原则规定"，明确规定"经营者不得利用数据和算法、技术、资本优势以及平台规则等从事被本法禁止的垄断行为"。相比于技术和资本这种"显性"资源，数据与算法具有"隐性"特征，在算法黑箱隐藏之下，数据的收集与使用更易于规避监管，达成市场垄断目标。

目前，算法监管研究聚焦在单一主体的算法使用，如个人信息保护、平台算法使用的过错责任、算法技术应用场景等。但对多主体之间的算法使用监管研究较少，典型的形式为算法共谋。即，两个或多个数字经济市场主体通过合约或其他形式达成一致，从而共同决定商品或服务产量与价格。与传统的市场共谋行为相比，算法共谋更稳定，共谋主体之间不须明示的垄断协议即可达成共谋条件，提升了监管难度。算法共谋利用人工智能与计算机代码使共谋行为由"显性"转变为"隐性", 所形成的新垄断形式增添了监管难度。算法在共谋行为中的作用与功能不同, 可形成不同种类的算法共谋形式 (见表7-1), 包括信使类算法共谋、中心辐射类算法共谋、预测代理类算法共谋与自我学习类算法共谋, 算法共谋行为的监管难度由易至难。

表7-1   算法共谋种类

算法共谋种类	算法类型	危害与风险	隐蔽性
信使类算法共谋	监控式算法	算法歧视、算法操纵	弱 ↓ 强
中心辐射类算法共谋	平行式算法	算法歧视、算法操纵、算法协同	
预测代理类算法共谋	信号式算法	算法操纵、算法协同、算法黑箱	
自我学习类算法共谋	自我学习式算法	算法协同与算法黑箱	

第一节 算法共谋运行机理与维持机制

一、算法共谋运行机理

在传统经济模式下, 市场共谋普遍以卡特尔形式存在, 表现为市场中一些企业联合对商品进行数量和价格控制, 以此获取垄断利润。但市场共谋形式极不稳定, 一方面共谋达成后的状态缺乏稳定机制, 如缺乏监督与惩罚机制; 另一方面市场环境复杂, 维持共谋状态成本较高, 如企业互信与沟通成本等。因此, 反垄断法律及其相关政策可有效应对市场共谋行为。但在数字经济市场中, 算法应用改变了市场共谋的特征与方式, 算法共谋表现出隐蔽性、稳定性与便捷性, 具体而言: 第一, 算法共谋的隐蔽性表现在两方面: 一是共谋双方无须交涉, 在共同利益驱动下, 通过算法预测与评估即可达成共谋协议基础; 二是新技术应用隐藏了共谋主体意图, 并自动建立共谋机制。如, 区块链技术的私有链难以被监管, 或智能合约在"代码即法律"的原则下自动触发惩罚等。

第二，算法的高效率数据收集与分析功能，有利于对数字经济市场进行实时监测与跟踪，客观上降低了共谋主体之间的行为偏离的可能性，增强了共谋主体之间的互信基础。此外，在数字经济市场中，算法与数据具备较大的先发优势，新进企业难以获得相当数量与质量的数据和算法，易形成新壁垒。第三，算法可缩短共谋企业之间的协商时间，或完全不需要协商直接达成最优定价。算法可以提升数字经济市场透明度与市场互动程度，更利于容易实现共谋目标，共谋协议不再是实现共谋状态的必要条件。

因此，在算法作用下，互联网企业利用算法可弥补传统共谋的市场基础与条件，按照"确立目标，抽象模型—实际问题，选择算法—回到目标，升级算法"的基本逻辑加速促成共谋，具体如图7-1所示。

在图7-1中，数字市场中的企业根据市场与自身经营状况设定目标，并抽象成模型，同时对市场与对手行为进行数据收集与分析，并选择不同算法以达成初始设定目标。在达成初始目标过程中，企业会进行多次博弈，若达成共识，则促成共谋。若未达成共识，则根据存在的问题（对手目标），设定新目标，并选择算法，继续进行博弈。在此过程中，企业可选择四种算法，分别为监督式算法，利用一系列指令，锁定目标与网络抓取，一次完成目标；平行式算法，在已经收集的数据基础上，自动反馈目标；信号式算法，对已经收集的数据自动反馈，并主动释放信号；自我学习式算法，利用人工智能、深度学习与自我认知等技术，依据已收集数据自动作出决策。

二、算法共谋的维持机制

在不同算法作用下，可达成不同形式算法共谋，产生不同的损害竞争行为。具体而言：第一，监督式算法达成信使类算法共谋，其原理是：企业使用算法收集和过滤数字经济市场中的价格信息，并依据事前设定的目标分离筛选与之背离的数据信息，作出回应。在此过程中算法充当技术工具作用，目的是防止市场中的企业，作出违背协议行为，因

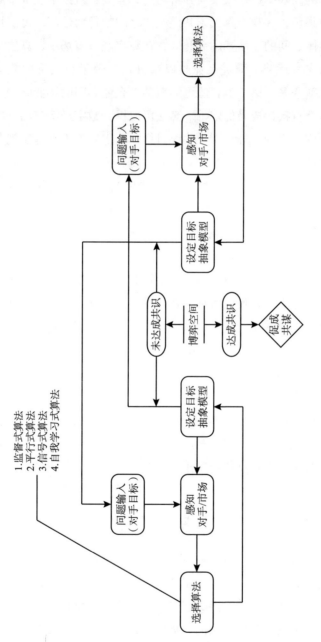

图7-1 算法共谋形成机理示意

而具有维持垄断协议，避免市场价格竞争作用。在信使类算法共谋场景中，算法是共谋信息或意图的传递工具。当数字市场中的企业之间具有共谋意图时（存在垄断协议），算法直接融入价格因素以维持共谋条件。共谋企业通过监督式算法即可实现相互监督，维持共谋条件。若数字市场中的企业之间并无共谋意图，算法将充当贴条工具，在市场中的垄断价格与均衡价格之间寻找新的价格，以确保共谋企业获得最大利润。

第二，平行式算法达成中心辐射类算法共谋，其原理是：利用核心企业，如：互联网平台企业中的多个经营者首先达成纵向协议，形成价格共识，再通过平行式算法对市场其他平台中的同类企业行为进行反馈，最终在数字经济市场中达成横向共谋。在此过程中算法具有一定自主决定权，动态调整价格策略，及时回应市场变化，在无市场显性交流情况下，达成共谋。中心辐射类算法共谋普遍产生于大型互联网平台企业，以平台为轴形成纵向协议，在相同算法影响下，具有竞争关系的企业之间默认形成横向共谋。例如，在一个大型平台中，平台具备设计和实施算法能力，平台内的商户只能被动地接受平台算法，此时商户与平台之间形成了纵向协议。在平行式算法作用下，不同商户之间的相同商品或服务价格会趋同，具有竞争关系的商户之间将以平台的纵向协议为轴，达成横向共谋，最终形成中心辐射类算法共谋。

第三，信号式算法达成预测代理类算法共谋，其原理是：企业使用算法对市场价格进行实时监控，开展动态调整，并制定最优价格。同时，向市场发送价格，直到接受价格，最终达成共谋。在此过程中，计算机完全取代人力，以虚拟信号形式进行谈判，属于默示共谋。预测代理类算法共谋是算法共谋的典型应用场景，消除人为操作与控制，使默示共谋更为普遍。在此过程中，算法充当代理人决策，在虚拟空间中开展重复博弈，对市场内的竞争企业价格实时监控，采取动态策略，通过主动发出信号方式，不断传递与反馈价格信号，最终实现共谋。

第四，自我学习式算法达成自我学习类算法共谋，其原理是：利用人工智能、机器学习等技术对市场海量数据收集、整理与分析，并通过模型,如:神经网络系统开展自我学习与决策,形成最优价格策略,达成算法共谋。在此过程中,完全不需要人力,通过"黑箱操作"形式达成虚拟共谋。与其他三类算法共谋是以共谋企业利润最大化为基础的运作原理不同,自我学习类算法共谋并没有一个明确的目标,算法独立运行,根据市场动态,自我作出最佳策略选择。虽然当前自我学习类算法共谋还未发生,但依照目前人工智能、计算机数据处理能力、计算机深度学习能力等技术的发展,自我学习类算法共谋仍可能实现,且一旦该类共谋实现,其对数字市场竞争破坏能力和消费者权益损害程度更难以预测,甚至可能会波及实体经济。

第二节　算法共谋的监管困境

一、信使类算法共谋的监管困境

信使类算法共谋属于显性共谋,但与传统共谋相比,信使类共谋在达成协议、实施共谋及维持共谋等环节更为隐蔽。第一,信使类算法共谋在传递共谋信息时更为隐蔽,数据与信息作为共谋载体可被共谋主体轻易获得,但其他非竞争者则难以获取相关信息;第二,信使类算法共谋协议的实施脱离了人为操作,数据与信息的变动即可达成新协议;第三,共谋的维持状态可由算法实时跟踪,若发现违背协议行为,企业也可通过算法即可作出惩罚措施,其共谋条件与环境更稳定。因此,信使类算法共谋是利用计算机算法部分替代人为的共谋操作行为,计算机与算法充当"信使"角色,依照算法程序设定执行相关共谋行为。

虽然,信使类算法共谋在一定程度上隐藏了人为操作痕迹,但其显性共谋属性表明其监管方法仍适用于传统反垄断法律监管范畴。若数字经济市场中的企业之间具有限制产量、固定价格及串通等行为,可直接使用反垄断法监管,并对其进行处罚。但数字技术是一把"双刃剑",

其违背市场竞争行为必定要受到法律规范，但在数字经济市场中，算法是企业洞察市场变化与提升效率的重要技术手段与途径，有利于合理制定企业长久规划与资源配置，甚至影响行业与产业技术创新等情况。进一步而言，算法的使用会提升市场透明度，而高透明度又易于形成共谋，即二者具有相互影响与促进作用。综上所述，信使类算法共谋的监管难点在于如何判定算法对市场的影响效果。即，算法的应用是破坏了市场竞争，或是提升企业效率，促进产业与行业技术进步等。此外，信使类算法共谋的共谋协议并不是一个具体的垄断协议，可能是企业之间在某一时间或特殊状态下的共同抉择行为，若无法清晰判定企业是利用算法排除竞争或限制竞争，则需要进一步根据企业行为作出判断。

二、中心辐射类算法共谋的监管困境

在中心辐射类算法共谋形成过程中，算法从单一的信息传递中介转变为核心枢纽，通过算法的信息配置使得市场中的竞争者即使没有直接联系，也可在价格上达成共谋。与信使类算法共谋特征相比，中心辐射类算法共谋特征得到进一步强化，共谋协议隐藏在算法中，表面的横向协议不存在，需要监管者依据协同价格等市场要素发现和证明共谋的存在。因此，中心辐射类算法共谋的共谋协议的实施、维持与行为更为隐蔽，其监管难点在于如何确定算法提供者的意图、对共谋协议的认定及责任划分等问题，具体而言：

第一，算法提供者的意图难以确定。当前，中心辐射类算法共谋有两种形成途径：一是由大型互联网平台向其内部商户提供统一算法；二是由具有技术开发企业创新算法，并在市场中公开售卖或租赁算法。对于第一种情况而言，平台之所以会提供相同算法，可能是为了统一平台市场价格，提升效率意图，而非主观上形成共谋。算法在此过程中可能会降低商品或服务价格，带来更多消费者福利。但当若干内部企业或其他平台采用相同算法时，则可能形成具有限制市场竞争的横向协议。此时，该算法是在不同企业的平行使用，其结果未知，有待观察市场竞争力表现。对于第二种情况而言，售卖算法的企业是以利润最大化为基础，算法的使用是否会危害市场竞争，则需要监管机构更深入地剖析算法的创造目的。若该算法设计的最初目标即为促使企业之间形成共谋，则可直接使用反垄断法。但算法不能证明约束市场竞争意图时，则监管部门需采取较为温和的监管原则，综合考核市场结果和影响，判断是否形成共谋。

第二，中心辐射类算法共谋存在两种纵向协议与横向协议两种相互交织的协议，而引发违反市场竞争的横向协议难以被证明。以平台为例，在平台中，统一的算法是纵向协议，产业链中的企业可能达成一致行为，但该行为并不会影响商品或服务的产量与质量，进而不会影响消费者利益。但横向协议的存在，如上游企业或下游企业达成某种横向协议，则可获得市场优势，可以通过控制价格获取垄断利润，此时消费者利益受到侵害。然而，与传统反垄断监管模式下的横向协议和纵向协议不同，在算法掩护下的横向协议与纵向协议相互交织，二者界限模糊，若要认定存在横向协议，只能通过纵向协议或其他证据间接证明横向协议的存在，对监管部门的监管能力与反垄断的适用范围提出了新挑战。

第三，中心辐射类算法共谋的责任划分存在模糊问题。在中心辐射类算法共谋中存在两个主体：一是算法提供者；二是算法使用者。对于算法提供者而言（一般为平台），其提供的算法一般而言只是一种技术，而非直接控制或限定某些商品的生产和价格，但此技术确实会影响市场经营者的行为，而目前没有相应的法律条文对此问题作出解释。对于算法使用者而言，该算法的使用可能是加入平台的前提，或是实现自身利益最大化的途径（大部分企业不具备自我创造算法能力），其自身无选择权，对监管部门如何确定其责任提出了新挑战。

三、预测代理类算法共谋的监管困境

预测代理类算法共谋是完全默示共谋，在达成共谋过程中，算法不统一，不再需要平台作为枢纽，每个企业都具有独立开发算法能力，且清楚市场竞争者具备相似算法能力。相似的算法加深了企业之间的联系，重复博弈过程克服了囚徒困境问题，企业之间具备建立和维持相互合作意愿和能力。因此，预测代理类算法共谋中的算法充当代理人角色，以数据作为基础，根据市场变化动态调整价格策略。在此过程中，完全不需要人为操作，是算法自动对市场行为作出的行为，企业之间无明确的共谋协议，其证明难度与监管难度进一步增强。

首先，预测代理类算法共谋的共谋协议更隐蔽，在去除了人为操作过程后，所有行为都是由算法完成，包括共谋协议的制定、磋商、实施与改进。例如，企业之间的共谋协议所有内容完全可通过线上进行，算法将数据以信号形式传递，一方面加速了协议的制定速度，另一方面降低了被发现难度。相比于中心辐射类算法共谋的算法的一致性而言，共谋企业之间只需要使用相似算法即可达成共谋，达成条件在技术环节有所降低。此外，预测代理类算法共谋的算法是以动态形式对市场作出回应，可根据市场变化动态调整共谋协议，并实施执行而非重新谈判，在提升效率的同时，降低了共谋的风险。

其次，预测代理类算法共谋协议更难被打破，共谋协议更难以证明。算法共谋维持的基础是企业之间的信任度。一方面，算法加深了市场透明度，增强了共谋企业之间的信任基础。另一方面，共谋企业之间了解彼此的相似算法，会建立共谋条件下的市场均衡价格，此过程完全由机器完成，机器的监督功能促使企业之间建立互信机制，而对偏离均衡价格的企业，算法也可快速作出回应，甚至惩罚，其共谋的可维持性更强。因此，预测代理类算法共谋一旦形成，参与共谋的企业越难以背叛共谋协议，监管部门越难以获得相关数据或证据（参与者所提供的数据或证明，是共谋协议证明的主要证据来源）。

最后，预测代理类算法共谋弱化了人的意志，其共谋形成机制及市场条件完全是由计算机和算法创造，该行为是否违法及如何确定相关主体责任有待解决。例如，在预测代理类算法共谋形成过程中，算法根据价格等市场基本因素自动作出抉择，并非人的思想直接体现，如何判定其违法行为有待商榷。同时，监管部门的监管技术落后于算法发展。可以预见，随着算法的发展，监管部门将更难以发现预测代理类算法共谋的共谋协议，因此当务之急是提升监管部门的监管能力与监管技术。

四、自我学习类算法共谋的监管困境

自我学习类算法共谋是在大数据技术发展和人工智能成熟共同作用下产生的一种新型算法共谋模式。算法通过干中学不断自我优化，为企业提供多种选择，其控制价格不再是唯一目的，并具备操控价格能力。因此，作为技术的算法，自我学习类算法共谋隐藏在黑箱之下，其决策对社会经济活动会产生一定支配力与影响力，尤其是在人工智能赋能下，算法将会完全取代人的作用，甚至是对社会的生产力与生产关系产生深远影响，相较于其他种类的算法共谋，自我学习类算法共谋的风险性最高，其监管难度最强。

第一，自我学习类算法共谋对传统反垄断监管的理念挑战。对于信使类算法共谋、中心辐射类算法共谋和预测代理类算法共谋，都可以从算法中寻找出算法制定者的主观意图。监管部门可通过算法意图，分析和判断企业之间是否存在共谋意图。但自我学习类算法共谋完全是在"黑箱"操作下进行，甚至是算法开发者也无法预测结果的最终走向，因此监管部门只能依靠技术手段才有可能对其进行监管，当前急需建立新的监管理念与方法。

第二，自我学习类算法共谋将不存在共谋协议，在数字经济市场中，如何对智能设备或算法的行为进行法律界定和惩罚仍然是一个问题。在传统反垄断监管范畴内，违法主体为个人、企业或其他组织，是一个有形的存在主体。但在自我学习类算法共谋中，算法是唯一参与主体，对此在进行处罚时，需解决处罚的主体、法律基础与可能性等问题。

第三节 国外算法共谋的应对
策略与算法共谋案例

一、国外算法共谋应对策略

算法虽然对社会生产效率带来了极大提升，但同时算法的外部性风险也不断嵌入社会发展进程，并随着算法应用的深度与广度不断增加。对此，欧美等国自 2015 年起，开始陆续出现算法共谋案件，各国依据国情制订解决方案。包括："禁止＋豁免"模式、以结果为导向的治理模式、提升算法透明性和技术治理四种模式，具体而言：

第一，"禁止＋豁免"模式的核心问题是判定主体是否具有共谋行为。例如，美国反垄断监管机构在认定相关主体是否存在共谋行为时，依据合理原则与本身违法原则，并判断共谋行为是属于限制竞争行为，还是促进竞争行为。而欧盟则基于两步法判定相关主体是否存在共谋行为。若共谋行为本身就有约束竞争目的，则无须审查，直接认定违法。若共谋行为并无垄断意图，目的是促进技术进步或产品创新，则不违法。该种模式的优势是减少监管成本，监管部门无须关注企业所有内部运行环节，给予企业更多发挥空间，有助于鼓励企业技术进步和创新积极性。

第二，以结果为导向的治理模式有三种形式。首先，发挥市场机制，依托于企业算法升级，鼓励企业提供更优质和安全算法。同时，鼓励消费者采取积极主动策略，可通过拒绝使用服务等形式保护消费者权益。其次，引入第三方审查机制，建立问责机制。例如，政府雇用专家对企业算法进行审查与评估。最后，依靠消费者监督。例如，通过监督或举证等形式，对不合理算法行为进行举报。

第三，提升算法透明性，鼓励企业公开解释算法决策问题。例如，

2018 年美国计算机协会下属美国公共政策委员会发布《关于算法透明度和责任的声明》，规定了企业应对算法的决策结果负责，以解决"算法黑箱问题"。

第四，创新算法共谋监管技术手段。一般而言，政府的监管手段、技术与方法会落后于新技术的发展，因而政府监管的技术能力难以满足对算法共谋的监管需求。对此，欧盟部分国家提出了算法减速器概念，其原理是约束企业的竞价速度或频率，降低企业之间的数据交互频率，拖延企业价格调整时间。

二、算法共谋案例

（一）信使类算法共谋—托普金斯案件

2013 年 9 月至 2014 年 1 月，托普金斯（Topkins）利用监督式算法实施垄断协议。托普金斯通过定价算法，与其他人共谋操控亚马逊海报价格。即，托普金斯事先与竞争者达成价格共谋协议，规定了各方所要达成的价格信息，并通过算法监督协议的执行状况。在此过程中，算法以竞争对手的决策信息为基础，通过数据筛选与分析，监控竞争对手的共谋偏差行为，并随时准备发起"价格战"以威胁竞争对手。由于算法对信息的相应速度极快，因而竞争者几乎不会具备偏离协议动机。

2015 年美国司法部认定托普金斯通过算法共谋控制价格的行为构成犯罪，具体包括：第一，与竞争者制定共谋价格；第二，托普金斯通过共谋形式，固定和提高某些特定海报价格；第三，托普金斯以特定价格算法，协调各自价格；第四，托普金斯为达成共谋行为，编写了定价代码，且该代码可指导竞争对手按照共谋价格售卖海报；第五，为保证算法的效力，托普金斯与竞争者相互讨论和交换了相关信息；第六，托普金斯与竞争者最终达成了共谋价格出售海报，并获得垄断利润。对此，美国司法部指控托普金斯违反了《谢尔曼法》，以共谋和非竞争的价格售卖海报，通过算法和某实施了线上商品销售的共谋价格修改，并对其罚款 2 万美元及 6 至 12 个月有期徒刑。

（二）中心辐射类算法共谋—优步案件

2015 年美国康涅狄格州的迈耶尔（Meyer）向美国纽约南区联邦地区法院提起对优步（Uber）的反垄断诉讼，认为优步（Uber）通过定价算法与司机达成共谋，而这种价格共谋制约了本应当具有竞争关系的司机们，进而损害了消费者利益。原告认为，由于优步（Uber）的车费使用的是统一价格算法，因而司机与乘客之间不能就车费开展自由协商，司机之间消除了竞争关系。同时，优步（Uber）软件中存在一个价格激增模式，车费在高峰期可以涨至标准的数十倍。在优步（Uber）占据 80% 以上市场规模的背景下，原告有理由相信优步（Uber）是利用其市场规模地位与算法，与司机通过算法共谋对价格实时控制，并在高峰时段上涨价格，产生超竞争的价格收益，而该价格并非由市场竞争产生，因而严重损害了消费者权益。

在案件审理过程中，法庭倾向于原告主张，认为优步（Uber）与司机之间不仅存在横向共谋，还存在纵向共谋。此后，被告提出动议，将此案的争议提交仲裁。虽然仲裁被一审法庭拒绝，但上诉法院最终同意了请求，将争议转为仲裁。

（三）预测代理类算法共谋—超德案件

GBE 公司为了维持与超德（Trod）之间的合作关系，双方在 2011 年 3 月达成横向价格垄断协议。起初，双方通过人为手动方式调整价格，但因信息传递速度慢及手动效率低，很难达到预期效果。随后，双方通过第三方企业提供的算法软件重新实施垄断价格。

在 2015 年 7 月，共谋之一的 GBE 向英国竞争与市场局（CMA）举报其与超德（Trod）的共谋行为，以换取宽大处理。随后，2015 年 12 月，CMA 对其共谋行为进行审查，经过调查，CMA 认为 GBE 公司使用第三方定价软件匹配超德（Trod）的商品售价，而超德（Trod）又利用算法对除了 GBE 等其他在线商家的价格变换作出反应，产生了价格跟随效果，两家企业的竞争被排除。对此，CMA 认定 GBE 与超德（Trod）之间实施了横向价格垄断协议，对超德（Trod）处罚 160000 英镑处罚，而 GBE 因主动上报共谋行为受到宽大政策，未受到处罚。

上述典型案例表明，欧盟等数字经济发达国家对算法共谋的监管仍处于探究阶段，除了具有典型的算法共谋证据（证据依靠共谋参与者提供或消费者提供），认定其违法违规形式外。对于具有较强隐蔽性的算法，受制于技术或企业的商业保密性，难以作出明确判断。

第四节　算法共谋的监管策略

从技术角度而言，算法是一个包含逻辑和运算的过程，有助于提升经济效率。同时，算法体现了设计者与参与者之间的互动，在此过程中算法又显现出技术伦理问题，并带来诸多风险。因此，面对算法共谋问题，应建立新的算法共谋监管体系，包括：一是算法共谋的监管策略；二是算法共谋监管体系；三是算法共谋监管优化机制。

一、算法共谋的监管策略

虽然计算机算法已经实现自动化运行过程，但在算法的开发、使用和学习过程中，仍然存在人的因素。即，算法程序的产生和结果同时体现了人的因素和机器的因素二重性，表明算法并不具备"中性"特征。其中，人为的干预增强了算法共谋的隐蔽性，技术或自动化增强了算法的风险不可预知性。对于算法共谋的隐蔽性，可采取事前监管策略。

针对算法共谋的风险不可预知性，可采取事后监管策略。当采取事前监管策略时，应当充分考虑人在编写代码时的决策，尽可能地通过法律规定形式标准化重要参数，并尽可能地公开透明相关代码。或者监管部门对算法的设计者提出具体设计要求，规定设计人员在代码编写过程中融入竞争观念，确保算法不具备限制竞争因素，或排除现在竞争对手等行为，通过规定"决策红线"等形式，防止算法共谋。此外，针对算法共谋执行阶段需要大量的数据交互特征，法律也可通过企业"备案"形式，定时记录数据交互信息，以及算法所作决策依据，企业有义务向监管部门解释相关决策。

当采取事后监管策略时，应当充分考虑算法共谋所导致的风险及其危害程度。例如，以法律形式出台惩戒措施，对于认定已经开展算法合谋的企业给予重罚。或建立沙盒审查制度，从技术角度筛选可能导致算法共谋的因素，并在沙盒环境中模拟，根据可能产生的风险及其危害程度，进而采取完全禁止或改善策略。

二、算法共谋监管体系

算法是一把"双刃剑"，既有提升生产率，促进经济进步作用，也可形成共谋，造成垄断问题。尤其随着当前经济与数字技术不断融合的背景下，对于算法及其共谋的监管应当谨慎，可优先借助市场研究机制防止算法共谋，同时采取政府行政治理手段，共同建立算法共谋监管体系。相较于行政介入，依靠市场研究机制可更好地促进技术创新，推动经济数字化发展。

引入市场研究机制的理由是：技术进步所带来的收益将远超于成本，在算法应用及其创新所带来的风险不确定情况下，或反垄断存在监管难题时，通过引入市场研究机制可能是更优策略。因为科技创新作为第一生产力，对经济发展促进作用极大，算法会加快市场快速达到均衡价格。例如。俄罗斯联邦反垄断局在某些领域引入市场调研活动，要求相关企业提供价格制定与推荐算法及其对竞争对手的价格调整策略方式等定价因素，并分析企业的具体决策行为，最终认定企业是否存在算法共谋行为。

政府行政管理是最常见的算法共谋监管路径，具体可针对价格、削弱共谋稳定性与算法设计等环节制定监管方案。例如，引入最高限价、限制公开信息或制定算法规则等形式，对算法共谋行为进行监管。同时，针对算法特征，相关部门可出台以监管算法为基准的相关原则或措施，包括：责任原则，明晰算法共谋主体责任，相关主体有义务解释算法决策行为和承担产生的结果；数据来源原则，明确数据收集范畴及来源，尤其是涉及个人隐私及商业秘密等方面；证实原则：规定企业应当记录算法模型，鼓励企业公开相关测试结果。

三、法共谋监管优化机制

算法共谋形式多种多样，不同类型算法共谋特征及监管难点不同。因此，算法共谋的监管应秉持开放原则，针对不同类型算法共谋与特征，进行个体监管优化。

例如，对于信使类算法共谋可遵循传统反垄断监管方法，重点对垄断协议与共谋行为的存在性进行认定。对于垄断协议的认定可采取反向推理方法，若只有在企业彼此协调下，价格的趋同或一致才能保证企业自身利益最大化，则可认定存在垄断协议。对于中心辐射类算法共谋的监管，重点应当是否存在横向共谋或横向垄断协议。但在中心辐射类算法共谋中，算法的隐蔽性极强，属于模式共谋。监管部门只能通过市场竞争效果分析，判断是否存在横向垄断协议，具体可遵循三步：第一，测算企业的市场支配地位。第二，是否存在横向价格趋同或一直行为。第三，产生了横向价格趋同或一致行为后，该价格是否产生了约束竞争效果。若产生了约束竞争效果，则可判定存在横向价格协议。

第八章

国资国企监管

新时代中国经济高质量发展要求国有企业提升发展质量与效益。国企混合所有制改革持续推进，国企改革三年行动方案的落实使得国有经济结构在"十四五"期间进一步深化，提高国有经济的影响力与竞争力，打造国有企业新格局。"十四五"规划建议中指出全面推进国企混改要以公司运营、国资监管、产业布局为抓手，2021 年 3 月政府工作报告中也提到要持续增强国有经济的活力就要加快国有经济结构调整。所以在此背景下国资监管与结构重塑成为国企混改的重点内容。"十四五"发展规划中，国有资产监管改革符合国家发展战略趋势，必将推动国有企业与国有经济的快速发展，也是国家经济发展中的重要一环。

第一节　国资国企监管改革研究进展

为把握国资国企监管改革的研究情况，本书将文献来源类别选择全部期刊，文献分类目录选择全部学科。由于我国在 1988 年专门成立了管理国有资产的机构，因此相关文献大多来源于 1990 年之后，因此本书设置的检索时间范围为 1990～2022 年。国资国企监管改革的相关内容丰富，本书首先将"国资监管"这一大范围的关键词设置为检索的主题关键词，得到 1996 年以来的 2409 篇文献，各年份发文数量如图 8－1 所示。2003

年以前，我国国资监管领域发文数量共 30 篇平均每年不超过五篇，但是在 2003 年国务院成立了国有资产监督管理委员会后，有关国资监管的文章数量迅速增长。分阶段来看，2003～2012 年为第一阶段，2003～2005 为发文量持续增长期，此后 2005～2012 年发文量基本保持在每年 100 篇左右；第二阶段从 2013 年开始，这一年国企改革进入新阶段即分类改革时期，2013～2014 年的发文量再一次增长，并在此后的几年内基本持续在每年 160 篇上下。将分类更加细致来看，把文献来源类别改为核心期刊和 CSSCI，得到 296 篇，结合文章主题去除国资监管等相关字样的关键词进行观察，国资监管文章内容主要围绕着管资本、混合所有制改革、国有资产监管机构、国有资本投资运营公司等方面展开。

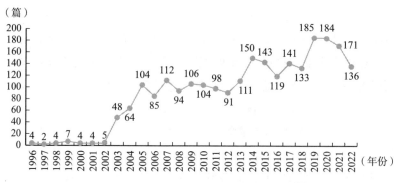

图 8-1　1996～2022 年国资监管领域发文数量

接着按照前文的方法，先将"国资国企监管改革"设为检索关键词，得到 2003 年以来的 305 篇文献，关键词设置得更为详细文章检索也更为精确，时间范围较上文相比缩短至 2003～2022 年，原因在于 2003 年 3 月国务院成立国有资产监督管理委员会，国企改革也从此进入国资监管时期，问题开始出现，改革也接踵而至。如图 8-2 所示是国资国企监管改革领域的发文数量趋势图，能够发现发文量真正开始增多是在 2013 年国企分类改革后，发文量在 2020 年达到巅峰，是因为 2020 年国务院政府工作报告中正式提出进行国企改革三年行动，做大做优做强国有经济提升国有经济五力。更进一步观察国资国企监管改革关键词，能够发现，在去除有关国资监管、国企改革等相关字眼后，排在前几位的依然是管资本、混合所有制改革、监管体制，这说明国有企业改革的重心始终围绕国有资本监管和国有企业产权问题展开。图 8 - 2 中还有一点值得关注，2022 年是国企改革三年行动的收官之年，这一年的发文数量有所下降，说明国企改革已经有了显著的成效取得了阶段性的胜利。因此分析此阶段国资国企监管改革热点内容有助于把握下一阶段发展重点，并且能够通过阶段性成果进一步展望国企监管改革效果的可持续发展性。

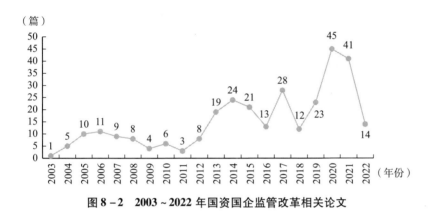

图 8 - 2　2003～2022 年国资国企监管改革相关论文

2013 年开始国企改革进入分类改革时期，党的十八届三中全会提出"管资本"为主，建立了"管资本"为主的新体系，国有企业也开始大规模实行混合所有制改革。前文的检索发现"管资本"与"混合所有制改革"是此领域的关键主题，因此按照前文的方法以"管资本"为主题关键词进行检索分析领域热点，得到了 2013 年以来的 996 篇文献。为突出国资国企监管改革研究的重点领域，去除带有"国企""国资委""监管""管资本"等共性关键词，得到如图 8 - 3 所示的 2013～2022 年的关键词排名。排名第一的为"国有资本投资公司"且文章数量超过 100 篇，其次为"国有资本运营公司""混合所有制改革""国有资本投资"。排名前 15 的关键词多是关于两类公司、混合所有制与国

资监管改革方面的内容。为进一步探索研究新进展，对 2021～2022 年
此领域的关键词进行分析，结果如图 8-4 所示，"混合所有制改革"

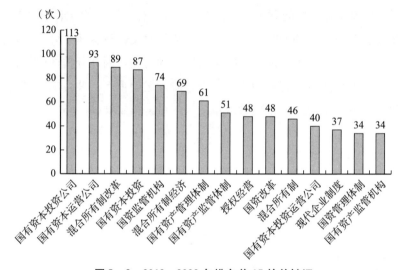

图 8-3　2013～2022 年排名前 15 的关键词

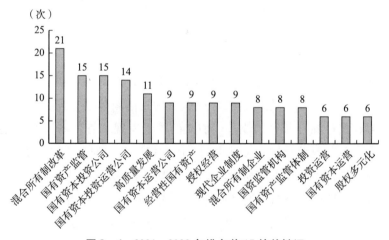

图 8-4　2021～2022 年排名前 15 的关键词

"国有资产监管"的相关论文量排名在前两位，"国有资本投资公司""国有资本投资运营公司""国有资本运营公司"的发文量排至前列，其中还包含着"高质量发展"，这说明了现阶段以及今后的发展趋势，继续推进国有企业混合所有制改革及国有资产的监管工作，在此基础上以高质量发展为要求重视"两类公司"的建设。

第二节　2021～2022 年国资国企监管改革热点分析

结合上文所提到的国资国企改革类论文 2021～2022 年关键词排名与分析，近两年国资国企监管改革热点集中在"混合所有制改革""国有资产监管""国有资本投资公司"上，文章这一部分针对热点内容进行具体分析。

一、混合所有制改革

将关键词设定为"混合所有制改革"，文献分类目录选择全部学科，文献来源类别选择全部期刊。检索结果如图 8－5 所示，1990 年以前相关论文仅有 4 篇且均为对其他国家社会主义制度的分析。改革开放后我国正式引入民资，在 1994 年出现第一篇有关混合所有制经济发展趋势的文章。2013 年党的十八届三中全会提到要"积极发展混合所有制经济"，2014 年更进一步提出"加快发展混合所有制经济"，因此有关混合所有制改革的论文，在 2013 年后爆发式增长，2014 年达到 662篇，并且该领域的论文一直保持每年 500～600 的发文量。2021～2022年"混合所有制改革"的势头并未减退依旧是国企改革的重点内容，具体来看，2021～2022 年该领域论文共 974 篇，其中核心期刊与 CSSCI刊物论文共计 251 篇。

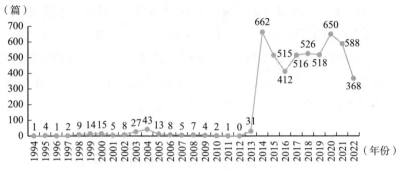

图8-5　2021～2022年国资国企监管改革研究中
有关混合所有制改革的发文数量

党的十八大以来，国企积极践行混合所有制改革取得了长足的进步。国有企业从最初的放权让利到"抓大放小"再到股份制企业以及国资监管改革，都在围绕产权并以问题为导向进行改革，混合所有制改革也是不同产权深度融合的过程。但是苏继成和刘现伟（2022）的研究发现混改取得了实质性的进展但仍存在着动力不足、企业机制不健全、制度落后等尚未解决的问题。需要以产权制度为出发点划清责任边界，正确改善公司治理结构，加速转变国企机制，实行适宜的管控模式。2021年是国家实施国企改革三年行动的第二年，深化国有企业混合所有制改革是国企三年行动的重中之重，产权明晰是关键。此外党的二十大报告指出要推动高质量发展，这为国有企业混改指明了方向，未来需要继续坚持两个"毫不动摇"，厘清国企产权问题打造高质量的企业。

（一）国有企业的创新性

近两年大部分学者将视线集中在研究国有企业的创新性上，并通过实证检验从各维度研究国有企业改革相关举措对国企创新性的影响，一方面是从创新意识角度提升国有企业竞争力，另一方面也是国家创新驱动发展战略的必然要求。大部分学者通过双重差分法等实证方法验证了混合所有制改革能够显著促进国有企业的创新力及高新技术效率（任广乾等，2022；蔡明荣等，2022）。从"两类公司"设立的视角出发，"两类公司"的存在也能较好地促进国有企业创新（杨兴全等，2022）。牛彪、王建新（2022）认为国企混改要坚持创新驱动发展战略，提升企业创新意识，但是企业超额雇员的问题会阻碍企业的实质性创新。超额雇员是指企业无法解雇"老员工"以及雇用不得不雇用的"新员工"。文章验证了超额雇员对企业创新性的抑制，而且这种现象在国有企业更为明显。此外，通过改善公司治理结构和减轻政策性负担也能够显著促进企业创新（李井林等，2022）。

（二）非国有股东治理的重要性

混合所有制改革中最重要的环节就是非国有股东参与治理，高明华和刘波波（2022）通过实证研究表明董事会治理对国有企业混改具有促进作用，而且进一步验证了国有企业混改还有利于国有资本的保值增值。从国企投资效率的角度来说，非国有股东参与治理能够提升投资效率且在非竞争性国企中效果更为显著，学者也通过实证研究证明了竞争类国企中混合股权能够提高资本配置效率，非国有股东对过度投资有着明显的抑制作用（张荣武等，2022；蒋煦涵，2021）。对于非国有股东参与治理的效率问题，马勇等（2022）从国企并购绩效角度进行评价，研究结果发现参与度越高绩效水平越高，非国有股东参与董事会能够起到监督作用提升国企经营效率。此外还有部分学者从其他视角对非国有股东持股作用进行分析，马新啸（2022）从雇员激励机制的角度探索非国有股东治理的影响，何瑛等（2022）从正式制度与非正式制度的角度测度了非国有股参与治理对国企并购绩效的影响，结果均证明了具有积极作用，谢众等（2022）通过双重差分模型验证了国有持股比例降低能够提高全要素生产率。高杰等（2022）认为混改的过程中民企将部分治理权利分给国有股有利于实现结构互补，而且还会向民营企业输送更多的技术创新人才激发企业的技术创新活力。因此要注意公司治理层面的"改"，国有资本要实质性地参与到民营企业的经营实践中。要注意混改双方的平衡关系，充分发挥国有资本的管理优势和影响力，带动民营资本加快技术创新使得创新驱动发展战略下的混合所有制改革顺利进行。

非国有股东参与治理也能对国有企业创新产生影响，非实际控制人董事会拥有的话语权越大对国有企业的创新的正向效果越大（李维安和衣明卉，2022；冯璐等，2021）。王宁等（2021）从国企创新角度论证了非国有股东对创新产出水平提高的积极作用，证明了非国有股东参与治理的有效性。建议加大非国有股东董事会权利，完善相关配套制度提升治理效率，坚持国有企业创新，提升股东积极性，发挥市场优势，探索国有企业创新模式。李姝和李丹（2022）的研究发现非国有股东能够提升企业的创新积极性，而且在政府与市场关系密切的地区更为显著，因为非国有股东参与董事会能够发挥监督管理的作用发挥出独特优势。

（三）分类改革与混合所有制改革

国企分类改革的问题最早的文献可以追溯到1992年，在不断探索的过程中逐渐明确公益性和竞争性国企的功能定位以及分类管理的必要性，2013年党的十八届三中全会正式将关注重点转移至国有企业分类改革上。在此之后有两种分类方法被普遍使用，"两分法"将国有企业分为商业类（竞争类、功能类）与公益类，"三分法"分为竞争类、特殊功能类以及公益服务类。国企分类改革使得国有企业改革各项工作进展顺畅，为进一步深化国有企业分类改革，还要建立完善的国资监管体制，建立中国特色的现代企业制度等（黄群慧等，2022）。在分类改革的基础上混合所有制改革的速度加快，对提升企业业绩与提高全要素生产率具有积极作用，部分学者也进行了论证，研发投入是混合所有制改革提升企业绩效的路径之一（周观平等，2021；宋波和康年，2021）。盛明泉等（2021）发现国有企业混合所有制改革有利于提升全要素生产率，主要是通过解决国有企业委托代理问题以及促进国有企业创新性的方式。所以国企应当发挥政策性职能，形成有效的治理结构，继续推进分类改革，分层构建股权结构（杨振，2022）。

在分类改革的基础上重新梳理混合所有制改革与其他改革制度的关

系将更加容易，廖红伟和刘永飞（2021）以此为基础对国资监管体制与国企混改之间关系进行梳理，两者关系不平衡会导致改革达不到预期的效果，国资监管体制是国企混改的产权基础，国企混改也推动了国资监管体制向着"管资本"的方向发展，因此国资监管体制与国企混改协同推进是十分必要的。作者还进一步证明了这一举措能够通过完善企业治理机制极大地提升国企效率，因此要建立完善的市场机制提升企业的配置效率、完善企业内部激励机制推动企业内部发展。解决当前国资国企改革协调性不强的制约因素，还要解决国有资本投资运营公司只注重表面的现象。所以当前必须要总结经验加强国资国企改革的协调性，提升企业参与改革的积极性，加快两类公司的建设，构建监管大格局。张训常和林静蓉（2022）从国有企业的混合所有制改革与财税体制改革的关系进行梳理，地方政府的财政状况能够在一定程度上影响混改企业的成效，作者通过 DID 方法对"营改增"政策进行实证检验，研究结果发现地方财政压力会对非国有股东持股改善经营绩效的作用产生负面影响，会打击混改的积极性也会降低企业创新性。国有企业进行混合所有制改革引入非国有资本是必要的，在积极践行的过程中要注意财政制度的合理管制，为国资国企改革营造好的制度环境，找到财政制度与企业改革之间的平衡点。此外政策对中国特色社会主义制度具有重要作用，需要有相应健全的法律法规的支持。混合所有制改革还能够弥补分类改革后市场的不足，对促进资产保值增值具有积极效用，薪酬业绩敏感性是混合所有制改革实现资产保值增值的关键因素（朱和平和吴梦雪，2021）。

（四）改革发展方向

在国企混合所有制改革的问题上，首先应当引导国有企业技术创新对人才进行科学管理，完善人员选聘机制激发员工积极性；完善股权治理结构，吸引非国有资本参股激发国企创新活力；完善市场制度，为混合所有制改革创造良好的制度环境。其次要通过非国有股东参股来优化股权层级结构，使国有股与非国有股相制衡，解决现有问题，完善市场机制。健全董事会治理机制保障股东权益，吸引更多潜在资本的参与，完善董事会结构提高董事会的独立性，成立董事会专门委员会等职能部门，推进经理人市场建设保障董事会选聘的公正透明，制定董事会规则建立激励约束机制。国有企业应当保留非国有股东的话语权使其参与到公司的经营决策中，发挥自身优势提升创新水平，降低非国有股东进入董事会的门槛，坚持分类改革。最后，国企应当丰富投资者类型，引入能够长期合作的战略投资机构，非国有股东对企业发展有着积极的影响，在产权结构优化上也有显著作用。完善相关保障机制，保障非国有股东权益，提升股东大会的公平性及有效性。

二、国有资产监管

这一部分将文献分类目录选择全部学科，文献类别选择全部期刊，将主题设定为国有资产监管，发文数量趋势图如图 8－6 所示。从 1994 年以来有关国有资产监管的论文共 3466 篇，其中核心期刊和 CSSCI 来源期刊论文共 685 篇，总体呈现上升趋势。具体来看，1994～2002 年发文数量较少，2003 年国资委成立后有关国有资产的研究逐渐增多平均每年 150 篇的发文量。2021～2022 年有关国有资产相关论文共 263 篇，其中核心期刊和 CSSCI 来源期刊论文共 24 篇。2022 年作为国企改革三年行动的收官之年发文数量有所下降。

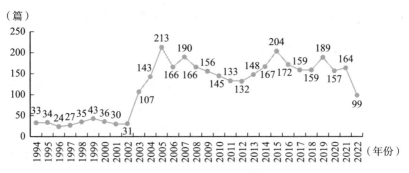

图 8－6　2021～2022 年国资国企监管改革研究中

有关国有资产监管的发文数量

（一）国有资本流失问题

党的十八届三中全会首次提出"以管资本为主的方式，强化国有资产在混改过程中的监管力度"，2019 年提出"十四五"时期要建设以"管资本"为主的国资监管新体系，全面实现国有资本管理的规范化，提升国有资本使用效率，关注点集中在国有资产的保值增值上。然而国企混改面临着国有资产流失的问题难以实现全面监管，周少燕和王秀（2021）认为需要通过对资产清查与对产权交易漏洞及时修复防止国有资产流失，并且利用大数据等手段对数据进行监管，以便及时发现违法违规行为，保障国有资产安全。建立起第三方产权交易平台健全公开交易流程，使国有资产受社会各界监督。监管强度也要进一步提升，对于滥用、侵占国有资产等高管人员予以严肃处分。丁晓钦（2021）认为当前的重大问题是"做强做优做大"国有企业与"做强做优做大"国有资本的关系，只追求"做强做优做大"国有资本是错误的，因为它是"做强做优做大"国有企业的前提条件，也是混改过程中防止国有资产流失的重要操作，国有经济的发展也离不开国有企业，"做强做优做大"国有企业是宏观层面的目标导向，而"做强做优做大"国有资本是微观层面的要求，两者相辅相成不能完全被替代，需要让二者同步发展。针对国有资本流失问题的解决办法学者也从各方面进行思考，国有企业资本化是"管资本"为主的国有资产监管的微观基础，关键在于提升国有资本的流动性（甄佳等，2021）。国有企业监管研究主要集中在实证检验企业绩效以及定性研究监管架构两方面，杨水利和田野（2022）通过实证检验了非国有股股东治理能够提升企业运营效率，而且通过清单监管和大数据监管方式进一步增强了非国有股股东与企业资本的联系。因此可以通过清单监管减少政府干预，提高企业自主经营的权利，提高股东对经营行为的控制权，提升资本收益率，有利于国有资本的保值增值。通过大数据监管企业日常资本运营，方便对企业财务状况等进行监督，保障国有资本的安全。武鹏（2021）认为强化国有资本监管体系建设有效防范了国有资产流失的问题实现国有资产保值增值，但是在其中也有影响国有资产保值增值的风险点，首先政府监管方面存在事前监管程序烦琐且监管过细导致的监管效率低下的问题，监管部门的严格把控使得竞争性国企也过于注重规避风险正因如此也规避了收益，事前审批程序的烦琐拉大了经营决策周期导致竞争性国企错失市场机会。过细的监管会导致国企重组、并购工作的艰难开展。其次监管也存在着监管信息分散、监管边界不清晰、核心部门缺位等问题，这会严重影响内部监督工作的协调性。因此需要对上述问题从政府与内部两个层面进行改正。

（二）国有资本监管体制

上述问题总结起来就是国有资本监管体制存在着问题，聚焦国企改革三大焦点逐一推进，首先就是在国资监管改革方面（李帮喜和邓永波，2021）。何瑛和杨琳（2021）认为由于体制机制等方面的不足，国企混改仍存在着许多矛盾，体制约束方面主要是国有资本监管体制存在系统性有效性的问题，国有资本监管体系能够直接决定各级部门间的权责关系，是调节政府与市场的重要环节，但是现行监管体制存在"错位、越位、缺位"的问题。应当从"管资本"的角度出发完善国有资本监管体制，明晰各部门职能，保障工作的顺利进行，此外还要在监管机制运行下实现企业的自主经营，最终实现国有企业运行效率的提升。

杨兴全等（2022）提出建立国有资产监管体制是经济体制改革的重大任务，"两类公司"的组建使国有企业进入"管资本"为主的新阶段。廖红伟和刘永飞（2021）也认为国有资本监管体制改革需要发挥两类公司"隔离层"的作用避免监管干预，这与混改的目标与方向相一致。国资监管改革与混合所有制改革协同推进才能最终提升国有企业运营效率。目前仍然存在国资国企改革政策系统性不强、改革滞后等问题，并未形成企业的内在动力，国资国企改革在各个地区的进程也存在一定差距制约着国企监管体制大格局的构建。所以更要注重政策的协调性，通过顶层设计提高政策与实施的协调性，提高不同地区国资国企改革的同步性，调动起各地区各企业的积极性，下好国资国企改革"一盘棋"。

信息公开制度能够保证国有资本监管体系的高效运行，但是目前在信息主动公开方面仍有不足之处，对国有资本信息公开的完整度和信息获取的便捷性上仍需加强（王金磊和苏琪琪，2021）。此外还有一些国有企业没有明确信息公开标准，信息评价方式不够科学。国有资本交易应当秉持公开透明原则，正确发挥社会监督的作用。而且国资监管职能转变后，高管薪酬业绩敏感性提升效果更加显著，也能为国资国企改革的实践提供了新的经验（卜君和孙光国，2021）。

以分类改革的构建国有资产监管模式，在分类改革的原则下需要进一步深化国有资产监管模式，国资委拥有对国有资产的所有权并建立起相应的激励约束机制，实行分级管理专注实现国有资产的保值增值。在政资分开的基础上实现政企分开，国资委不过多干预企业经营活动，推进国有资本授权经营体制改革。（杨瑞龙，2021，2022）。

三、国有资本投资公司

将文献分类目录选择全部学科，文献类别选择全部期刊，将主题设定为国有资本投资公司，得到 1993 年以来的 927 篇文献，每年的发文量如图 8 - 7 所示，在 2014 年正式试点国有资本投资公司之前的文章多是关于国有资本投资的问题。2014 年正式试点后有关国有资本投资公司的文献开始增多，2019 年伴随着第三批试点企业的实施，发文量达到最高 142 篇，其中发文数量较多的期刊分别为《财务与会计》9 篇，《经济体制改革》6 篇，《财会月刊》《改革》各 5 篇，《经济管理》《中国金融》各 4 篇，《财会通讯》《管理世界》《宏观经济管理》《理论学刊》《企业管理》《中国财政》《中国工业经济》各 3 篇。

党的十八届三中全会提出改革国有资本授权经营体制，2018 年 7 月国务院进一步对国有资本授权经营体制提出了指引。通过构建"国资委—国有资本投资运营公司（两类公司）—国有企业"的政企结构减少政府部门对企业的干预。国有资本投资运营公司的出现是否发挥了作用，是否推进了国有资产监管工作的进展，学界对此进行了许多讨论。国有资本投资公司的组织结构与经营方式都不同于传统的企业集团（潘泽清，2021）。它的出现是否为企业带来了价值、它的核心动力以及它的作用效果问题，这些是学者思考的主要出发点。

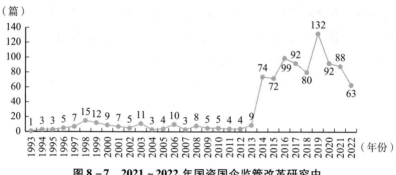

图 8－7　2021～2022 年国资国企监管改革研究中
有关国有资本投资公司的发文数量

首先，探究国有资本投资公司对企业绩效的影响，学者们研究的结果大多是促进作用。肖土盛和孙瑞琦（2021）利用双重差分法从企业绩效视角进行评估，考察绩效变化的影响机制，结果表明试点公司的出现显著提升了市场绩效，主要通过降低政府干预减少代理成本以及一定的激励约束机制来影响。王治和黄文敏（2022）利用双重差分模型从试点公司能够带来多少价值的角度进行测度，为进一步深化改革提供依据，结果显示试点公司能够通过公司治理、激励效用等提升企业价值。所以要继续发挥国有资本投资公司对市场价值的提升作用，发挥资本优势推动国有企业混合所有制改革，完善授权机制促进国资国企监管改革。蔡立新和高蔓丽（2021）从财务绩效评价指标体系构建角度出发，利用熵值法赋分评判了国有资本投资公司的经营效果，针对结果作者提出应当保障国有资本投资公司资本的安全性，做好风险监管，通过战略重组优化产业布局提高资源配置效率，提升国有企业科技创新能力和经营管理能力。

其次，国有资本投资公司的核心动力是创新。张宁和才国伟（2021）借助扎根理论研究方法对三层监管框架的双向治理路径进行研究，得到"自上而下"的路径中监管系统是核心机制，"自下而上"的路径中企业能力是关键，改革创新是枢纽是关键动力。杨兴全等（2022）实证研究得出两类公司能够促进国有企业创新，且控股时间越长对创新的促进效果更为显著。两类公司的设立还能够通过减少政府干预和加强监督来促进国有企业创新。通过对两类公司的分析，作者得出完善公司治理机制是提升国有企业竞争力的重要因素，因此应当继续推进经营体制改革及两类公司的设立。此外，政府干预是抑制企业创新性的重要因素，需要通过深化国有资本授权经营体制改革进行授权放权来激发国企创新力。

最后，关于国有资本投资公司的作用效果，学者也给出了答案。廖红伟和刘永飞（2021）认为国有资本授权经营体制改革能够推动国资国企改革协同发展，而组建两类公司是核心环节，应当充分利用两类公司的中介效应提高资产配置效率，推动国资国企改革。綦好东等（2022）从国有资本授权经营体制改革出发利用国有资本投资运营公司试点数据采用双重差分法探讨了国有企业杠杆率的问题。政企不分是一直以来制约国企改革进展的关键因素，具体表现在国有企业管理者的选聘受到上级行政部门干预，由政府直接委派，使国有企业政策性负担加重。国有资本授权经营体制还能够通过解决所有者缺位的问题，提升企业的盈利水平，国有资本投资运营公司的出现能够有效促进政企分离，还能发挥监督职能减轻政策性负担。研究结果表明国有资本授权经营体制能够降低国有企业杠杆率，所以应当继续推进国有资本投资运营公司的建设并不断规范两类公司的管理与授权机制。

潘泽清（2022）对淡马锡模式进行分析给出中国应用的建议，从外部治理结构来看，组建试点公司是为了发挥"隔离层"的作用，通过试点公司隔离政府与国有企业。从内部治理结构来看首先需要加强董事会的建设，提高董事会的独立性，吸引更多的人才加入。其次要完善绩效评价机制与薪酬制度，起到激励约束的效果提升国有企业业绩水平。最后要加强信息披露制度，避免信息不对称问题造成的公司经营效率低下。

<h2 style="text-align:center">第三节 国资国企监管改革对国有
企业创新能力的影响</h2>

"两类公司"的公司的实践是国资国企监管改革过程中的一个大胆的尝试，在没有以往经验借鉴的情况下，"两类公司"试点改革正在有序进行，2019年又有11家企业进入试点名单，第一家试点企业距今已8年，改革效果如何许多效果如何学者已经进行过很多的讨论。文章考虑未来"高质量发展"的趋势以及"高质量发展"的核心在于创新，在这一部分通过实证检验的方式探究国有企业创新性，文章选择"两类公司"中国有资本投资公司为代表进行研究。

一、研究设计

（一）模型构建

2014年7月国资委宣布对央企开展"四项改革"试点工作，首批试点单位包括中粮集团、国投集团；2016年7月的第二批试点名单，包括神华集团（现与国电集团重组为国家能源集团）、宝钢集团、武汉钢铁（现宝钢与武钢重组为中国宝武集团）、招商局集团、五矿集团、保利集团和中交集团；2019年1月，第三批11家试点央企名单发布，包括华润集团、中国建材、新兴际华、中广核集团、航空工业、国家电投、国机集团、中铝集团、中国远洋海运、通用技术、南光集团。国资委初步统计，2021年19家试点企业营业收入9.5万亿元、同比增长22.1%，实现净利润6900亿元，占全部中央企业的40%；全员劳动生产率超过71万元人、人工成本利润率超过107%，显著高于中央企业平均水平。其中，国家能源集团、中国远洋海运、招商局集团和华润集团净利润超过 500 亿元。中国宝武、中粮集团等全员劳动生产率同比提升超过 30%。

　　鉴于国有资本投资公司分三批进行试点，所以文章采用渐进双重差分模型进行评估，评估国有资本投资公司的成立是否提升了国有企业的创新力。文章从国有资本投资公司试点政策对国有企业创新意识层面上进行评估，根据上文的论述，从主观意愿角度出发评估试点政策的事实对国企创新意识的改变，因此将双重差分模型设定为：

$$\text{Expend}_{ct} = \alpha + \theta\,\text{Polit}_{ct} + \lambda\,\text{Control}_{ct} + \eta_c + \mu_c + \varepsilon_{ct} \qquad (8-1)$$

被解释变量 Expend_{ct} 表示企业 c 在 t 年的创新投入；核心解释变量 Polit_{ct} 是表示企业是否在 t 年成为试点单位的虚拟变量，若实施则为 1，未实施则为 0；θ 反映了国有资本投资公司试点政策对企业创新意识的影响效果；Control_{ct} 为影响企业 c 创新意识的一系列控制变量；η_c 和 μ_c 分别代表企业固定效应和年份固定效应；ε_{ct} 为随机扰动项。借鉴李姝和李丹（2022）的做法本书采用研发支出与总资产之比作为描述创新投入（Expend）的指标，参考杨兴全（2022）、王锋等（2022）以及刘灿雷等（2022）的做法，本书选取企业规模（size）、资产负债率（lev）、无形资产比例（ina）、企业成长性（growth）、高管持股（mngshare）、企业年龄（age）、资产收益率（roa）、资本密集度（lnkl）、企业现金流（cash）、第一大股东持股比例（Lrate）、企业董事规模（lnboard）、独立董事占比（indeprate）作为影响国企创新意识的控制变量加入式（8-1）。具体变量名称及变量定义如表 8-1 所示。

表 8-1　　　　　　　　　　变量名称与变量定义

变量类型	变量名称	变量符号	变量定义
被解释变量	创新投入	Expend	企业研发投入/期末总资产
解释变量	国有资本投资公司试点	Polit	企业是否在 t 年成为试点单位，是为 1，否为 0

续表

变量类型	变量名称	变量符号	变量定义
控制变量	企业规模	size	企业总资产的对数
	资产负债率	lev	企业总负债/企业总资产
	无形资产比例	ina	企业无形资产/总资产
	企业成长性	growth	营业收入增长率
	高管持股	mngshare	企业高管持股比例
	企业年龄	age	企业成立以来的年数加 1 取对数
	资产收益率	roa	企业净利润/总资产
	资本密集度	lnkl	企业人均资本的对数
	企业现金流	cash	企业现金流/企业总资产
	第一大股东持股比例	Lrate	第一大股东持股数/总股数
	企业董事规模	lnboard	企业董事成员数对数
	独立董事占比	indeprate	独立董事人数/总人数

（二）样本选取、数据来源与描述性统计

基于式（8－1）从企业主观意愿角度评估国有资本投资公司试点政策的影响，为研究该政策对国有企业的影响本书选择了 2011～2021 年沪深两市 A 股中国有控股上市公司为研究样本。首先剔除股票名称中带有"ST"和"＊ST"的企业以及存在异常值的企业（Cai and Liu, 2009；王锋等，2022），其次筛选出国有控股企业（Hsieh and Song, 2015），最后剔除严重缺失数据的国有企业并且运用线性插值法补齐个别缺失数据。将非平衡面板数据进行处理得到 2011～2021 年 709 家国有控股上市公司的完整数据，将其作为研究样本，其中有 64 家试点国有控股上市公司，645 家非试点国有控股上市公司。本书数据来源于国泰安数据库（CSMAR）、中国研究数据服务平台（CNRDS）以及万得数据库（Wind）。由于政策的实施具有滞后性，本书将三批国有资本投资公司试点政策的起始时间定为 2015 年、2017 年、2019 年。表 8－2 是

被解释变量与控制变量的描述性统计结果。

表 8-2 　　　　　　主要回归变量的描述性统计

变量	平均值	中位数	标准差	最小值	最大值
Expend	0.0200	0.0170	0.0180	-0.107	0.161
size	23.13	22.95	1.524	19.97	28.62
lev	0.503	0.513	0.189	0.0220	1.083
ina	0.0520	0.0350	0.0660	0	0.792
growth	0.297	0.0770	2.535	-0.999	67.97
mngshare	39.52	38.52	14.79	0.710	87.70
age	2.939	2.996	0.320	1.099	4.804
roa	0.0360	0.0290	0.0430	-0.268	0.373
lnkl	464.2	4.688	9610	0	426352
cash	0.557	0.00600	12.05	-221.5	468.5
Lrate	39.92	38.77	14.39	9.570	87.70
lnboard	9.263	9	1.913	0	17
indeprate	3.442	3	0.750	0	8

二、实证结果分析

（一）基准回归结果

表 8-3 显示了国有资本投资运营公司试点政策对国有企业创新投入影响的基本结果，借此回归考察国有企业是否具有主观创新意识。在回归过程中本书采用逐一加入控制变量的方法，以保证结果的稳健性，并得出表中 13 个回归结果。根据表 8-3 的结果显示，Polit 的估计系数均显著为正而且 13 个回归结果稳健。这个结果初步证明了国有资本投资运营公司试点政策对国有企业创新有促进作用。

表 8 － 3 基准回归结果

变量	(1)	(2)	(3)	(4)	(5)	(6)	(7)
Polit	0.0031 *** (1.680)	0.00308 *** (1.760)	0.00306 *** (1.750)	0.00298 *** (1.710)	0.00297 *** (1.710)	0.00304 *** (1.730)	0.00305 *** (1.740)
控制变量	0	1	2	3	4	5	6
年份固定效应	是	是	是	是	是	是	是
企业固定效应	是	是	是	是	是	是	是
调整 R^2	0.1026	0.1030	0.1031	0.1060	0.1084	0.1089	0.1091

变量	(8)	(9)	(10)	(11)	(12)	(13)
Polit	0.00318 *** (1.85)	0.00317 *** (1.84)	0.00317 *** (1.84)	0.00316 *** (1.84)	0.00315 *** (1.83)	0.00322 *** (1.790)
控制变量	7	8	9	10	11	12
年份固定效应	是	是	是	是	是	是
企业固定效应	是	是	是	是	是	是
调整 R^2	0.1149	0.1151	0.1153	0.1156	0.1163	0.1173

注：*** 表示在 10% 的水平下显著。

（二）稳健性检验

1. 平行趋势检验

在基础回归中，证明了国有资本投资公司对国有企业创新的促进效用，但是使用双重差分模型为证明结果的有效性，必须要进行平行趋势检验。图 8 － 8 显示了本书模型平行趋势检验结果，实行试点政策前各年份的系数值在 95% 的置信区间上不显著，而且在政策刚开始试点后 1 年，由于试点企业数量问题，系数估计值的结果显著性并不明显，但是随着试点企业的增多显著性也逐渐明显。这样的结果说明平行趋势检验通过，在国有资本投资公司出现前，试点企业与非试点国有企业无显著性差异。

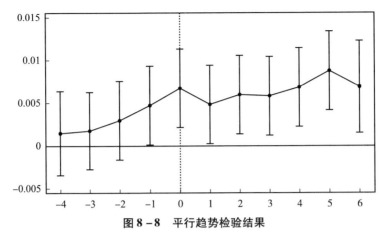

图 8 - 8　平行趋势检验结果

注：短竖线表示聚类到企业层面稳健标准误对应的 95% 上下置信区间。

2. 安慰剂检验

为进一步验证模型的稳健性，为了避免回归结果是由政策发生的时间变化导致，本书将试点公司政策实施时间分别提前 5 年、4 年、3 年和 2 年，并根据虚假政策时间对式（8.1）进行回归，得到结果如表 8 - 4 所示，可以观察到 Polit_5、Polit_4、Polit_3、Polit_2 在 10% 的水平上均未通过显著性检验。这表明没有时间趋势的影响，再次验证了上述模型的稳健性以及国有资本投资公司对国有企业创新意识的提升。

表 8 - 4　　　　　　　　　时间安慰剂检验结果

变量	Polit_5	Polit_4	Polit_3	Polit_2
p 值	0.720	0.911	0.384	0.595
控制变量	控制	控制	控制	控制
年份/个体固定效应	是	是	是	是
调整 R^2	0.0298	0.0297	0.0301	0.0299

3. 倾向得分匹配法

为了更加准确评价国有资本投资公司对企业创新意识提升的影响，

本书进一步采用倾向得分匹配法进行估计。通过倾向匹配得分找到与处理组相似的样本，为了保证倾向得分匹配的效果，本书对每个变量逐一进行回归，最后筛选出 size、lev、age、Lrate、lnboard 五个特征变量。接着采用最近邻匹配方法进行 PSM 平行假设检验，匹配结果如表 8－5 所示。综合来看，标准化偏差的绝对值小于 20% 的时候匹配效果较好，从表中观察到特征变量匹配后的标准化偏差均小于 20%。观察 t 值和 p 值，匹配前 t 检验具有显著性匹配后 t 检验不具备显著性说明匹配效果较好，表中变量明显符合上述要求。

表 8－5　　　　　　　　　　倾向得分匹配前后特征对比

变量	状态	Treated	Control	标准化偏差（%）	标准化偏差减少幅度（%）	t 值	p 值
size	匹配前	23.564	23.082	32.11	91.77	5.95	0.000
	匹配后	23.564	23.525	2.64		0.361	0.718
lev	匹配前	0.538	0.499	21.18	65.78	3.902	0.000
	匹配后	0.538	0.552	－7.25		－0.991	0.322
age	匹配前	2.905	2.942	－12.05	58.83	－2.291	0.022
	匹配后	2.905	2.921	－4.96		－0.678	0.498
Lrate	匹配前	40.998	39.79	8.77	75.86	1.684	0.093
	匹配后	40.998	40.706	2.12		0.289	0.772
lnboard	匹配前	9.548	9.23	16.66	79.78	3.054	0.002
	匹配后	9.548	9.612	－3.37		－0.461	0.645

完成上述匹配后，用匹配后的样本进行双重差分，观察回归结果能够发现，Polit 的系数为 0.0031，在 10% 的水平上显著，PSM－DID 的结果使得回归更加可靠，国有资本投资公司对国有企业创新提升效果显著。

第四节 国资国企监管改革对策建议

通过运用国有上市公司数据利用双重差分法研究国有资本投资公司的试点政策对企业创新意识的影响，得到了试点公司政策能够促进国有企业创新意识的提升，这样的结果证明了我国国资国企监管改革对国有企业的高质量发展有明显的帮助。因此要持续推进国资国企监管改革，继续推进"两类公司"的发展，深化混合所有制改革。

一、继续推进"两类公司"试点政策，持续激发国有企业新活力

（一）发挥"两类公司"市场价值，带动市场经济发展

应当继续发挥"两类公司"在国资国企监管改革中的推动作用，由于"两类公司"的政策效果显著，更应当通过"两类公司"的建设来提升国有企业在市场价值方面的提升，同时也要进一步分析公司在市场运营和投资过程中可能存在的问题，挖掘潜在的能力，通过差异化分析等方式寻找解决方法提升政策效果。而且为了更好地发挥市场价值，政府应当尽可能减少干预，保证"两类公司"的自身能动性。"两类公司"的运作机制能够更好地带动企业自主经营，在选聘机制等方面均有不同于传统国有企业的新突破。"两类公司"设立能够改善经济不发达地区的经济条件，促进经济发展，增强市场竞争力。

（二）强调"两类公司"的"隔离层"作用，深化国有企业改革

除了市场价值层面，"两类公司"的建设有助于国有企业内外部层级关系的厘清，能够发挥国资委与国有企业之间的"隔离层"作

用，有助于明确管理层之间的责任边界，明确政府与企业的关系，继续坚持政企分离、两权分离，使国资监管理念深入国有企业改革实践。另外，"两类公司"的建设能够发挥平台作用，促进国有资本进入具有潜力的非国有企业，通过多种方式进行股权融合，深化国有企业混合所有制改革。

（三）"两类公司"试点改革也要遵循分类改革原则

在国有企业分类改革中，针对不类别的国有企业有不同的侧重点，对于竞争类的国有企业，更应当追求经济效益和投资效率，企业侧重点应该在于加强企业管理方面的监管；对于公益类国有企业，更多地承担的是政策目标，所以企业的侧重点在于继续坚持"管资本"为主的国资监管方式；对于一些特殊功能类的国有企业，他们处于国家安全、国家战略、人民生活等重要行业，既需要追求经济目标还需要承担一定的社会责任，所以更应当注重此类企业的平衡性，在各方面都能够发挥积极作用，提升企业效率。因此，"两类公司"的管理上也不能一概而论，需要考虑企业背景和战略目标，结合国有资本定位和国有企业分类，实行差异化的监督管理体制。对于中央试点企业，"两类公司"的设立的宗旨是国有资产的保值增值，不可过分注重短期经济效益而忽略长期的社会价值；而对于省级试点企业，"两类公司"设立的目的是提升地方经济效益，因此更注重的是经济效果。因此"两类公司"的经营目标、管理方法、考核机制等都要根据实际需求考量，以便得出客观的实施效果。

（四）"两类公司"试点政策需要有良好的外部条件支撑

"两类公司"的组建没有其他成熟的经验可以参考，因此需要更加科学更加谨慎地进行部署，"两类公司"在原有大型国有企业的基础上改建重组极大程度地节省了成本，也为"两类公司"提供了运营的基础如成熟的管理经验等，国有企业配套的机制能够快速地让"两类公司"进入运营状态。除了"两类公司"自身的变革外，政府层面也要作出相应的支持，顶层设计是"两类公司"持续健康发展的基础，需要根据改革的具体进展和新形势作出新的顶层设计。还要搞清楚"两类公司"改革试点下一步的落脚点，前文的论述中试点公司通过学者们的论证证明了已经取得了显著成效，但是此项改革是毫无前人经验的大胆尝试，在继续推行的过程中必须要认清"两类公司"的优势与劣势，对各个环节进行反复琢磨、总结经验、发现规律，对已经试点的公司严加监管如有不达标情况及时采取解决措施，除此之外"两类公司"改革的高质量发展还要有良好的政策条件的支撑。

二、推进国资国企监管改革，促进国有与非国有股权融合

（一）完善各方监管制度，协同推进国资国企监管改革

推进国资国企监管改革，首先要完善政府监管，政府应当对国资监管部门适当增加授权放权的力度，根据企业内国有资本的持股比例决定授权放权力度的大小，在授权放权的同时也应注意监督各方职责履行情况，对违法违规行为的责任主体进行追责。还要提高非国有股东的积极性，加强非国有股东与企业的利益联系从而提高非国有股东的监督性。我国进行混合所有制改革的企业大多处于竞争性领域，混改提高经营绩效主要是通过间接管理的形式，而非直接监管，所以更应当给予企业更多的自主经营的权力，可以通过事前审批清单的优化、事中与事后的加强监管来达到监管职能的转变。其次是对集团监管模式的转变，要进行差异化管理，发挥公司法人治理的作用，并进行定期考核。还要实施清单化管理，明确管控边界和管控方式，规范公司行为，与此同时减少日常干预扩大自主经营权，从而激发国有企业的活力。还要对混合所有制改革的国有企业中僵尸企业、亏损企业等进行破产清算等集中处理。采用分级管控的方式减少总部管控的压力，在此基础上完善内部监督制度，强调各方协调监管，但要注意职能协调，避免监管重复浪费人力，建立交流反馈机制，及时披露监管信息，监管结果对外公开，各部门应

相互借鉴，共同查缺补漏。

（二）加强董事会建设，鼓励非国有股东参与治理

国资国企监管改革的一个重要方面是巩固和完善现代企业制度与公司治理结构，首先加强董事会建设。董事会是国有企业经营决策过程中掌握话语权的人，既需要保证出资人的利益也需要对公司负责保证公司的运作，所以董事会的设立原则需要被重点关注。其一，增加独立董事比重。企业经理层与董事会成员尽量减少重叠，注意董事会成员的独立性与专业性。其二，转变董事会管理方式。从选聘机制的角度，保留企业内部部分董事行政任命的权力，通过市场选聘任命高管人员。从激励机制的角度，在薪资匹配的基础上进行任期非固定安排，打破"铁饭碗"思想，用严格的评价标准调动国企积极性。

其次，大部分实证经验表明非国有股股东持股能够推进国有企业改革，非国有股股东加入董事会有利于监督管理层日常决策，而且能够促进国有资本与非国有资本的融合，提升运营效率。非国有股股东参与治理能够形成股东内部高效的决策机制，优化股权结构，进一步实现公司治理结构的优化升级。清单监管方式也是股东监管的重要方面，因为能够实现企业自主经营的同时进行监督，有利于运营效率的提升和国有资本的保值增值。

最后，鼓励非公有制企业引入国有企业，鼓励国有资本入股非国有企业。混合所有制改革后非公有制投资主体加入国有企业能够依法获得企业控制权，关于以往非公有制投资主体无法加入国有企业的问题就被解决，但是还需要多种措施的配合吸引非公有制经济的加入。国有资本入股非国有企业也是混改的重要方面，这将有利于扩大国有资本的用途提升国有资本的配置效率，但也要考虑投资主体、投资方式、投资领域等问题。

第九章

双 碳 监 管

第一节 双碳监管的现状

本节主要从四个方面展开介绍双碳监管的现状，一是介绍了国内相关政策法规的主要内容。二是介绍了中国碳市场的发展和效果。三是介绍了中国核证自愿减排量（CCER）特点和发展状况。四是介绍了中国 MRV 体系的性质、主体、规范手段以及中国各试点省市 MRV 的发展状况。

一、双碳监管政策法规

我国始终高度重视环境领域立法，围绕大气污染防治、减碳、环境影响评价、环境监测等制定了一系列法律法规。同时，碳市场试点建设过程中形成的一系列管理规范，为全国碳市场的监管制度提供了补充。《中华人民共和国大气污染防治法》第二条规定"对颗粒物、二氧化硫、氮氧化物、挥发性有机物、氨等大气污染物和温室气体实施协同控制。"《中华人民共和国环境影响评价法》《关于开展重点行业建设项目碳排放环境影响评价试点的通知》对建设项目及重要规划进行环评，基于预防原则，将碳排放影响评价作为环评重点，从源头实现减污降碳；《中华人民共和国节约能源法》《中华人民共和国清洁生产促进法》《中华人民共和国循环经济促进法》等通过制定法律措施和责任条款，为抑制温室气体排放提供执法依据。《环境监测管理办法》《环境监测数据弄虚作假行为判定及处理办法》等对温室气体等环境监测因子提出规范要求，为执法部门依法惩治篡改监测数据的违法行为提供了依据。从2021 年我国先后施行了《碳排放权交易管理办法（试行）》《碳排放权登记管理规则（试行）》《碳排放权交易管理规则（试行）》《碳排放权结算管理规则（试行）》等制度。基本上形成了以《碳排放权交易管理办法（试行）》为统领，以碳排放权登记、交易、结算等管理制度为支撑，以温室气体排放核算、核查等技术规范为操作指引的碳市场制度体系。此外，《碳排放权交易管理暂行条例》（以下简称《暂行条例》）历经征求意见稿、草案修改稿，将成为未来规制碳市场的重要法律规范。① 这些法律法规以及相关规范和标准，为政府进行有效监管提供依靠依据和参考，进而促进双碳目标的实现。

二、碳排放交易市场

2011 年国家发展改革委办公厅发布《关于开展碳排放权交易试点工作的通知》，同意北京市、天津市、上海市、重庆市、湖北省、广东省及深圳市开展碳交易试点，七个试点地区于 2013 年陆续建立了各自的碳排放权交易市场，有效促进了试点省市企业温室气体减排，也为全国碳市场建设摸索了制度，锻炼了人才，积累了经验，奠定了基础。2016 年，非试点地区四川省、福建省也相继建立碳排放权交易市场。在该阶段，纳入地区碳排放权交易市场碳排放配额管理的重点排放单位、符合交易规则的法人机构及个人可在前述地区碳排放权交易市场交易相应地区的碳排放配额，也可交易国家核证自愿减排量（"CCER"）

---

① 邹鲲.“双碳”背景下环境行政监管的趋势探析［J］. 中伦视界，2021（11）：28–46.

以及相应交易各个地区自行核证的自愿减排量。2017 年，经国务院同意，国家发展改革委印发了《全国碳排放权交易市场建设方案（电力行业）》。这标志着中国碳排放交易体系完成了总体设计，并正式启动。2020 年底，生态环境部出台《碳排放权交易管理办法（试行）》，印发《2019～2020 年全国碳排放权交易配额总量设定与分配实施方案（发电行业）》，正式启动全国碳市场第一个履约周期。全国统一的碳交易市场将于 6 月 25 日开启，交易中心设在上海，登记中心设在武汉。7 个试点的地方交易市场继续运营。2021 年 7 月 16 日，全国碳排放权交易市场启动上线交易。发电行业成为首个纳入全国碳市场的行业，纳入重点排放单位超过 2000 家。我国碳市场将成为全球覆盖温室气体排放量规模最大的市场。2022 年 1 月，全国碳排放权交易市场第一个履约周期顺利结束。截至 2021 年 12 月 31 日，全国碳市场已累计运行 114 个交易日，全国碳市场总体配额履约率为 99.5%，共有 1833 家重点排放单位按时足额完成配额清缴，178 家重点排放单位部分完成配额清缴。碳排放配额累计成交量 1.79 亿吨，累计成交额 76.61 亿元，从各地履约完成情况看，海南、广东、上海、湖北、甘肃五个省市全部按时足额完成配额清缴。截至 2022 年 12 月 22 日，全国碳排放权交易市场累计成交额突破 100 亿元大关。全国碳市场正式上线以来，共运行 350 个交易日，碳排放配额累计成交量 2.23 亿吨，累计成交额 101.21 亿元。

三、中国核证自愿减排量

中国核证自愿减排量（China Certified Emission Reduction，CCER）具体指的是我国境内特定项目的温室气体减排效果进行量化核证，并在国家温室气体自愿减排交易注册登记系统中登记的温室气体减排量，可用于控排企业清缴履约时的抵消或其他用途。CCER 具有三大特点：一是真实性。指该项目必须是真实存在的，能够通过项目的建设和运行，切实有效地产生碳减排效益，并且减排效益应与申报材料中所述保持一致。二是可测量性。要求该项目产生的碳减排量必须是可测量的、可核算的，需要对数据的监测、收集和获取过程进行规定，确保减排量数据的准确性。三是额外性。指项目活动所产生的减排量相对于基准线是额外的，即这种项目活动在没有外来的 CCER 支持下，难以正常运行，存在财务、技术、融资等方面的阻碍。回顾 CCER 的发展历程，2009 年国家发改委启动国家自愿碳交易行为规范性文件的研究和起草工作，2012 年 6 月《温室气体自愿减排交易管理暂行办法》印发施行。该办法规范的是我国温室气体自愿减排交易活动，保证自愿减排市场的公开、公正和透明，可以提高企业参与减缓气候变化行动的积极性。同年 10 月印发的《温室气体自愿减排项目审定与核证指南》进一步为自愿减排机制的实施和推广提供了系统性的管理规范。2015 年 10 月，国家发改委上线"自愿减排交易信息平台"，在该平台上对自愿减排项目的审定、注册、签发进行公示，签发后的减排量进入备案的自愿减排交易所交易，可以用来抵减企业碳排放。2017 年 3 月国家发展和改革委员会发布公告暂停了温室气体自愿减排项目备案申请的受理，并着手修订《温室气体自愿减排交易管理暂行办法》（以下简称《暂行办法》），主要原因在于《暂行办法》施行中存在 CCER 供大于求、交易量小、项目不规范等问题。目前尚有待生态环境部明确最终的自愿减排交易改革方案，重启 CCER 项目和减排量审批。目前我国碳交易市场有两类基础产品，一类为政府分配给企业的碳排放配额（CEA 、GDEA、SZA、HBEA、BEA、SHEA 等），另一类为核证自愿减排量（CCER、CER）。配额对应的是"排放"，针对各地方试点市场或全国碳市场的控排企业，为其设定一个排放限额并发放免费配额。超出排放限额的企业需要在市场上购买配额或 CCER 以弥补超出的部分，若采用 CCER 来弥补即为"抵消"。实际上，控排企业无论是否超排，都可以购买 CCER 从而在限制比例内进行碳抵消。企业出于经济性的考虑（CCER 价格往往低于配额价格，但两者可 1：1 地用于履约）也乐于通过碳互换等方式在最大限度内利用 CCER 来履约。根据发布的《全国碳排放权交易管理办法（试行）》第三十一条抵消机制的规定，重点排放单位可使用国家核证自愿减排量（CCER）或生态环境部另行公布的其他减排指标，抵消其不超过 5% 的经核查排放量。1 单位 CCER 可抵消 1 吨二氧化碳当量的排放量。用于抵消的 CCER 应来自可再生能源、碳汇、甲烷利用等领域减排项目，在全国碳排放权交易市场重点排放单位组织边界范围外产生。

四、MRV 体系

MRV 是指碳排放的量化与数据质量保证的过程，包括监测（monitoring）、报告（reporting）、核查（verification），科学完善的 MRV 体系是碳交易机制建设运营的基本要素，也是企业低碳转型、区域低碳宏观决策的重要依据。MRV 管理机制的目的是通过实施核查碳排放数据的相关措施和保证其结果符合国家相关规定，从而支撑碳市场交易的公平、公正和公开。

（1）MRV 机制的性质。从性质看，MRV 机制框架是规则调整下行政主管方、技术认证方、测量方、报告方、核查方多方面合作，以事实认定为目标而形成的社会关系结构。

（2）MRV 机制的主体及主体间关系。从主体及主体间关系上看，在行政主管、技术认证、测量、报告、核查五个功能要素中，并非每一方面都分别对应一个主体，MRV 框架中的这些功能要素需要在主体间合理分配。行政主管方主体代表公权力对 MRV 机制运行提供合规性监管，技术认证方主体代表公权力确认 MRV 参与各方的能力建设符合科技背景的要求；测量方、报告方、核查方各主体具体参与 MRV 机制运行，其中报告方主体一般不独立存在，而是与监测方或核查方的主体整合，由监测方主体负责向核查方主体作第一次报告，核查方主体负责向行政主管方主体作第二次报告。就目前 MRV 机制经验来说，行政主管方与技术认证方一般由不同的政府机构或政府授权的机构作为主体，分别形成主管机构和认证机构；测量方由产生事实的设施运营者（一般是生产企业）作为主体，形成运营机构；核查方一般是独立第三方机构担任主体，或者由行政主管机构同时担任，形成核查机构。需要强调的是，MRV 机制在框架层面没有指定一套"规范"作为固定的主体及主体间关系。比如，目前我国排污许可制度中运营机构只是测量方主体之一；日本的温室气体排放 MRV 机制中针对非参加碳交易的情况，核查方主体由主管机构兼任。在 MRV 机制建设不完善的议题中，行政主管、技术认证、测量、报告、核查五方面可能会被极大地收束到行政主管机构内部。

（3）MRV 机制的规范手段。从规范手段上看，MRV 机制既包含了国家层面的法律法规管制，又包含了政府与社会合作层面的技术标准共治，还包含了社会层面的合同约束。第一，在法律法规管制方面，包括了关于 MRV 功能要素的组织法，即 MRV 机制内部各主体的授权及法律责任规则，形成 MRV 参与各主体之间关于生产预案规划、测量及核算、报告、核查、质量控制、免责情形、资质退出机制等方面社会关系网络的体系化调整，具体到本书，这种调整体现为每项绿色生产和消费法律建制中可以根据具体议题进行相对灵活组合的事实认定规则部件。第二，在技术标准共治方面，指按照资源耗费、环境污染因子的具体种类，深入 MRV 工作的各环节规定具体技术规程。之所以说这种规范是共治的，是基于我国标准化工作中由政府"单元管制"到政府与行业协会"共同治理"的良好发展趋势。第三，前两项规范手段划定了 MRV 机制运行的轨道，基于合同的约束则展现了 MRV 机制灵活机动的合作空间，在法律规则和技术规程允许的前提下，MRV 机制中每一组社会关系的当事双方可以充分商谈，约定最为激励相容的 MRV 的实现方式，此时 MRV 机制将作为合同标的的主要内容，或者合同标的是否履行的认定手段，被合同最终确定。比如政府和企业间以某个减排目标为合同标的的补贴或者服务购买合同；政府或企业和第三方核查机构间以具体 MRV 服务为标的服务购买合同。

各试点地区的 MRV 体系。

（1）北京 MRV 体系。北京碳交易市场运行稳定，其碳交易 MRV 体系有以下特点。从政策体系框架上看，采取"1 + 1 + N"的形式，出台的相关文件，为建立惩罚约束机制提供了有力的法律保证。从核算、测量体系上看，同时配套发布了多个行业的温室气体核算指南，依据不同行业特征，核算其碳排放，更具有针对性，可操作性强。从核算方法上看，将重点排放设施和重点排放单位作为需要单独测量与报告的对象，有利于激发企业对于设备、工艺流程的创新；同时，基于设施的重要程度确定数据采用自测值或者缺省值，让企业拥有一定的自主性。从核查角度看，严格规范了第三方核查机构的准入条件和惩罚机制。同时，对核查员的要求也进一步保证了核查过程的可信性。从报告方面看，重视碳排放数据的质量与控制。北京市建立了统一的碳排放数据电子报送平台，建立了第三方核查机构的管理办法、核查指南等统一标准。

（2）上海 MRV 体系。与其他试点省市相比，上海碳交易机制的设置。在主体覆盖范围、总量控制目标、配额分配、MRV 能力建设等方面，充分结合了上海城市发展的实际和特点。做了一些针对性的设计和安排。首先，明确将非工业纳入碳交易体系覆盖范围。上海碳交易试点范围除包括 10 个排放密集型的工业行业外，还明确提出将 6 个非工业行业纳入交易范围。其次，将直接和间接排放同步纳入企业温室气体排放核算边界。上海碳交易试点方案对企业温室气体排放核算边界的界定，包括燃烧和工业生产过程产生的直接排放，以及因使用外购的电力和热力等所导致的间接排放。有别于上海，北京方案中的直接排放领域主要包括热力供应、电力和热电供应，间接排放领域主要包括制造业和大型公共建筑。间接排放的计算，指的是北京市用电所导致的区域外的排放。将直接和间接二氧化碳排放权分开可能会存在两种交易标的物是否能完全等价、自由交易等问题。同时对于下游企业，由于无须核算电力、热力等二次能源，不利于企业全面推进自身的节能减排工作。再次，配额分配方案充分考虑本地实际及特点。上海作为全国先行先试的省市之一，在"十二五"期间首次引入了全市能耗总量（包括煤耗总量）控制目标，并在主要领域、行业之间进行了目标分解，明确的能源消费总量控制目标为碳排放总量控制及配额分配提供了良好基础。在这些目标的制定过程中。上海依托在全市范围内建立的能源消费及经济发展等统计、报告、核查系统，较为全面、准确地掌握了全市重点领域、重点行业的能耗历史、现状及未来发展趋势，为碳排放交易的总量控制目标设定。以及试点企业的配额分配都提供了较好的基础。最后，碳交易 MRV 指南的颁布有效指导后续工作。上海是第一家印发温室气体排放核算与报告指南的试点城市，并根据行业间的差异和特色，除总则外，还分别编制了钢铁、电力、建材、有色、纺织造纸、航空、大型建筑和运输站点等 9 个相关行业的温室气体排放核算方法，使得对不同行业的排放核算有章可循，试点企业可以据此摸查自己的碳排放水平，碳盘查机构则将依据指南开展碳盘查，从而保证了碳排数据的准确性、规范性和口径一致性。上海在碳交易试点工作启动初期。通过政府采购招投标方式确定了专业机构开展初始碳盘查工作，并在初始碳盘查工作推进过程中，完善并有效检验了上海碳交易 MRV 指南的科学性和可行性。

（3）天津 MRV 体系。由于天津是我国华北地区的主要重化工基地，所以主要覆盖行业有电力、热力、钢铁、化工、石化以及石油天然气开采的五大行业和民用建筑领域。第一，天津碳配额的市场运作模式。首先，天津市发改委组织相关的专业机构对主要覆盖行业和企业的历史排放进行摸底工作，确定该企业过去的排放情况；其次，根据主要覆盖行业和企业的历史排放或者行业基准值，采用科学的方法计算该企业可以获得的免费配额；再次，在市场开启前对所有参与控制排放企业发放免费配额；之后主要覆盖行业和企业根据本年排放情况确定配额的缺口或盈余，并决定企业在碳排放交易中应该购买或出售的配额；最后，企业要在第二年一定的时间点进行履约即向政府上缴与排放量一样的配额或减排量。第二，天津碳交易试点市场配额分配规则。天津碳交易试点市场配额分配频率为一年一发，有偿分配比例为有偿：免费 = 1∶1，且允许拍卖。

（4）广东 MRV 体系。"十二五"以来，广东积极开展碳排放权交易试点、碳普惠试点、碳标签认证研究和应用示范、低碳社区示范、近零碳排放区示范等工作，探索市场机制的减碳作用，并从项目、社区、工业区、城市等多个尺度探索居民生活和产业部门的低碳发展模式，为后续制定碳排放达峰目标及落实相关行动计划奠定良好工作基础。第一，坚持总量控制，实施适度从紧的配额管控政策。广东省碳交易政策按照"抓大放小"的原则，将区域内电力、水泥、钢铁、石化、造纸、航空行业排放 2 万吨二氧化碳以上的工业企业纳入控排范围，总排放占全省 65% 左右。第二，坚持正向激励，建立"鼓励先进、淘汰落后"的配额分配机制。根据全省行业企业单位碳排放平均水平，参照国内外先进地区情况，合理制定控排企业碳排放基准线，并以此划分先进和落后企业及计算发配放额，从而大力鼓励企业提高碳生产力，降低全社会碳排放水平。第三，坚持有偿分配，树立碳排放资源稀缺、有偿使用的理念。广东是国内唯一尝试配额免费和有偿发放相结合的试点，企业既获得了大部分免费的碳资产，又承担了一定的减排压力，体现了"资源稀缺、使用有价"的理念，提高了企业主动减碳的意识，为全国碳市场配额有偿发放管理工作提供有益的参考和借鉴。第四，坚持透明公开，培育健康良好的市场环境。广东省一直致力于建立公开透明的市场环境，及时公布相关政策信息，例如连续三年公布配额分配总体方案，内容包括配额总量、分配方法、分配因子、基准值、有偿配额数量、企业名单等，是有效信息公布最多的试点地区之一。第五，坚持严格监管，有效保障市场各方的切身利益。建立第三方核查制度，以政府采购形式招标确定第三方核查机构名单，建立核查机构黑名单制度和绩效考核机制。每年 3 月起，对控排企业上一年度碳排放信息报告开展第一轮核查工作，组织专家对第一轮核查结果进行集中评议，发现问题后及时进行第二轮抽查、复查和复核，对企业虚报、瞒报、漏报等情况决不姑息，发现一起处理一起，确保企业排放的"一吨碳就是一吨碳"。

（5）湖北 MVR 体系。湖北省能源消费总量和温室气体排放仅次于广东，但由于各辖区内经济发展水平差异较大、产业结构复杂多样，相比其他碳交易试点湖北省内部发展的不均衡水平较突出。湖北省规定了纳入企业应履行碳排放监测和报告义务，配合相关部门和第三方核查机构实施碳排放核查工作，明确提出了各项工作的流程和周期。湖北省相继制定了 MRV 工作实施细则，包括《湖北省工业企业温室气体排放监测、量化和报告指南（试行）》及试点省市中最多的 12 个行业企业温室气体量化指南，《湖北省温室气体排放核查指南（试行）》《湖北省碳排放第三方核查机构管理办法》等规范性文件，以及湖北省碳排放监测计划与排放报告模板等技术支撑文件。湖北省的测量、报告，制度建设更加系统完善，也为建设准确、公开、透明的碳排放数据库提供基础保障。

（6）重庆 MVR 体系。重庆市碳交易机制是我国西部地区唯一进入国家试点的地区，在试点机制中启动最晚，在机制设计过程中参考了其他试点地区的经验和教训，结合重庆市作为老工业基地的产业结构特点、经济亟须增速提质的客观情况以及低碳转型的时代要求，设计出具有鲜明特点的碳交易机制。第一，将碳交易机制的管理范围从 1 种温室气体扩展到 6 种温室气体，体现出西部工业化城市低成本协同减排的要求。与其他试点地区只控制二氧化碳不同，重庆市将《京都议定书》中规定的 6 种温室气体都纳入了碳交易机制内，通过协同控制实现更大的管理效率，降低社会减排成本，体现了西部地区在应对气候变化行动中对经济和生态环境的多重考虑。第二，唯一试行总量减排的地区。配额管理实行总量减排是重庆市碳交易机制的最大亮点。体现了西部地区严格控制温室气体排放、实现低碳转型的决心。重庆市采用了以历史碳排放峰值为基准，设计出碳排放逐年下降的总量减排模式，使控排企业对自身碳排放的控制掌握了更多的主动性，降低了碳交易机制建设初期来自企业的阻力，更容易为管理对象所接受。第三，配额分配公平是碳交易机制的一个重要内容。重庆市采取了企业自主申报、主管部门审定、根据配额总量上限调整、最后分配到控排企业在注册登记系统中的账户方式进行配额分配。这种分配方式的新意在于：政府总量控制下的企业博弈竞争申报，节省了分配成本，也提高了企业参与碳交易的积极性和低碳意识；通过配额调整机制，在一定程度上平衡了不同企业在博弈技巧上的优劣，提高了分配结果的公平性。重庆市和深圳市碳交易试点机制在分配方法上比较类似，在如何体现分配公平方面设计精巧，说明分配公平是碳交易机制的重要内容。

（7）深圳 MVR 体系。2013 年 5 月，深圳初步完成了碳排放交易体系建设工作，在有效核查的基础上，采用竞争性博弈分配办法，对 635 家工业企业和 200 栋大型公共建筑进行了配额分配。同时，深圳也相应完成了碳排放立法及交易机制、监管机制、核查机制、中央登记簿体系等相应体系建设。深圳以遏制需求和控制增长为出发点，将制造业、公共交通和大型公共建筑物纳入碳排放交易体系管控范围，同时覆盖生产端直接碳排放和消费端间接碳排放，设计了"四种类型，三个板块"的碳排放交易体系。具体而言，即管控工业直接碳排放、工业间接碳排放、建筑碳排放和交通碳排放四种温室气体排放类型，形成工业、建筑和交通三个独立运行的交易板块。深圳实施可规则性调控总量、结构减排和碳配额交易模式，形成了具有特色的制造业碳配额分配方法，最优行业碳强度基准线和竞争性博弈分配推动早日实现城市节能减排目标，有助于深圳市制造业碳排放加速逼近于峰值。深圳将大型公共建筑物纳入碳交易管控范围，计划建立以建筑物业主为交易主体，以建筑物为核算单元的建筑碳交易板块。目前，已编制了建筑物碳排放量化方法学和核查方法学，并据此核算了 200 余栋大型公共建筑物的碳排放。同时，编制并公布了不同类型建筑物的能耗限额标准，根据建筑物单位面积碳排放限额值和面积进行建筑物碳配额分配。另外，深圳计划将交通运输部门纳入碳交易管控范围，在广泛调研的基础上首先将公交和出租车碳排放纳入管控范围，以公共交通运输服务公司为核查主体和交易主体，采取油耗监测法进行机动车碳排放的 MRV，配额分配时鼓励企业引入新能源汽车，并研究分配方法对碳市场供求关系的影响。

（8）福建 MVR 体系。福建省于 2016 年 4 月全面启动碳排放权交易市场建设，对接全国，对标先进，对照实际，初步建成了具有福建特色的碳市场，真正起到了全国碳市场"试验田"的重要作用。第一，建设起点高。福建省碳市场建设对接全国碳市场总体思路，是首个采用国家颁布的碳核查标准与指南的试点，特别是数据直报系统与国家在建系统标准完全一致，且与国家发布的电力、水泥、电解铝等 3 个行业的配额分配方法相一致。第二，配套制度优。以省政府令出台实施《管理暂行办法》，以省政府文件出台实施《实施方案》，省发展改革委会同省直有关部门出台《福建省碳排放配额管理实施细则（试行）》等7个配套文件，形成系统完善的政策制度体系。第三，覆盖范围广。除国家规定的石化、化工、建材、钢铁、有色、造纸、电力、航空八大行业外，率先纳入陶瓷行业。第四，交易品种全。统筹对接全国市场，结合福建省情，创新开发林业碳汇，共有福建碳配额（FJEA）、国家核证自愿减排量（CCER）和福建林业碳汇（FFCER）三种产品。第五，交易方式多。交易方式多样，现有挂牌点选、协议转让、单向竞价三种方式。

第二节 双碳监管存在的问题

本节主要是围绕着双碳监管存在的问题展开的，目前中国双碳监管的主要问题表现在四个方面，一是碳排放核算过程中出现的问题。二是碳排放核查过程中存在的问题。三是碳排放报告与清缴过程中存在的问题。四是碳市场建设过程中存在的问题。

一、碳排放核算过程中出现的问题

首先，现有碳排放核算体系不完善，国家碳排放核算结果权威性不强。一方面由于当前的国家碳排放核算方法体系没有用于年度核算，这导致国外机构使用简化方法连续核算的我国碳排放年度结果反而成为国内外广泛引用的"权威数据"，削弱了我国的话语权。而省级层面虽在"十二五"时期陆续建立了符合各自省情的碳排放核算方法体系，但除曾服务于"十三五"规划的碳强度目标设定外，普遍没有规范化地定期运行与完善制度，也没有建立检验是否与国家数据保持一致的机制，无法有效验证和支持国家层面的核算结果。另一方面国内不同权威机构向国家上报结果存在12%～19%的差异，这种差异显著超出国际上通常的±5%误差范围，从而引发了争议反映出国家碳排放核算结果的权威性亟待提升。其次，企业碳排放核算工作尚未有效运转。企业碳排放核算既是市场化碳减排机制有效运转的基础保障，也能为国家和省级碳排放核算关键参数的测度和动态更新提供参考依据。目前国内已基于国际标准 ISO 14064 建立了 24 个行业的企业碳排放核算方法体系，但全国性企业碳排放核算工作至今没有有效开展，各种碳排放实测技术的研发和应用工作也进展缓慢。最后，现有能源统计数据偏差大，导致我国碳排放核算结果存在较大差异碳排放核算必须以能源消费水平和主要化石能源的碳排放因子为基础数据，目前我国这两个方面的统计基础还不够扎实。一方面，国家和省级的能源消费统计历史数据存在较大差异。2014 年以前的《能源统计年鉴》显示，2005～2012 年各省能源消费量之和与国家能源消费总量的差异为 12%～23%，且逐年升高。虽然2015 年经过系统调整后，这一差异在 2015 年缩至 3% 以内，但 2016年和 2017 年又扩大至 4% 之上，这一趋势又将成为未来碳排放核算偏差的主要来源。另一方面，不同机构对煤炭碳排放因子的调查统计存在明显差异。《第三次国家通报》中 2005 年煤炭平均排放因子约0.548 吨碳/吨煤，而中国科学院的数据为 0.489 吨碳/吨煤，二者相差10% 以上。尽管两者都是在对我国各地煤炭煤质广泛调查基础上的统计结果，但由于在样本选取、权重设置、动态特性分析等方面的差异，导致最终的平均排放因子结果仍存在较大差异。[①]

二、碳排放核查过程中存在的问题

首先，碳排放数据失真。碳排放数据作为碳交易的前提和基础，企业碳排放数据质量是维护市场信用信心和国家政策公信力的底线和生命线，对碳市场能否健康发展起到了重要的作用。2022 年，全国碳市场完成了第一个履约周期，暴露出了较为突出的数据质量管理问题，碳排

---

① 李继峰，郭焦锋，高世楫，顾阿伦. 国家碳排放核算工作的现状、问题及挑战［J］. 发展研究，2020（6）：9–14.

放数据失真频频发生，主要有两个方面的因素：第一，碳核算结果精确度不足。目前，国内碳核算工作多数借鉴政府间气候变化专门委员会（IPCC）核算方法与准则，但各地的实际条件不同造成其针对性和精确性较差。其中针对碳排放量，大多根据排放因子开展核算。例如，对于化石燃料燃烧排放，排放因子可使用自测值或标准提供的默认值。企业提供的自测值计算出来的碳排放数据，无法进行校核，因此无法保证其准确性；不同企业在不同地域燃料单位热值含碳量不同，而且燃料燃烧充分度存在巨大差异，若统一使用默认值进行核算，会导致结果精准度较低。另外，对于生产过程排放，同一行业的不同企业也会由于工艺生产过程不同存在明显差异，使用相关生产过程排放因子进行核算会导致较大误差。全国尺度的行业碳核算标准不统一，导致数据存在弹性空间，为数据造假提供了土壤。第二，碳核算标准边界模糊。提案称，核算的依据包括多种政策法规，且允许多套核算规则并行使用。过多的核算规则导致出现核算边界不一致、数据来源不统一等问题，为企业运用各种核算规则实现对数据的操纵提供可乘之机。提案分析说，地方政府、企业、第三方碳核查机构存在碳核算数据造假动机。地方政府为通过碳排放考核或核查能力不足，可能导致碳排放统计数据偏离真实值。在利益驱动下，一些企业通过修改碳核算数据，以降低其碳排放量并减少配额缺口，从而降低成本。第三方核查机构核查能力有限、独立性受到挑战，导致制作虚假排放数据核查报告行为出现。特别是在碳排放核算与排放报告核查方面，例如，核算技术规范烦琐，部分参数计算复杂，核算边界不清晰，核查难度大，核算报告核查的科学性、合理性及可操作性仍需进一步提高，碳排放核算质量控制体系亟待健全。其次，国内碳市场 MRV 体系中核查机构的职责边界缺乏清晰界定。每个参与主体都有其特定的职责边界，核查机构尽管担负着对数据质量把关的重要职责，但这一责任不是无限的。在主管机构对核查机构的职责边界并未给出清晰界定的基础上，一味简单化、高标准、严要求，并不能达到预期目标。在 CDM 项目的审核过程中，对于提交的证据，审核员和核查机构是基于行业常识和专业能力进行判断，除非明显的造假，一般也不对提交的各种材料（包括原件）的真伪做专业的鉴定。审核机构既不是鉴定机构也不是执法机构，材料的提供方应该首先对提交的原始材料的真实性负责。而反观国内的碳核查，公开可得的文件很少，许多规则都是通过半公开的通知、培训传达，每次核查的具体要求和工作范围也比较笼统。2021年3月，生态环境部下发的《企业温室气体排放报告核查指南（试行）》文件中，对现场核查要求有所加强，提出到现场核查时须查阅原始凭证或保存相关证据原件的要求。但实际上，核查机构即便看到了企业出具的相关凭证原件，有些所谓的原始凭证也是被"精心、专业"造出来的凭证，极具欺骗性和隐蔽性，对此核查机构也是防不胜防。再次，工作程序不符合规定。各省核查的每一个任务包通常是30~40家企业；而中标的核查机构要核查完分布在全省各地的企业起码需要30~45个工作日。根据生态环境部的安排，每年4~6月开展碳核查工作。通过统计各省市2021年的核查通知并查看其要求的提交核查报告的时间，发现从核查通知下发的时间到提交核查报告的时间，平均为27天（不到20个工作日）。有些省份的招标文件要求中标机构15个自然日甚至一周左右完成所有的核查工作（包括文件评审、现场核查、复审等）。核查机构为了按时完成任务，加上核查工作集中，在调配人员时则容易出现调配困难的问题，也难免会出现"挂名"等现象。一些结构未按照《碳排放权交易管理办法（试行）》《企业温室气体排放报告核查指南（试行）》等要求核实数据及文件的真实性、完整性和准确性，对控排企业碳排放报告中存在的检测报告造假、机组"应纳未纳"、参数选用和统计计算错误等明显问题"视而不见"。对于控排企业将初始碳排放报告元素碳含量缺省值改为实测值的重大变化，不核实数据来源及真实性，工作流于形式，履职不到位，核查报告结论失实。最后，核查机构资质认定以及人员认定缺乏全国统一的认证程序。CDM对于第三方机构有一套完整的资格认证与管理要求。CDM机制下有专门负责核查机构资质认定的委员会（Accreditation Panel），对申请资质的机构有公开、细致、清晰的认证规则，并定期对机构深入开展审计工作，抽查项目、随同现场，从而从流程上确保机构具有第三方审定的能力。在 CDM 体系下，主管部门要求将审核员的资质信息，包括资质级别、资质认定时间、资质领域等附在审定报告后公开披露；主管部门也会定期派专项组开展监督检查工作，查阅审核机构审核人员的培训记录、资质认定记录等，从而确保审核机构人员资质认可的规范性。在我国，碳核查工作要求细致、专业，需要相当的经验积累，这些专业能力一般集中在行业的几个头部公司，集中在北京、上海、广东、深圳等率先开展试点交易的省市。受行政许可法的限制，从事碳核查的第三方机构尚未纳入国家资质管理，而是由各省根据自己实际情况通过公开招标选定。同时，由于各省意识到本地严重缺乏碳核查人才的现状，于是倾向于培养省内自己的核查力量，在每年各省的碳核查机构招标选定过程中，通过限制省外核查机构投标或强制绑定本地机构联合中标等地方保护措施，培养了一批本省内的核查机构。这些核查机构并未经过严格的资质审批、考核和认定程序，也缺乏周期性的复审和认定。此外，在专业人员方面，国家以及各省主管部门还缺少系统性核查员能力建设以及资质认定管理机制。一些规范的核查机构，其内部具备严格的核查员培养体系以及任职制度。但并非所有核查机构都有这样规范的管理体系，甚至有些小机构仅靠核查业务收入不能养活专职核查员，只能在接到业务时聘用"临时"核查员。①

三、碳排放报告与清缴过程中存在的问题

首先，不能按时报送报告及公开信息。提交温室气体排放报告是排放主体的法定义务。排放单位每年应根据排放核算与报告技术规范，编制去年度排放报告，并载明排放量。完成清缴后，还应及时公开上一年度排放情况。在实践中有部分企业对政策了解不够深入，往往忽略了年度报告的提交；或者基于保护商业秘密的考虑，拒绝披露排放信息。执

① 李青青，苏颖，尚丽等. 国际典型碳数据库对中国碳排放核算的对比分析 [J]. 气候变化研究进展，2018（3）：275 - 280.

法部门应加强对排放单位的监管，督促排放单位及时提交排放报告、披露信息。若逾期未履行报告提交和信息公开义务，执法重点往往是先责令改正，督促警示企业积极主动履行环保责任。其次，未足额清缴碳配额。排放单位应根据实际排放量，向分配配额的主管部门及时清缴上一年度配额。若不能足额清缴，应购买碳市场的配额。未能足额清缴或拒绝清缴，将受到执法机构追责。

四、碳市场建设过程中存在的问题

2021 年 7 月 16 日，全国碳市场在北京、上海、武汉三地同时开市，第一批交易正式开启。从交易机制看，全国碳排放交易所仍将采用和各区域试点一样以配额交易为主导、以核证自愿减排量为补充的双轨体系。从交易主体看，全国交易系统在上线初期仅囊括电力行业的 2225 家企业，这些企业之间相互对结余的碳配额进行交易。与欧盟等相对成熟的市场相比，我国碳市场刚刚起步，存在诸多不完善的地方。首先，市场活跃度略显不足，碳市场呈现交易量过低，碳交易双方处于试探和摸底，碳交易价格市场化属性不明显。全国碳市场上线运营之后，交易双方仍处于试探和摸索阶段，交易规模仍处于市场整合时期的低位。据上海环境能源交易所数据显示，仅开市当天碳交易量超百万吨，之后五个交易日的交易量为十几万吨，其余日交易量在万吨以下且部分日成交量不足百吨。与此同时，碳交易价格总体下降，7～9 月的平均交易价格分别为 50.33 元/吨、46.84 元/吨和 41.76 元/吨，截至 10 月 15 日，交易价格较开市当日下跌 14.3%。根据清华大学测算显示，目前我国全经济尺度的边际减排成本大概是 7 美元，略高于当前的交易价格。因此，当前价格信号并不能准确反映碳排放许可权的供给与需求状况，碳排放价格对企业生产决策的影响较小，企业减排的积极性还不够高。其次，碳市场体系以配额交易为主，自愿减排为辅当前，全国碳市场建设以试点经验为基础，采用配额交易为主导，国家核证自愿减排为辅的双轨体系。根据《碳排放权交易管理办法（试行）》，我国碳排放配额

（CEAs）以免费分配为主，未来国家适时引入有偿分配，并鼓励排放主体通过国家核证自愿减排，但核证自愿减排量（CCER）交易与抵扣机制尚未明确。碳排放配额是在国家生态环境部每年制定碳排放配额总量及分配方案的基础上，由各省生态环境部门额定分配。若企业最终年二氧化碳排放量少于国家给予的碳排放配额，剩余的碳排放配额可以作为商品出售；若企业最终年二氧化碳排放量多于国家给予的碳排放配额，短缺的二氧化碳配额则必须从全国碳交易市场购买，因此碳排放权作为商品在企业之间流通，通过市场化手段完成碳排放权的合理分配。在继续建设全国碳市场的前提下，碳交易市场体系设计需要收紧配额总量，也需要在一级市场逐步提升"拍卖"形式的有偿分配比例。针对碳市场未纳入的碳排放源，可以考虑适时引入碳税作为碳市场的补充。最后，碳市场初期仅将电力行业纳入交易全国碳市场初期仅覆盖电力行业，高排放企业被纳入重点排放单位。根据国务院批准的全国碳市场建设方案，由于各行业碳排放配额核算方式不同，初期仅将电力行业纳入交易。据生态环境部发布的《碳排放权交易管理办法（试行）》，本阶段纳入全国性碳排放交易主体的企业须满足以下条件：属于全国碳排放权交易市场覆盖行业的、年度温室气体排放量达到2.6万吨二氧化碳当量的"温室气体重点排放单位"，也就是高碳排放企业，开市当天发电行业总计2225家发电企业和自备电厂参与交易。同时，这一规定也表明，当前仅有被分配到碳排放配额的企业可以参与交易，个人与机构投资者暂时无法参与其中，碳排放权暂不具备投资属性。①

第三节　完善双碳监管的政策建议

本节主要在上一节的基础上，针对双碳监管存在具体问题，提出了

---

① 袁剑琴. 全国碳市场建设的进展、问题及政策建议 [J]. 中国能源, 2021 (11): 63-66.

以下政策建议：一是完善我国的碳交易法律政策体系。二是完善碳排放监督管理体系。三是加强碳排放执法能力建设。四是加强全国碳市场建设。从而更好地发挥双碳监管的作用，按期顺利实现"双碳"目标。

一、完善我国的碳交易法律政策体系

第一，在碳交易法律体系的立法方面，应在全面系统梳理我国既有碳交易方面法律政策的基础上，重点完善碳交易中交易各方的权利义务和路径流程，并从严制定有关违反碳交易法律的法律责任及相关监管机关的监管责任，同时科学借鉴国外成熟的碳交易法律政策。在推进碳交易法律的立法体系时，要完善国家层面的有关立法，提升碳交易法律的权威和层级，从而为各地下位法提供指导和引导。应选取碳交易市场活跃区域，按照"先行先试，能立则立"的原则加快推进有关碳交易法律的地方性立法。同时需要以综合立法和专门立法的方式，协同推进碳交易法律规范的不断健全完善。碳交易法律规范既可补充完善在环保生态等法律体系之中，也可针对碳交易单独制定专门的法律法规。另外有关碳交易的政策规范，如行业规章、行业指引、标准规范等亦需持续优化完善。第二，建设严格高效的碳交易法治实施体系。在碳交易法治实施体系方面，应不断建设完善有关碳交易法律政策的具体实施制度，继续提升各级政府助推碳交易的法治化，增强碳交易法治体系的可执行性，进一步深化改革有关碳交易的司法制度，在行政执法和司法活动中大力提升碳交易的公信力。在推进建设碳交易法治实施体系时，一要明确碳交易实施的法治主体，这主要包括碳交易的各方及监管主体，碳交易各方主要根据碳交易法律规则及合同约定而行动，监管主体则应根据既有法律规定严格执法、依法行政。碳交易的监管职责可由生态环境部门承担，有关碳交易市场的设置可以参照我国多层次资本市场的设置有序推进，前期可在碳交易活跃的区域由地方政府指导设立"碳交所"。二要碳交易实施的法治流程要全面系统。既要考虑覆盖各行各业的碳交易流程，又要考虑完善单一行业内的碳交易流程，以此推进碳交易的有序顺利交易。三要碳交易实施的法治责任要严。严格的碳交易责任既能增强碳交易各方的法治意识，又能排除碳交易中的人情、关系、金钱、权力等方面的阻力和障碍，从而促使碳交易各方主动履行"双碳"目标下的职责。第三，打造科学严密的碳交易法治监督体系。在碳交易法治监督体系方面，应积极借鉴其他国家和地区成熟的碳交易法治监督体系，结合各地实际状况分层分批实施推进，进一步调动相关主体开展法治监督的力度和深度，从而充分发挥碳交易法治监督体系的效用和价值，助力实现"双碳"目标。在推进碳交易的法治监督体系时，要依法健全完善有关碳交易的自律组织、行政和司法监管机构。进一步提升社会大众有关碳交易的法治监督意识，形成人人助力实现"双碳"目标的良好社会氛围。健全完善有关碳交易的法治监督机制，一方面在立法中设置有关碳交易的法治监督内容，赋予相关机构组织进行监督的权利义务，另一方面要建立有关碳交易的法治监督流程、沟通和反馈机制，促进碳交易的有效运转和循环。①

二、完善碳排放监督管理体系

首先，提升各级主体对碳核查工作重要性的认识，加强顶层设计。除了通报和曝光外，主管部门还应该深入了解问题背后的原因，找到问题的关键所在，采取切实的措施解决问题。充分吸取试点碳市场的经验教训，广泛征求和听取一线人员的意见，将一线人员的意见和经验吸取，并将其融入碳市场数据质量控制的整体顶层设计中；明确核查工作范围和职责边界，并提供专业、具有操作性强的核查指南，用于指导核查工作的开展。提高对核查工作的重视程度，努力提升对核查工作的价值认同度，对核查工作的工作量和工作难度进行合理准确的评估，并在财政预算以及核查时间要求方面加以匹配。其次，严格区分核查机构履

---

① 孙亮，林翎，李鹏程."双碳"目标要求下的标准体系建设［J］.中国能源，2022（5）：56－62.

职过程出现的不规范、瑕疵等问题和企业及服务机构对排放数据的恶意篡改和伪造等问题，两者责任、风险、收益及其带来的后果均不可同日而语，不可相提并论，否则会对核查机构和核查市场的长期可持续发展非常不利。对于核查机构在履职过程中因为标准规范不明确、工作流程不完善等出现的失误，不要动辄上纲上线，尤其是不能将其与企业或者服务机构对排放数据的恶意篡改和伪造等问题混为一谈，那样既容易混淆视听，降低对数据造假本身的关注，也会对大量核查机构后续开展核查工作积极性和信心造成打击。再次，发挥市场作用，增加财政投入。一方面，增加核查服务采购预算，保障核查工作的高质量完成，预留出足够开展深入、细致核查所需要的时间和费用，并避免采购过程低价中标。另一方面，增加质量保障体系建设以及能力建设的财政投入，为打造一支精良、专业的第三方核查队伍以及提升控排企业的数据管理能力提供财力保障。最后，成立碳市场机制下各个细分领域的自律行业协会组织，依靠专业群体合力维护碳市场的健康运行。协会会员由碳市场中各主体代表企业参与，包括控排企业、咨询服务机构、碳交易机构以及第三方核查机构代表，打造一个懂技术、懂市场、懂法律、懂金融的碳市场相关专业群体，依据主管部门的要求，细化相关的标准和纪律，主动积极有为，及时发现行业问题，向主管部门建言献策，维护碳市场的健康运行。

三、加强碳排放执法能力建设

首先，执法程序规范化。碳市场制度体系创设了许多新制度，但执法程序尚未细化，造成了执法程序衔接空白。以相对人救济程序为例，"异议处理"规则规定排放单位对核查结果有异议，可以自核查结果之日起七个工作日内，向组织核查的省级生态环境主管部门申请复核。若对复核结果不满意，是否可以申请行政复议尚不明确。此外，对于涉及碳市场的其他监管行为是否可以提起行政复议，还需要进一步考虑是否因涉及侵犯行政相对人自然资源所有权或者使用权而适用复议前置。其次，执法方式多元化。目前罚款仍然是主要的打击碳市场违法行为的方式，以未按时足额清缴为例，应责令其限期改正，并罚款；逾期未改正，对于欠缴部分，等量核减下一年度配额。《中华人民共和国行政处罚法》修订后，新增通报批评、限制开展生产经营活动、限制从业等种类。若排放单位超量排放且无力购买配额，除了罚款，是否可以因其环保指标不达标而采取限制开展生产经营活动、责令关闭等措施，是否可以向法院申请强制执行。随着实践案例增加，后续执法活动中，信用惩戒、负面评价、限制资格等更多种类的处罚方式、执法措施也会逐步适用。

四、加强全国碳市场建设

首先，完善制度体系建设，推动碳市场稳定发展。建议加快完善全国碳市场的建设全流程的体制机制，做到市场运行有法可依。当前全国碳市场的制度框架虽然已经基本建立，但由于覆盖范围单一，现有的制度均是基于单一行业。随着全国碳市场未来不断纳入新的主体与交易产品，单一行业的制度无法全面支撑，也无法形成有效的监管机制来识别市场中的寻租及违规行为。因此，应尽快通过碳排放权交易管理条例的国家立法，从而推动全国碳市场的运行有法可依；加快建立全国碳市场全流程的总量控制机制、配额分配机制、交易制度、核证减排量管理制度、监管制度以及风险控制机制，推动各部门之间形成协调机制，确保全国碳市场的稳定发展。其次，加快碳排放管理体系建设，夯实碳市场运行基础。建议加快建设国家—行业—企业三位一体的碳排放管理体系，夯实碳市场运行基础。一方面，支持各行业及科研机构加快研究不同行业的碳排放核算和统计方法，加快形成国家层面的碳排放核算和统计体系，从而明确我国的减排目标。另一方面，从市场参与主体入手，提高企业参与意愿和能力，并基于碳排放核算体系，依托行业来指导企业碳核算，确保基础数据真实可信。最后，开展碳数据信息化建设，加快培养专业化人才。建议针对碳交易市场中多元化的数据要求建立统一的信息平台，通过梳理和调整碳排放数据统计口径和方法，建立全行业碳排放数据库，实现从数据采集、统计到核算的全链条管理，从而有效提高数据管理效率，降低管理成本。同时，推动不同行业加强专职碳核算、碳交易、碳数据管理的队伍建设，培养一批熟悉并掌握碳市场机制与碳交易工具的专业人才，进一步为全国碳市场的建设夯实基础。

第四节　双碳监管的保障机制

双碳监管的顺利实施，离不开有效的保障机制，本节主要从加强制度设计、加快制定相关技术标准、构建完善监督考核机制以及积极参与国际标准交流合作四个方面提出完善保障机制的具体建议，从而创造更有效的环境，更好地发挥双碳监管的作用。

一、加强制度设计

碳中和目标下的长期深度减碳是我国战略发展的必然趋势，为减碳政策的长效实施提供制度保障非常必要。要尽早制定碳中和行动路线图，并提出落实碳中和目标的配套政策和保障措施。鼓励碳排放达峰积极省份率先自主设计碳中和行动路线，并要求将未来40年碳中和长期目标纳入今后10年碳排放达峰行动规划中，从而促进碳排放达峰路径与碳中和行动协同发展。在地方层面上，应结合本地区经济发展水平、产业结构与能源结构等方面的特点，进一步强化对本地区制造业、建筑业、交通等具体部门碳中和行动路线的研究，从而明确碳中和行动的重点领域和关键措施。尽快做好全国碳排放总量控制目标的设计工作，完善碳排放总量控制目标下各行业、各地区排放总量的分解机制，并加强对目标责任考核、项目碳排放评价等相关制度的落实。持续完善节能降碳领域的财政、税收、价格政策，建立健全用能权交易、合同能源管理等节能市场化机制的建设。[①]

二、加快制定相关技术标准

依托国务院双碳工作领导小组办公室，研究建立碳达峰、碳中和标准专项协调机制，加强技术协调和标准实施。加快构建碳达峰碳中和标准体系，实现碳排放重点行业和领域全覆盖，整体规划"碳达峰""碳中和"国家标准、行业标准、地方标准、团体标准的衔接配套关系和标准制订工作。加强制定碳排放计量、核算与报告、核查、产品碳足迹、低碳评价等基础通用标准。加快生态系统固碳和增汇、碳捕集利用与封存（CCUS）、直接空气捕捉技术（DAC）等碳清除技术标准研制，发挥标准对碳清除技术创新和应用的引导作用。健全碳市场标准体系，制定碳排放配额分配、调整、清缴、抵消等标准及重点排放行业应用指南，建立健全碳市场相关信息披露标准，研究碳排放交易实施规范、交易机构和人员要求等标准。完善绿色金融、可持续金融相关术语及金融机构碳排放核查核算等基础通用标准，完善绿色金融产品服务、绿色债券与碳中和债券评级评估、信息披露、绿色金融统计等标准，发挥标准体系对碳达峰碳中和工作的支撑作用。

三、构建完善监督考核机制

落实领导干部生态文明建设责任制，地方各级党委和政府要坚决扛起碳达峰、碳中和责任，明确目标任务，制定落实举措，自觉为实现"碳达峰""碳中和"作出贡献。各地区要将"碳达峰""碳中和"相关指标纳入经济社会发展综合评价体系，增加考核权重，加强指标约束。强化"碳达峰""碳中和"目标任务落实情况考核，对工作突

---

① 唐伟珉. 全国碳市场核查体系存在的问题分析及相关建议 [J]. 可持续发展经济导刊，2022（5）：46－49.

出的地区、单位和个人按规定给予表彰奖励，对未完成目标任务的地区、部门依规依法实行通报批评和约谈问责，有关落实情况纳入中央生态环境保护督察。各地区各有关部门贯彻落实情况每年向党中央、国务院报告。

四、积极参与国际标准交流合作

深度参与全球绿色低碳创新合作，拓展与有关国家、有影响力的双边和多边机制的绿色低碳创新合作，组织实施碳中和国际科技创新合作计划，支持建设区域性低碳国际组织和绿色低碳技术国际合作平台，充分参与清洁能源多边机制，深入开展"一带一路"科技创新行动计划框架下碳达峰碳中和技术研发与示范国际合作，探讨发起碳中和科技创新国际论坛。积极转化适合我国国情的国际标准，提升国内国际标准一致化水平。加强国际标准化专家队伍和人才的培养与培训，建设性参与碳排放、节能、新能源、碳汇、碳捕集利用与封存等领域国际标准，积极贡献中国智慧和中国经验。同时，需要密切跟踪和关注国际动态，加强国内 TC 间的交流与沟通机制，同时也要积极为国际气候谈判提供相关技术支撑。

第五节　结论与展望

综上所述，本章内容主要围绕着双碳监管的现状、存在的主要问题、政策建议以及保障机制四个方面开展研究。目前中国的双碳监管主要依靠行政方面的政策法规、市场方面的碳市场建设以及自愿方面的CCER 发挥作用，此外中国 MRV 体系也在其中发挥着不可替代的作用。而目前中国双碳监管存在的四个主要问题包括：碳排放核算过程中出现的问题、碳排放核查过程中存在的问题、碳排放报告与清缴过程中存在的问题以及碳市场建设过程中存在的问题。据此提出了完善我国的碳交易法律政策体系、完善碳排放监督管理体系、加强碳排放执法能力建设以及加强全国碳市场建设四个方面的对策建议。此外，我们还需要加强制度设计、加快制定相关技术标准、构建完善监督考核机制以及积极参与国际标准交流合作等保障机制的建设，以有效发挥双碳监管的作用，助力中国实现"双碳"目标。

主要参考文献

［1］卜君，孙光国．国资监管职能转变与央企高管薪酬业绩敏感性［J］．经济管理，2021（6）．

［2］才东阳．基于 K－means 聚类的计算机网络信息安全风险评估方法［J］．网络安全技术与应用，2022（11）．

［3］蔡立新，高蔓莉．国有资本投资公司财务绩效评价［J］．财会月刊，2021（1）．

［4］蔡明荣，王毅航．混合所有制改革、政策性负担与国企技术效率——来自高技术企业的证据［J］．产业经济研究，2022（2）．

［5］陈兵，徐文．规制平台经济领域滥用市场支配地位的法理与实践［J］．学习与实践，2021（2）．

［6］陈富良．算法共谋：数字经济时代的监管难题［M］．北京：《人民日报》出版社，2022．

［7］陈琳琳，夏杰长，刘诚．数字经济市场化监管与公平竞争秩序的构建［J］．改革，2021（7）．

［8］陈路．熵权法在信息安全风险评估中的应用［J］．信息系统工程，2021（9）．

［9］陈美．国家信息安全协同治理：美国的经验与启示［J］．情报杂志，2014（2）．

［10］陈少威，范梓腾．数字平台监管研究：理论基础、发展演变与政策创新［J］．中国行政管理，2019（6）．

［11］陈庭强，沈嘉贤，杨青浩，胡毅．平台经济反垄断的双边市场治理路径——基于阿里垄断事件的案例研究［J］．管理评论，2022（3）．

[12] 陈艳. 国外金融监管历史及现状对我国的几点启示 [J]. 商业研究, 2001 (8).

[13] 承上. 超级平台并购初创企业的反垄断规制 [J]. 人文杂志, 2021 (10).

[14] 戴维·埃文斯, 理查德·施默兰. 双边平台市场 [M]//时建中, 张艳华. 互联网产业的反垄断法与经济学. 北京法律出版社, 2018.

[15] 杜创. 平台经济反垄断：理论框架与若干问题分析 [J]. 金融评论, 2021 (4).

[16] 杜悦莹, 张欣. 大数据时代公民个人信息保护的法律规制 [J]. 江苏商论, 2022 (5).

[17] 冯璐, 张泠然, 段志明. 混合所有制改革下的非国有股东治理与国企创新 [J]. 中国软科学, 2021 (3).

[18] 冯鑫煜. 超级平台扼杀式并购的反垄断规制 [J]. 南方金融, 2022 (9).

[19] 高杰, 余渡, 逯东. 从"混"到"改"：国有股参与民营企业治理的技术创新效应 [J]. 财经科学, 2022 (10).

[20] 高美玲, 赵淦森. 科技情报中的信息安全问题分析与对策研究 [J]. 中国科技期刊研究, 2022 (12).

[21] 高明华, 刘波波. 董事会治理是否促进了国有企业混合所有制改革? [J]. 上海经济研究, 2022 (5).

[22] 葛新庭, 谢建国. 最低工资标准、产业智能化与企业出口国内附加值 [J]. 经济评论, 2023 (2).

[23] 美团被指会员被杀熟, 互联网"杀熟"为何屡禁不止 [EB/OL]. [2023－01－03]. https: m. gmw. cn/baijia/2020－12/20/1301958665. html.

[24] 郭俊. 互联网平台滥用市场支配地位法律规制的若干思考 [J]. 法制博览, 2021 (18).

[25] 何瑛, 汤贤正, 侯粲然. 非国有股东参与治理与国有企业并购绩效——基于"双向混改"情境的研究 [J]. 中南财经政法大学学

报，2022（5）.

［26］何瑛，杨琳. 改革开放以来国有企业混合所有制改革：历程、成效与展望［J］. 管理世界，2021（7）.

［27］侯水平. 大数据时代数据信息收集的法律规制［J］. 党政研究，2018（2）.

［28］侯玉梅，朱亚楠，朱立春，吴颂，高秋烨. 决策树模型在 2 型糖尿病患病风险预测中的应用［J］. 中国卫生统计，2016（6）.

［29］胡莲，王颖颖. 基于 PCA－SVM 的信息安全风险评估模型［J］. 信息技术，2016（2）.

［30］黄群慧. 国有企业分类改革论［J］. 经济研究，2022（4）.

［31］黄少中，尹明系. 实现碳达峰碳中和目标需有为政府与有效市场组合发力［N］. 中国能源报，2022.

［32］纪正坦. 互联网平台相关市场的界定——兼评"美国运通公司禁止转介案"的双边市场［J］. 中国价格监管与反垄断，2022（9）.

［33］蒋煦涵. 国有企业混合所有制分类改革与资本配置效率［J］. 当代财经，2021（7）.

［34］金善明. 中国平台经济反垄断监管的挑战及其应对［J］. 国际经济评论，2022（3）.

［35］金雪涛. 算法治理：体系建构与措施进路［J］. 人民论坛·学术前沿，2022（10）.

［36］李帮喜，邓永波. 新时代加快完善社会主义市场经济体制与国企改革：开启提速增效与重点突破新征程［J］. 福建师范大学学报（哲学社会科学版），2021（5）.

［37］李飞翔."大数据杀熟"背后的伦理审思、治理与启示［J］. 东北大学学报（社会科学版），2020（1）.

［38］李继峰，郭焦锋，高世楫，顾阿伦. 国家碳排放核算工作的现状、问题及挑战［J］. 发展研究，2020（6）.

［39］李剑. 平台经济领域的反垄断法实施以经济效率目标为出发点［J］. 中外法学，2022（1）.

［40］李井林，阳镇，陈劲．混合所有制改革与国有企业创新：基于质与量双重视角的考察［J］．经济社会体制比较，2022（4）．

［41］李明．基于改进贝叶斯网络的网络安全态势评估［J］．南阳理工学院学报，2018（2）．

［42］李青青，苏颖，尚丽等．国际典型碳数据库对中国碳排放核算的对比分析［J］．气候变化研究进展，2018（3）．

［43］李三希，张明圣，陈煜．中国平台经济反垄断：进展与展望［J］．改革，2022（6）．

［44］李绍中．支持向量机的智能信息安全风险评估模型［J］．计算机应用与软件，2013（8）．

［45］李姝，李丹．非国有股东董事会权力能促进国企创新吗？［J］．外国经济与管理，2022（4）．

［46］李维安，衣明卉．非实际控制人的董事会话语权对国有企业创新的影响研究［J］．经济与管理研究，2022（11）．

［47］李有星，陈飞，金幼芳．互联网金融监管的探析［J］．浙江大学学报（人文社会科学版），2014（4）．

［48］梁超强．大数据时代计算机网络信息安全与防护研究［J］．大众科技，2022（12）．

［49］梁正，曾雄．"大数据杀熟"的政策应对：行为定性、监管困境与治理出路［J］．科技与法律（中英文），2021（2）．

［50］廖红伟，刘永飞．构建国资监管体制和混合所有制改革协同推进大格局［J］．理论学刊，2021（6）．

［51］刘灿雷，王若兰，王永进．国企监管模式改革的创新驱动效应［J］．世界经济，2020（11）．

［52］刘辉．双向驱动型算法解释工具：以默示算法共谋为场景的探索［J］．现代法学，2022（6）．

［53］刘健，赵刚，郑运鹏．基于AHP—贝叶斯网络的信息安全风险态势分析模型［J］．北京信息科技大学学报（自然科学版），2015（3）．

［54］鲁华栋．基于AHP－SVM的信息系统风险评估［J］．计算机

系统应用，2016（10）.

［55］路文成，魏建．互联网平台企业市场支配地位认定逻辑与流程［J］．浙江学刊，2021（5）.

［56］马新啸，汤泰劼，郑国坚．非国有股东治理与国有企业雇员激励——基于混合所有制改革的视角［J］．管理科学学报，2022（12）.

［57］马怡璇，李浩升，黄强，鲁学仲，王庆鹏．基于模糊理论的网络信息安全风险评估系统［J］．电子设计工程，2023（4）.

［58］马勇，王满，马影．非国有股东参与治理能提升国企并购绩效吗？［J］．管理评论，2022（7）.

［59］马治国，徐济宽．人工智能发展的潜在风险及法律防控监管［J］．北京工业大学学报（社会科学版），2018（6）.

［60］苗玲玲．新形势下网络信息安全及规制研究［J］．网络安全技术与应用，2023（1）.

［61］牛彪，王建新．混改背景下国企超额雇员对突破式创新的影响［J］．北京社会科学，2022（10）.

［62］牛琦彬．美国政府对天然气市场监管的历史演变及启示［J］．中国石油大学学报（社会科学版），2017（2）.

［63］潘宇，王皓，张晓慧．基于 AHP 层次分析和模糊综合评价的城商行网络安全风险评估研究［J］．科技经济市场，2022（7）.

［64］潘泽清．完善国有资本投资运营公司治理结构的建议——基于对淡马锡模式的分析［J］．财政科学，2022（12）.

［65］裴长洪，倪江飞，李越．数字经济的政治经济学分析［J］．财贸经济，2018（9）.

［66］戚聿东，肖旭．数字经济时代的企业管理变革［J］．管理世界，2020（6）.

［67］綦好东，吕振伟，苏琪琪．国有资本授权经营体制改革与国有企业杠杆率［J］．经济管理，2022（10）.

［68］任广乾，罗新，刘莉，郑敏娜．混合所有制改革、控制权配置与国有企业创新投入［J］．中国软科学，2022（2）.

［69］邵林，牛伟纳，张小松．物联网应用场景下自助终端网络安全威胁评估与应对［J］．四川大学学报（自然版），2023（1）．

［70］邵明法，曾振洲，陈文强．应急信息平台安全技术分析［J］．网络安全技术与应用，2023（2）．

［71］沈学雨，刘恺，李梓萱．信息时代大数据应用的法律规制［J］．法制博览，2022（28）．

［72］盛明泉，陈一玲，鲍群．国企混合所有制改革对全要素生产率的影响、作用机制与异质性研究［J］．经济纵横，2021（7）．

［73］师博．数字经济下政治经济学理论创新研究［J］．政治经济学评论，2022（2）．

［74］施本植，张荐华，蔡春林．国外经济规制改革的实践及经验［M］．上海：上海财经大学出版社，2006．

［75］时奇，唐丁祥．大数据营销、价格歧视与技术创新［J］．统计与决策，2016（14）．

［76］宋波，康年．技术和制度创新驱动下国企混合所有制改革的绩效研究［J］．经济体制改革，2021（6）．

［77］苏继成，刘现伟．党的十八大以来国企混合所有制改革：成效、难点及对策［J］．经济体制改革，2022（6）．

［78］孙晋．数字平台的反垄断监管［J］．中国社会科学，2021（5）．

［79］孙亮，林翎，李鹏程．"双碳"目标要求下的标准体系建设［J］．中国能源，2022（5）．

［80］孙世超，赵伟．互联网产业经济中相关市场界定的反思与突破［J］．中国价格监管与反垄断，2021（11）．

［81］唐伟珉．全国碳市场核查体系存在的问题分析及相关建议［J］．可持续发展经济导刊，2022（5）．

［82］唐要家．数字平台反垄断的基本导向与体系创新［J］．经济学家，2021（5）．

［83］唐要家，唐春晖．数字平台反垄断相关市场界定［J］．财经问题研究，2021（2）．

［84］田华锋.加密技术在计算机信息系统中的应用研究［J］.中国管理信息化，2023（2）.

［85］王锋，葛星.低碳转型冲击就业吗——来自低碳城市试点的经验证据［J］.中国工业经济，2022（5）.

［86］王继平，徐则华.自动重新定价软件与在线商家的横向价格垄断协议——英国在线商家价格垄断案判决的启示［J］.中国物价，2018（9）.

［87］王金磊，苏琪琪.国有企业信息公开与社会监督：实施现状与推进建议［J］.财务与会计，2021（2）.

［88］王俊豪等.中国特色政府监管理论体系与应用研究［M］.北京：中国社会科学出版社，2022.

［89］王俊豪.管制经济学原理［M］.北京：高等教育出版社，2014.

［90］王宁，苏慧中，李东升.非国有股东董事会权力、期望落差与国企创新［J］.东岳论丛，2021（12）.

［91］王鹏，徐建良.基于贝叶斯网络的信息系统风险评估研究［J］.中国海洋大学学报（自然科学版），2022（5）.

［92］王世强.数字经济中的反垄断：企业行为与政府监管［J］.经济学家，2021（4）.

［93］王伟.平台扼杀式并购的反垄断法规制［J］.中外法学，2022（1）.

［94］王先林，方翔.平台经济领域反垄断的趋势、挑战与应对［J］.山东大学学报（哲学社会科学版），2021（2）.

［95］王晓晔.论电商平台"二选一"行为的法律规制［J］.现代法学，2020（3）.

［96］王晓晔.数字经济反垄断监管的几点思考［J］.法律科学（西北政法大学学报），2021（4）.

［97］王张华，颜佳华.人工智能驱动政府治理变革：内在机理与实践样态［J］.学习论坛，2020（11）.

［98］王治，黄文敏．国有资本投资运营公司试点的价值［J］．北京社会科学，2022（8）．

［99］魏雄．决策树算法在股票分析与预测中的应用［J］．电脑知识与技术（学术交流），2007（9）．

［100］魏秀春．英国学术界关于英国食品安全监管研究的历史概览［J］．世界历史，2011（2）．

［101］吴汉东．人工智能时代的制度安排与法律规制［J］．法律科学（西北政法大学学报），2017（5）．

［102］吴蕾．论数字经济中滥用支配地位行为的监管困境［C］//《上海法学研究》集刊 2022 年第 4 卷——上海市法学会互联网司法研究会文集．［出版者不详］，2022．

［103］吴太轩，彭艳玲．数字经济领域相关市场界定研究［J］．竞争政策研究，2022（5）．

［104］武西锋，杜宴林．区块链视角下平台经济反垄断监管模式创新［J］．经济学家，2021（8）．

［105］肖红军．算法责任：理论证明、全景画像与治理范式［J］．管理世界，2022（4）．

［106］肖土盛，孙瑞琦．国有资本投资运营公司改革试点效果评估——基于企业绩效的视角［J］．经济管理，2021（8）．

［107］谢浩，樊重俊，李岩，冉祥来．基于 GA－SVM 的机场数据中心信息安全风险评估［J］．信息安全与通信保密，2015（6）．

［108］谢众，王昊，戴前智．国有持股比例降低与国企全要素生产率——基于多期 DID 模型分析［J］．技术经济，2022（9）．

［109］新财富网．收割者：腾讯阿里的 20 万亿生态圈［EB/OL］．http：www. xcf. cn /article /5f929c8a254b11ebbf3cd4c9efcfdeca. html.

［110］新浪网．企业布局生态圈，阿里向左，腾讯向右［EB/OL］．https：view. inews. qq. com/k/20200918A02RS100? web_channel = wap&open App = false.

［111］新浪网．治理资本无序扩张：防止掐尖式并购被划重点，其

如何阻碍了创新 ［EB/OL］. https：view. inews. qq. com/k/20220131A094
NP00? web_channel = wap&openApp = false.

［112］熊鸿儒. 数字经济时代反垄断规制的主要挑战与国际经验
［J］. 经济纵横，2019（7）.

［113］徐凤. 人工智能算法黑箱的法律规制——以智能投顾为例展
开［J］. 东方法学，2019（6）.

［114］许硕，唐作其，王鑫. 基于 D - AHP 与灰色理论的信息安
全风险评估［J］. 计算机工程，2019（7）.

［115］薛晔，蔺琦珠，任耀. 我国通货膨胀风险的预测模型——基
于决策树 - BP 神经网络［J］. 经济问题，2016（1）.

［116］杨炳霖. 从"政府监管"到"监管治理"［J］. 中国政法大
学学报，2018（2）.

［117］杨瑞龙. 新时代深化国有企业改革的战略取向——对习近平
总书记关于国有企业改革重要论述的研究［J］. 改革，2022（6）.

［118］杨瑞龙. 以国企分类改革理论构建中国经济学的微观分析基
础［J］. 经济科学，2022（4）.

［119］杨天宇. 平台经济垄断利润的来源与反垄断监管［J］. 马克
思主义研究，2022（6）.

［120］杨兴全，李文聪，尹兴强. 国资管理体制改革与国企创新——
基于"两类公司"设立的证据［J］. 经济管理，2022（6）.

［121］杨振. 产权清晰视角下国企混改的制度逻辑及政策启示
［J］. 经济体制改革，2022（2）.

［122］殷继国. 人工智能时代算法垄断行为的反垄断法监管［J］.
比较法研究，2022（5）.

［123］尹振涛，陈媛先，徐建军. 平台经济的典型特征、垄断分析
与反垄断监管［J］. 南开管理评论，2022（3）.

［124］尤婷. 网络信息安全监管机制之完善［D］. 长沙：湖南师
范大学，2019.

［125］袁剑琴. 全国碳市场建设的进展、问题及政策建议［J］. 中

国能源，2021（11）.

[126] 袁良，庹浩，肖人勇，李晋锋，程美林. 西部油气田工业控制系统信息安全建设探索 [J]. 中国仪器仪表，2023（2）.

[127] 袁姗姗. 计算机网络信息安全影响因素及防范措施研究 [J]. 信息记录材料，2022（1）.

[128] 曾雄. 论我国平台经济反垄断监管模式的转型——基于对回应性规制理论的思考 [J]. 管理学刊，2022（1）.

[129] 曾熊平台"二选一"反垄断规制的挑战与应对 [J]. 经济学家，2021（11）.

[130] 张凌寒. 网络平台监管的算法问责制构建 [J]. 东方法学，2021（3）.

[131] 张宁，才国伟. 国有资本投资运营公司双向治理路径研究——基于沪深两地治理实践的探索性扎根理论分析 [J]. 管理世界，2021（1）.

[132] 张荣武，罗澜，黄心圆. 非国有股东治理对国企投资效率影响的实证研究 [J]. 江汉论坛，2022（5）.

[133] 张效羽. 试验性规制视角下"网约车"政府规制创新 [J]. 电子政务，2018（4）.

[134] 张训常，林静蓉. 财政压力与国有企业混合所有制改革效果——基于增值税收入划分改革的经验证据 [J]. 财政研究，2022（6）.

[135] 张元钊，李鸿阶. 我国互联网平台垄断现象、机理与治理思路 [J]. 福建论坛（人文社会科学版），2021（7）.

[136] 赵杰. 平台金融算法监管的新路径——以《个人信息保护法》中的"独立监管者"为视角 [J]. 征信，2022（11）.

[137] 赵磊，刘超. 构建新安全格局：国家安全体系和能力现代化 [J]. 科学社会主义，2022（6）.

[138] 甄艺凯. 转移成本视角下的大数据"杀熟" [J]. 管理世界，2022（5）.

[139] 中国信息通信研究院. 全球数字经济白皮书 [R]. http: www. caict. ac. cn/kxyj/qwfb/bps/202108/P020210913403798893557. pdf，2021.

［140］周观平，周皓，王浩. 混合所有制改革与国有企业绩效提升——基于定义矫正和 PSM、DID、IV 法地再透视［J］. 经济学家，2021（4）.

［141］周围. 算法共谋的反垄断法监管［J］. 法学，2020（1）.

［142］周文，刘少阳. 平台经济反垄断的政治经济学［J］. 政治经济学季刊，2021（1）.

［143］朱和平，吴梦雪. 混合所有制、薪酬业绩敏感性与资产保值增值——基于沪深 A 股国有上市公司 2010～2019 年面板数据实证分析［J］. 会计之友，2021（22）.

［144］朱巧玲，杨剑刚. 算法陷阱与监管跨越［J］. 经济学家，2022（1）.

［145］宗薇. 高校基于等保 2.0 网络安全管理体系探究［J］. 网络安全和信息化，2023（2）.

［146］邹鲲. "双碳"背景下环境行政监管的趋势探析［J］. 中伦视界，2021（11）.

［147］Abouk R, Courtemanche C, Dave DM, et al. Intended and Unintended Effects of E-cigarette Taxes on Youth Tobacco Use［J］. Journal of Health Economics, 2022, 87.

［148］Acharya V V, Le H T, Shin H S. Bank capital and dividend externalities［J］. The Review of Financial Studies, 2017（3）.

［149］Adrian T, Brunnermeier M. CoVaR［J］. American Economic Review, 2016（7）.

［150］Albrizio S, Kozluk T, Zipperer V. Environmental policies and productivity growth: Evidence across industries and firms［J］. Journal of Environmental Economics and Management, 2017, 81.

［151］Allcott H, Rafkin C. Optimal Regulation of E-cigarettes: Theory and Evidence［J］. American Economic Journal-Economic Policy, 2022（4）.

［152］Ambec S, Cohen MA, Elgie S, et al. The Porter hypothesis at 20: can environmental regulation enhance innovation and competitiveness?

[J]. Review of Environmental Economics and Policy, 2013 (1).

[153] Beltratti A, Stulz R M. The credit crisis around the globe: Why did some banks perform better? [J]. Journal of Financial Economics, 2012 (1).

[154] Berger A N, Bouwman C H S. How does capital affect bank performance during financial crises? [J]. Journal of Financial Economics, 2013 (1).

[155] Berg, S. V. and Tschirhart, J. Natural Monopoly Regulation [M]. Cambridge University Press, 1998.

[156] Bostoen Friso, Mandrescu Daniel. Assessing abuse of dominance in the platform economy: a case study of app stores [J]. European Competition Journal, 2020 (2－3).

[157] Botero J C, Djankov S, Porta RL, et al. The Regulation of Labor [J]. Quarterly Journal of Economics, 2004 (4).

[158] Bovera F, Lo Schiavo, L. From energy communities to sector coupling: a taxonomy for regulatory experimentation in the age of the European Green Deal [J]. Energy Policy, 2022, 171.

[159] Brown E. Piroska D. Governing fintech and fintech as governance: the regulatory sandbox, riskwashing, and disruptive social classification [J]. New Political Economy, 2022 (1).

[160] Buchak G, Matvos G, Piskorski T, et al. Fintech, regulatory arbitrage, and the rise of shadow banks [J]. Journal of Financial Economics, 2018 (3).

[161] Budhavarapu J Thirumala K, Mohan V, et al. Tariff structure for regulation of reactive power and harmonics in prosumer-enabled low voltage distribution networks [J]. Energy Economics, 2022, 114.

[162] Bu Y, Li H and Wu XQ. Effective regulations of FinTech innovations: the case of China [J]. Economics of Innovation and New Techonology, 2022 (8).

［163］ Cai, H. and Liu, Q. Competition and Corporate Tax Avoidance: Evidence from Chinese Industrial Firms ［J］. Economic Journal, 2009, 119.

［164］ Campodonico H, Carrera C. Energy transition and renewable energies: Challenges for Peru ［J］. Energy Policy, 2022, 171.

［165］ Cerutti E, Claessens S, Laeven L. The Use and Effectiveness of Macroprudential Policies: New Evidence ［J］. Journal of Financial Stability, 2017 (28).

［166］ Chen TH, Shen CH, Wu MW, et al. Effect of shadow banking on the relation between capital and liquidity creation ［J］. International Review of Economics & Finance, 2021, 76.

［167］ Chen XH. Information moderation principle on the regulatory sandbox ［J］. Economic Change and Restructuring, 2022 (1).

［168］ Chen Z, Kahn ME, Liu Y, et al. The Consequences of Spatially Differentiated Water Pollution Regulation in China ［J］. Journal of Environmental Economics and Management, 2018, 88.

［169］ Choe, C. King, S. and Matsushima, N. Pricing with Cookies: Behavior-Based Price Discrimination and Spatial Competition ［J］. Management Science, 2018, 64 (12).

［170］ Choi, PS, Espinola-Arredondo A, Munoz-Garcia, F. Environmental policy helping antitrust decisions: Socially excessive and insufficient merger approvals ［J］. Resource and Energy Economics, 2022, 67.

［171］ Chorzempa M, Huang YP. Chinese Fintech Innovation and Regulation ［J］. Asian Economic Policy Review, 2022 (2).

［172］ Corbae D, D'Erasmo P. Capital Buffers in a Quantitative Model of Banking Industry Dynamics ［J］. Econometrica, 2021 (6).

［173］ Costacampi MT, Daviarderius D, Trujillobaute E. Analysing electricity flows and congestions: Looking at locational patterns ［J］. Energy Policy, 2021 (9).

[174] Danismann GO, Demir E, Zaremba A. Financial resilience to the covid - 19 pandemic: the role of banking market structure [J]. Applied Economics, 2021 (39).

[175] Ding Y, Nayga RMN, Zeng YC, et al. Consumers? valuation of a live video feed in restaurant kitchens for online food delivery service [J]. Food Policy, 2022, 112.

[176] Du KR, Cheng YY, Yao X. Environmental regulation, green technology innovation, and industrial structure upgrading: The road to the green transformation of Chinese cities [J]. Energy Economics, 2021, 98.

[177] Duncan E, Horvath A, Iercosan D, et al. COVID - 19 as a stress test: Assessing the bank regulatory framework? [J]. Journal of Financial Stability, 2022, 61.

[178] Durizzo K, Asiedu E, Van der Merwe A, et al. Managing the COVID - 19 pandemic in poor urban neighborhoods: The case of Accra and Johannesburg [J]. World Development, 2021, 137 (1).

[179] Finck, M. Digital Co-Regulation: Designing a Supranational Legal Framework for the Platform Economy [J]. European Law Review, 2018, 43 (1).

[180] Frenken, K. Van Waes, A. Pelzer, P. et al. Safeguarding Public Interests in the Platform Economy [J]. Policy and Internet, 2019, 12 (3).

[181] Gaganis C, Galariotis E, Pasiouras F, et al. Macroprudential regulations and bank profit efficiency: international evidence [J]. Journal of Regulatory Economics, 2021, 59 (2).

[182] Girard Y, Kemfert C, Stoll, J. Comparing regulatory designs for the transmission of offshore wind energy [J]. Economics of Energy & Environmental Policy, 2021, 10 (1).

[183] Greene W. Econometric Analysis [M]. New York: Pearson Education Limited, 2011.

[184] Groll T, O'Halloran S, McAllister G. Delegation and the regula-

tion of US financial markets [J]. European Journal of Political Economy, 2021, 70.

[185] Gropp R, Mosk T, Ongena S, et al. Banks Response to Higher Capital Requirements: Evidence from a Quasi-Natural Experiment [J]. Review of Financial Studies, 2019, 32 (1).

[186] Gu GT, Zheng HR, Tong L, et al. Does carbon financial market as an environmental regulation policy tool promote regional energy conservation and emission reduction? Empirical evidence from China [J]. Energy Policy, 2022, 163.

[187] Gyourko J, Krimmel J. The Impact of Local Residential Land Use Restrictions on Land Values Across and Within Single Family Housing Markets [J]. Journal of Urban Economics, 2021 (3).

[188] Hao W. Martin L. Prohibiting cherry-picking: Regulating vehicle sharing services who determine fleet and service structure [J]. Transportation Research Part E-logistics and Transportation Review, 2022, 161.

[189] He G J, Wang SD, Zhang B. Watering Down Environmental Regulation in China [J]. Quarterly Journal of Economics, 2020, 135 (4).

[190] heterogeneity analysis from China [J]. Energy Policy, 2022, 171.

[191] heterogeneity analysis from China [J]. Energy Policy, 171; Zhou FX, Wang XY. The carbon emissions trading scheme and green technology innovation in China: A new structural economics perspective [J]. Economic Analysis and Policy, 2022, 74.

[192] He WJ, ChenXY, Liu Zhiyong. Can anti-corruption help realize the "strong" Porter Hypothesis in China? Evidence from Chinese manufacturing enterprises [J], Journal of Asian Economics, 2022, 80.

[193] Hoffmann V, Moser CM, Herrman TJ. Demand for aflatoxin-safe maize in Kenya: Dynamic response to price and advertising [J]. American Journal of Agricultural Economics, 2021, 103.

［194］Hong QQ, Cui LH, Hong PH. The impact of carbon emissions trading on energy efficiency: Evidence from quasi-experiment in China? ［J］. Energy Economics, 2022, 110.

［195］Hu GQ, Wang X, Wang Y. Can the green credit policy stimulate green innovation in heavily polluting enterprises? Evidence from a quasi-natural experiment in China ［J］. Energy Economics, 2021, 98 (3).

［196］Jaud D A, Lunardo R. Serial coping to anxiety under a pandemic and subsequent regulation of vice food and beverage consumption among young adults ［J］. Journal of Consumer Affairs, 2022, 56 (1).

［197］Jimenez G, Ongena S, Peydro J L, et al. Macroprudential policy, countercyclical bank capital buffers and credit supply: Evidence from the Spanish dynamic provisioning experiments ［J］. Journal of Political Economy, 2017, 126 (6).

［198］Jing Wenjun, Liu Xuan, Wang Linlin, He Yi. Ecological layout and competition characteristics of large internet platform enterprises ［J］. Journal of Internet and Digital Economics, 2022, 2 (2).

［199］Jones L, Hameiri S. COVID－19 and the failure of the neoliberal regulatory state ［J］. Review of International Political Economy, 2021, 29 (4).

［200］Kang K, Silveira BS. Understanding Disparities in Punishment: Regulator Preferences and Expertise ［J］. Journal of Political Economy, 2021, 129 (10).

［201］Kenney Martin, Zysman John. The platform economy: restructuring the space of capitalist accumulation ［J］. Cambridge Journal of Regions, Economy and Society, 2020, 13 (1).

［202］Kong DM, Qin N, Does Environmental Regulation Shape Entrepreneurship? ［J］. Environmental & Resource Economics, 2021, 80 (1).

［203］Kramer, J. Personal data portability in the platform economy: economic implications and policy recommendations ［J］. Journal of Competition Law & Economics, 2021, 17 (2).

[204] Laeven L, Levine R. Bank governance, regulation and risk taking [J]. Journal of Financial Economics, 2009, 93 (2).

[205] Laffont JJ, Tirole J. Competition in telecommunications [M]. MIT press, 2001.

[206] Landis J, Reina VJ. Do Restrictive Land Use Regulations Make Housing More Expensive Everywhere? [J]. Economic Development Quarterly, 2021, 35 (4).

[207] Lerner, A. V. The role of "Big Data" in online platform competition [EB/OL]. SSRN. https: dx. doi. org/10. 2139/ssrn. 2482780.

[208] Li CS, Qi YP, Liu SH, et al. Do carbon ETS pilots improve cities' green total factor productivity? Evidence from a quasi-natural experiment in China [J]. Energy Economics, 2022, 108.

[209] Liu MD, Tan R, Zhang B. The costs of "blue sky": Environmental regulation, technology upgrading, and labor demand in China [J]. Journal of Development Economics, 2021, 150 (4).

[210] Lv CC, Shao CH, Lee CC. Green technology innovation and financial development: Do environmental regulation and innovation output matter? [J]. Energy Economics, 2021. 98.

[211] Ma HQ, Shen GJ. Do new mayors bring fresh air? Some evidence of regulatory capture in China [J]. Review of Economic Design, 2021, 25 (4).

[212] Mair, J. Reischauer, G. Capturing the Dynamics of the Sharing Economy: Institutional Research on the Plural Forms and Practices of Sharing Economy Organizations [J]. Technological Forecasting and Social Change, 2017, 125.

[213] Marchionne F, Pisicoli B, Fratianni, M. Regulation and crises: A concave story [J]. North American Journal of Economics and Finance, 2022, 62.

[214] Mateev M, Bachvarov P. Regulation, ownership and bank performance in the MENA region: Evidence for Islamic and conventional banks [J]. Emerging Markets Review, 2021, 47.

[215] Menard C, Martino G, de Oliveira GM, et al. Governing food safety through meso-institutions: A cross-country analysis of the dairy sector [J]. Applied Economic Perspective and Policy, 2022, 44 (4).

[216] Mergel, I. Digital service teams in government [J]. Government Information Quarterly, 2019, 36 (4).

[217] Meus J, Pittomvils H, Proost S, et al. Distortions of National Policies to Renewable Energy Cooperation Mechanisms [J]. Energy Journal, 2022, 42 (4).

[218] Miller S, Kiernan K T. Proceedings From the Conference on the Impact of Housing Affordability on Economic Development and Regional Labor Markets: [J]. Economic Development Quarterly, 2021, 35 (4).

[219] Mirzaei A, Samet A. Effectiveness of macroprudential policies: Do stringent bank regulation and supervision matter? [J]. International Review of Economics & Finance, 2022, 80.

[220] Pan D, Chen H. Border pollution reduction in China: The role of livestock environmental regulations [J]. China Economic Review, 2021, 69.

[221] Pasquale, F. Tech platforms and the knowledge problem [J]. American Affairs, 2018, 2 (2).

[222] Peng JY, Xie R, Ma C, et al. Market-based environmental regulation and total factor productivity: Evidence from Chinese enterprises [J]. Economic Modelling, 2021, 95.

[223] Petersen MA. Estimating Standard Errors in Finance Panel Data Sets: Comparing Approaches [J]. The Review of Financial Studies, 2009, 22 (1).

[224] Phan D, Iyke B N, Sharma S S, et al. Economic policy uncertainty and the financial stability-Is there a relation? [J]. Economic Model-

ling, 2021, 94.

[225] Polyzos S, Samitas A, Kampouris I. Economic stimulus through bank regulation: Government responses to the COVID – 19 crisis [J]. Journal of Fiancial Markets Institutions & Money, 2021, 75; Valencia F, Varghese R, Yao WY, et al. Handle with Care: Regulatory Easing in Times of COVID – 19 [J]. Journal of Macroeconomics, 2022, 22 (1).

[226] Ranaldo A, Schaffner P, Vasios M. Regulatory effects on short – Term interest rates [J]. Journal of Financial Economics, 2021, 141 (2).

[227] Reinhart C M, Rogoff K S. This time is different: eight centuries of financial folly [M]. Princeton University Press, 2009.

[228] Robert Gorwa. What is platform governance? [J]. Information, Communication & Society, 2019, 22 (6).

[229] Rysman, M. The economics of two-sides markets [J]. Journal of Economic Perspectives, 2009, 23 (3).

[230] Schittekatte T, Meeus L, Jamasb T. Regulatory experimentation in energy: Three pioneer countries and lessons for the green transition [J]. Energy Policy, 2021, 156 (11).

[231] Shi XZ, Xu ZF. Environmental regulation and firm exports: Evidence from the eleventh Five-Year Plan in China [J]. Journal of Environmental Economics and Management, 2018, 89.

[232] Song ML, Xie Q, Shen Z. Impact of green credit on high-efficiency utilization of energy in China considering environmental constraints [J]. Energy Policy, 2021, 153 (22).

[233] United Nations. Digital Economy Report 2021 [R]. https: unctad. org/system/files/official-document/der2021_en. pdf, 2021.

[234] Uzunca, B. Borlenghi, A. Regulation strictness and supply in the platform economy: the case of Airbnb and Couchsurfing [J]. Industry and Innovation, 2019, 26 (8).

[235] Valencia F, Varghese R, et al. Handle with Care: Regulatory

Easing in Times of COVID - 19 [J]. Journal of Macroeconomics, 2022, 22 (1).

[236] Walls WD, Zheng XL. Environmental Regulation and Safety Outcomes: Evidence from Energy Pipelines in Canada [J]. Resource and Energy Economics, 2021, 64.

[237] Wang EZ, Lee CC. The impact of clean energy consumption on economic growth in China: Is environmental regulation a curse or a blessing? [J]. International Review of Economics & Finance, 2022, 77.

[238] Wang JS, Tang LQ. Housing market volatility, shadow banks and macroprudential regulation: a dynamic stochastic general equilibrium model analysis [J]. The Singapore Economic Review, 67 (6).

[239] Wang SH, Sun XL, Song ML. Environmental Regulation, Resource Misallocation, and Ecological Efficiency [J]. Emerging Markets Finance and Trade, 2021, 57 (3).

[240] Wu HT, Hao Y, Ren SY. How do environmental regulation and environmental decentralization affect green total factor energy efficiency: Evidence from China [J]. Energy Economics, 2020, 91.

[241] Xiqian, Cai, Yi, et al. Does environmental regulation drive away inbound foreign direct investment? Evidence from a quasi-natural experiment in China [J]. Journal of Development Economics, 2016, 123.

[242] Yu CH, Wu XQ, Zhang DY, et al. Demand for green finance: Resolving financing constraints on green innovation in China [J]. Energy Policy, 2021, 153 (1).

[243] Zhao DZ, Yuan ZW& Chen MY et al. Differential pricing strategies of ride-sharing platforms: choosing customers or drivers? [J]. International Transactions in Operational Research, 2021, 29 (2).

[244] Zhou JH, Jin Y, Liang Q. Effects of regulatory policy mixes on traceability adoption in wholesale markets: Food safety inspection and information disclosure [J]. Food Policy, 2022, 107.

［245］Zhou JH，Jin Y，Liang Q，et al. Effects of regulatory policy mixes on traceability adoption in wholesale markets：Food safety inspection and information disclosure ［J］. Food Policy，2022，107.

［246］Zhou Q，Zhong SH，Shi T，et al. Environmental regulation and haze pollution：Neighbor-companion or neighbor-beggar? ［J］. Energy Policy，2021，151.

后 记

  《政府监管研究进展与热点前沿（2021-2022）》是《政府监管研究进展与热点前沿》系列成果的第三部，是辽宁大学应用经济学国家"双一流"建设学科下规制经济学学科团队在2020版《政府监管研究进展与热点前沿》、2022版《政府监管研究进展与热点前沿（2019~2020）》的基础上，针对2021~2022年文献进行分析而产生的又一项阶段性研究成果。多年来，我们在中国政府管制论坛、公用事业监管改革等学术会议上与学界同行进行了广泛的学术交流，对政府监管研究的探讨不断深化，有力推动了国内政府监管相关学科建设的不断完善、相关人才的专业培育和相关研究的深入发展。

  辽宁大学规制经济学二级学科于2002年开始正式招收攻读博士学位研究生，是国内较早自主设置的该类学科。多年来，团队研究领域涵盖了规制经济学及政府监管理论与实践、经济性监管、社会性监管等各个方面，涉及经济学、公共管理、法学等多个交叉学科领域。近年来，团队聚焦国内外研究演进分析，着重把握研究热点与前沿进展，诸如新经济新技术对监管的新需要新推进，以及重要性日益凸显的社会性监管需求等。本书内容，即是团队在这方面研究的又一项阶段性总结与呈现。

  全书共分为九个部分，各章写作分工如下：引言部分和军负责；第一章部分谢思、王喆负责；第二章部分黄子龙、房克雷、程思进、孙玉阳负责；第三章部分王圣媛负责；第四章部分谢思负责；第五章、第七章部分黄子龙负责；第六章部分房克雷负责；第八章部分房夕盟负责；

第九章部分孙玉阳负责。硕士生李睿智、张翘麟参与了资料、数据收集，书稿校对等工作。全书由和军负责选题、框架内容设计、修改和定稿。

在本书即将付梓出版之际，谨向多年来关心、支持与帮助辽宁大学规制经济学学科发展的各界同仁、专家学者表示最诚挚的谢意，也感谢为本书出版付出辛苦劳动的经济科学出版社各位领导和编辑。本书的出版也得到了辽宁大学应用经济学国家"双一流"建设学科、2020年度辽宁省社科基金项目、辽宁省"兴辽英才"计划资助，在此一并表示感谢。当然，由于水平所限，错误在所难免，也希望得到各界专家、同行的批评指正。

和　军
于沈北三字斋
2023 年 5 月